西北工业大学专著出版基金资助项目

国防经济学

主　编　李建中
副主编　高　辉　郭玉芳

西北工業大學出版社

【内容简介】 本书是一本阐述国防经济学的论著，主要内容包括：国防经济学的基本知识、国防开支与经济增长、国防采购、国防工业与经济发展、国防人力资源、国际军火贸易、裁军经济学以及对恐怖主义的经济学分析等，其中不乏新颖的观点和联系实际的案例。本书可作为高等院校国防经济学专业本科生、研究生的教材或教师的参考书，也可供政府、国防企业有关部门的领导及广大国防经济学的爱好者阅读。

图书在版编目(CIP)数据

国防经济学/李建中主编．—西安：西北工业大学出版社，2006.10(2016.7重印)
ISBN 978-7-5612-2152-5

Ⅰ.国… Ⅱ.李… Ⅲ.国防经济学 Ⅳ.E0-054

中国版本图书馆CIP数据核字(2006)第124793号

出版发行：西北工业大学出版社
通信地址：西安市友谊西路127号 **邮编**：710072
电　　话：(029)88493844 88491757
网　　址：www.nwpup.com
印 刷 者：陕西宝石兰印务有限责任公司
开　　本：850 mm×1 168 mm 1/32
印　　张：9.625
字　　数：240千字
版　　次：2006年11月第1版 2016年7月第4次印刷
定　　价：25.00元

序

李建中同志主编的《国防经济学》将于近日出版，该书的出版对于加强应用经济学学科中国防经济学的发展和人才培养是一个有益的推动，对于我们在新时期的国防建设和发展也有积极的意义。当今世界各国，无不把国防建设放在极其重要的地位，虽然说和平与发展是当代世界的两大主题，但是霸权主义、民族分裂主义和恐怖主义的威胁也不断抬头，并且有日趋扩大的倾向，世界仍然很不太平。我国作为世界上最大的发展中国家，经过二十几年的改革开放和经济发展，取得了举世瞩目的成绩，但是，如果没有强大的国防力量，我们的领土完整、国家主权和经济安全就得不到有效的保证，而没有一个稳定的、安全的周边环境和社会秩序，我们的经济建设也难以顺利进行。近时期以来，某些西方大国将我国的能源问题政治化，并且就我国出口创汇的增长和人民币汇率问题频频对我国施压，国内外少数民族分裂主义分子和台独势力的猖獗活动，在中东这样一个局面复杂、冲突不断并日益加剧的背后，我们都可以看到大国凭借强大的经济实力和武装力量，出于本国战略资源和政治目的进行操纵的影子。这些都充分说明，我们需要有一个强大的国防力量保证社会主义现代化建设目标的实现。近些年来，如何建设强大的国防力量也成为学者们关注的一个问题，而国防经济学正是从经济学的角度研究国防建设与经济建设的关系，更有其特殊性。与军事科学不同的是，国防经济学不仅仅把国防建设看成是一种国家支出，而且还把它看成是发展国民经济的骨干行业和部门，它不仅通过其行业的高科技、人才优势、巨大的市场需求推动经济增长，而且还与民用经济产生互动，促进国民经济的增长。纵观李建中同志等的论著《国防经济学》，可以看到以下三个特点：

第一，把国防经济学的研究同发展经济学结合起来，这很有新意。传统的观点认为国防建设虽然很有必要，但它毕竟是一种不得不进行的财政支出，是对国民收入的一种消耗，但本书从积极的角度认为，国防建设不仅仅是一种支出，它还间接支持和直接推动国民经济的发展。间接支持就是指国防建设中的装备需求对重工业、机器制造业、电子信息业、军需后勤等产业的需求推动作用。直接推动是指国防工业利用其高科技优势和强大的制造能力，实施军转民战略或建立军民两用生产基地，直接进入国民经济建设，成为经济发展的骨干行业之一。本书不仅从理论上论证了这方面的可行性和实施条件，而且列举了国内外许多例子加以说明。这样，我们就可以在更积极的意义上从发展的角度来看待国防建设了。

第二，本书不仅阐述了国防科技工业为了适应以经济建设为中心、面向市场经济的客观形势而实施的军转民战略，而且也阐述和分析了民转军这一客观变化，这反映了作者能紧紧抓住现实经济的变化和改革开放的实践的敏锐观察力和分析能力。军转民是我国于20世纪随着改革开放和建立社会主义市场经济体制的形势变化，对国防科技工业提出的一项战略性任务，经过20多年的发展，许多国防科技工业企业在确保国家计划的前提下实施了军转民战略，建立了一批军民兼顾、军民两用的科研生产基地，并创立了一批有较大知名度的品牌产品，带动了地区的经济发展，同时还有一批军工企业经过改制成为上市公司，为改革开放和完善市场经济做出了贡献。然而，随着市场经济的发展以及军事工业与地方经济的互相影响与融合，一部分民用经济已开始参与一部分军事装备的生产，这样不仅可以加强我国军事装备生产的能力及国防动员能力，而且从市场配置资源的角度讲，也降低了军事装备的生产成本，同时也给一部分过剩的民用生产能力开拓了新的市场，这是一举几得的事情。目前，不仅一部分国有民用企业、甚至一部分民营企业也开始参与一些军事装备的生产，这就是我们说的民转军。国际上其他国家也有类似的情况，由民营企业接受一些军品订货，由民营的运输工具运载军用物资，等等。民转军不仅仅是由民用企业接受军品订货，还包括民用科技创新的成果用于军事工业，本书的作者对这一重要变化也做了阐述并进行了分析。

第三，本书的第三个特点是对西部国防科技工业的发展做了阐述和分析。在中央提出西部大开发的战略以后，人们对西部的各种优势和潜力都做了充分的肯定，如幅员辽阔、资源丰富、市场潜力大等等。其实，西部还有一个重要的优势，那就是分布在西部各省的国防科技工业企业。在计划经济时期，三线建设作为一项重大的战略布署，国家投入大量的人力、物力，在西部各省建成了一大批国防科技工业企业，这批企业拥有高、精、尖的技术，先进的设备，优秀的科研技术人才，高素质的管理干部和职工队伍。在由计划经济向市场经济转轨后，这些企业由于大都处于远离中心城市的偏远地区，相当一批企业在转轨改制中遇到了很大的困难，因此，西部国防科技工业企业从整体看还有很大的潜力没有发挥出来。如何使西部的国防企业完成由计划经济向市场经济的转变，充分发挥它们的人才优势、技术优势，发挥它们的骨干产业的作用，使它们不仅成为我国国防建设的骨干力量，同时也成为西部大开发中的骨干力量和特殊优势，作者在这方面的分析具有很强的现实意义和理论针对性。

综上所述，本书是一部有新意、有特色、并能紧密结合实际的论著。当然，国防经济学作为一门正在发展中的学科，还有许多理论问题、研究方法问题以及实践中的问题需要探讨。希望本书的作者们再接再厉、勇于创新，在国防经济学的研究领域再出成果，取得新的成绩！

西北大学经济管理学院
名誉院长、教授、博士生导师

何炼成谨序

2006 年 11 月

前　言

当今世界，和平与发展仍然是两大主题，各国都致力于发展本国的经济，综合国力成为衡量一个国家发展程度的主要指标。同时人们也看到，这个世界仍然很不太平，地区之间、国家之间、民族与宗教之间的冲突不断，恐怖主义在一些国家和地区愈演愈烈，大国、强国用武力解决争端或以武力相威胁的事时有发生，因此，一个国家保持强大的国防力量，捍卫自己的主权，维护国内社会稳定，为自己国家的发展创造一个安全的国内、国际环境是十分必要的，世界各国都越来越重视国防建设。传统的观点认为国防支出属于政府支出，它是对国民收入的二次分配和消耗，而国防经济学作为应用经济学的一门分支学科，它从国防建设和经济建设的互相作用出发，认为国防建设不仅仅是一种政府支出，它还会从高技术、人力资源、产业及市场需求等方面积极地影响经济的发展，同时，国防建设也会从经济发展中得到加强，因此，国防经济学是一门有着现实意义和理论意义的学科。本书的出版就是在国防经济学研究方面的一次尝试，也是我们的一次学习机会。本书的作者基本上由在经济学领域钻研的年轻人组成。撰写、出版这样一本专业性很强的书，对他们来讲是一个挑战。从拟定大纲、收集资料到几易其稿，终于完成了这本书的写作，这对作者们是一次很好的锻炼。本书的各章分工如下：第一章，郭玉芳、李建中；第二章，王慧；第三章，蒲琳；第四章，王颖；第五章，葛文静；第六章，高辉、李建中；第七章，马丽娜；第八章，李方超。全书由李建中担任主编，高辉、郭玉芳担任副主编。本书邀请著名经济学家、西北大学经济管理学院名誉院长、博士生导师何炼成教授作序。在本书的出版过程中，还得到了西北工业大学出版社的大力支持，在此一并表示衷心的感谢。但愿本书的出版，能为国防经济学的教学与科研及学科发展起到积极的作用，则不胜欣慰。

作　者

2006 年 11 月于西北工业大学

目　录

第一章　国防经济学基本知识

现代西方国防经济学诞生于20世纪60年代美苏冷战的高峰时期，由于起源于西方发达资本主义国家，所论及的问题也主要是西方国家的国防问题。然而，从冷战结束后，随着现代国防经济学研究重心的转移，发展中国家同样面临着维护国家安全以及在常规防务需求和全球军费开支下降的条件下提高国防经济资源配置效率的问题。同时，从发展中国家经济发展过程中面临的障碍以及发展中国家和发达国家之间主导产业的差别来看，国防建设与经济发展之间存在着密切的联系。这就要求发展中国家在发展经济的同时要加强国防建设，以坚实的国防保障经济的稳定发展，以强有力的经济发展推进国防建设。

因此，在遵循现代国防经济理论一般性的基础上，将现代国防经济学与发展经济学相联系，建立适合发展中国家经济发展特点的国防经济理论体系，促进发展中国家经济增长与国防建设协调发展，已成为现代国防经济学发展的新方向，同时也是当今世界和平与发展时代主题的要求。纵观国内外现有研究成果，尽管由贝努瓦的《发展中国家的国防费与经济增长》所引发的关于发展中国家军费开支与经济增长、发展、安全和统治的一系列争论一直延续到今天，然而，西方主流经济学家至今没有将发展中国家的安全支出作为一个重要的经济现象来加以分析。传统的发展经济学研究政府支出时，在健康医疗、教育和公共基础设施等方面积累了大量的文献，取得了丰硕的成果，却极少对占国内生产总值较大比例的国防军费支出进行讨论。事实上，对发展中国家国防军费开支、国防科技发展以及国防工业基础等问题的分析可以引起有关发展的、广泛的、关键的和基础性的问题。这些问题关系到发展中国家经济增长、国家安全和统治等各个方面。

正是基于这一研究背景,本书以发展中国家经济增长与国防建设协调发展为基本思路,在遵循现代国防经济理论一般性的基础上,将现代国防经济学与发展经济学相联系,旨在实现现代国防经济学与发展经济学的学科融合,从而为发展中国家建立适合自身经济发展特点的国防经济理论体系,促进发展中国家经济增长与国防建设协调发展提供理论论证。

第一节 国防经济学概述

国防经济学是一门从军事科学和经济科学中发展出来的交叉学科。它以国防经济现象为研究对象,它的任务主要是解决如何使用有限的国防资源,使其达到最大的国防经济效益。它的产生是由于国防建设中客观存在着的国防资源的稀缺性及由此所引起的选择的需要,是一门直接为国防建设服务的学科。作为现代经济学分支学科之一,在西方经济学界,国防经济学已经发展成为一门非常成熟的学科。然而,由于这门学科本身研究对象存在特殊性,因此其在中国的发展比较缓慢,严重滞后于西方理论界的进程。这导致国内对国防经济学在主流经济学以及世界国防经济学发展中的位置缺乏了解。基于此,本章对国防经济学的产生和发展以及其在主流经济学中的地位进行综合论述。

一、国防经济学的内涵

一般经济学的定义认为经济学是研究稀缺资源在可替代的使用和目标间的优化配置问题。而作为经济学分支学科的国防经济学本质上是一门研究国防经济资源配置效率特点和规律的学科。从国防经济学正式产生的 20 世纪 60 年代初至冷战结束后,西方的国防经济研究主要是围绕华约与北约集团的军事对峙展开的，其研究重点是西方国家及其军事联盟的防务问题，而研究对象则是西方国家和军事联盟的资源配置效率。冷战结束后，尽管超级大国的对抗得以缓和，而新的问题又对现代国防经济学提出了挑战：世界各国军事预算的持续下降和武器成本的上升，促使各国纷纷寻求改进武器采办和军队供给效率的办法；以恐怖主义和暴乱为形式的非常规冲突，提出了在紧急情况下的资源配置问题。尽管每个时期人们对国防经济资源配置关注的重点不同，国防经济学从产生之日起研究的核心仍然是国防资源的配置。

而关于国防经济学的定义，目前理论界还没有统一的说法。杜为公在对现代西方国防经济学的发展综述中指出："国防是指国家和政府为确定、强化和保护其利益而从事的各类防御和进攻性的活动，包括稀缺资源用于阻止或促进防御或进攻行为的活动，也包括在全球经济体系中寻求国家安全的活动"[1]18。国防在经济学上属于公共物品，具有公共物品典型的外部效应特征。国防的外部效应使其产出难以计量，只能用安全、保护、威慑等笼统的概念描述。因此，国防经济学必须包括稀缺资源的双重效应：既可以限制防御和进攻，又可以促进这些活动。从而可以认为国防经济学是研究国防资源在生产性行为和斗争性行为之间的配置以及国防部门内部资源配置的学科。

当代西方国防经济学代表性人物、英国约克大学国防经济研究中心主任基斯·哈特利(Keith Hartley)与美国衣阿华州州立大学经济学教授托德·桑德勒(Todd Sandler)曾对国防经济学进行过定义，他们认为国防经济学是运用经济学的分析工具研究国防、裁军及和平等与国防相关问题的学科。同时，他们对国防经济学的学科性质也做出了解释，即"国防经济学是研究与国防有关的资源配置、收入分配、经济增长和稳定性等问题的学科"[2]。因此，国防经济学的研究内容既包括国防开支对宏观经济增长的影响等宏观问题的研究，也包含国防工业基础、合作计划和补偿问题，军品合同的定价与赢利性问题，以及对军事人力资本的管理规则等微观问题的研究。

对于以上两种说法，卢周来、杜为公认为第一种观点强调了国防经济学的研究工具与方法；第二种观点强调了国防经济学的研究对象。综合两种说法，并考虑到国防经济学学科发展的实际状况，他们对国防经济学的定义为“国防经济学是一门以经济学为工具，研究与国防相关的资源配置问题的学科”。这种定义既考虑到了国防经济学的研究方法，又符合国防经济学的研究主题。即从研究方法来看，是用经济学的方法来研究国防，而非一般的社会学、政治学、历史学、哲学等研究和平与战争问题；从研究主题看，它研究的主要是与国防相关的资源配置问题，既有资源在生产性用途与斗争性用途之间的配置问题，也有国防资源在国防部门内部的配置。

综上所述，尽管理论界对于国防经济学的理解各有不同，本文认为不论是从定义还是从研究对象来讲，现代国防经济学的内涵可以简单地概括为国防经济资源的配置问题。

二、现代国防经济学的产生

严格意义上来讲，经济学研究的创始人为亚当·斯密。同样，现代国防经济学的源头也是亚当·斯密的思想。亚当·斯密在《国民财富的性质及原因研究》中专门论述了国防开支对社会的影响，并提出筹措国防经费的方法。进入20世纪以后，生产力和科学技术的迅猛发展及大型机械兵器的广泛应用，为国防经济研究的发展奠定了物质基础。这种背景之下，大量的经济学家投身于战争经济学的研究，并提出了许多代表性的论点。然而，这一时期的国防经济思想大多是粗略的理论框架，没有形成完整的系统，并且研究的重心是经济和战争的相互影响以及战时经济等诸多实际问题。因此,这一时期的国防经济研究还不是真正意义上的现代国防经济学。

关于现代国防经济学的产生,在《国防经济学手册》中,哈特利与桑德勒(1996 年)指出国防经济学正式创立的标志是 1960 年三本当代经典著作的问世。这三本著作是:查尔斯·J·希契(Charles J. Hitch)和罗兰·麦基恩(Roland McKean)的《核时代的国防经济学》(The Defense and Economics in Nuclear Age),刘易斯·F·理查森(Lewis F. Richardson)的《军备与不安全》(Arms and Insecurity),托马斯·C·谢林(Thomas C. Schelling)的《冲突的战略》(The Strategy of Conflict)。

纵观国防经济学的发展史,以上三本书指出了新时期国防经济学的研究重心和发展方向,开创了现代国防经济学的发展历程。希契和麦基恩运用经济学的概念对国防部门资源的配置效率进行了研究,从而激发了研究者对国防经济问题新一轮的研究。在冷战期间,人们对国防经济学研究的兴趣异常浓厚,在一定程度上,这与理查森 1960 年建立的军备竞赛模型密切相关。此后,大量文献相继问世,其中很多采用经济分析方法和工具研究军备竞赛及其稳定性问题。谢林在研究冲突和国防问题时引入了博弈论的概念。他在书中阐明了威慑、强制性威胁与承诺、战略移动等概念的内涵。

三、国防经济学的学科性质

作为现代经济学的分支学科,国防经济学与经济学有着密切的联系。可以说国防经济学既是经济学学科分支之一,本身又是以经济学各分支学科作为基础产生与发展起来的。所以,在方法论上,国防经济学与经济学的研究方法是个性与共性的关系,没有完全独立于经济学方法之外的国防经济学方法,国防经济学的研究必须以经济学的分析框架和研究方法为基础。

从研究方法上看，国防经济学的研究工具与方法运用了经济学的一般工具与方法。这些工具与方法主要有：

首先，经济分析方法中的实证方法和规范方法。经济学中的实证分析是指排除了主观价值判断，只对经济现象、经济行为或经济活动及其发展趋势做客观分析。它只考虑经济事物间相互联系的规律，并根据这些规律来分析和预测人们经济行为的效果。它要回答的只是客观事物"是什么"。规范分析是从一定的价值判断出发，说明某一具体经济事物是好还是坏，是否符合某种价值标准，它要回答的是某一事物"应该是什么"。实证分析是现代西方经济学中最重要的分析方法。作为经济学的分支，国防经济学的研究应该运用实证分析方法。然而，国防经济学同时又属于社会科学，作为社会科学，其与自然科学相比较又有它的特殊性，其不可能完全摆脱规范分析，也无法回避价值判断的问题，因为作为经济学，其总是为一定的社会经济制度和人们的经济利益服务的，它必须对客观经济现象的好与坏，以及应该是什么做出判断。所以，在国防经济学的研究中实现了实证分析方法和规范分析方法的有机结合。

其次，经济分析方法中的定量分析方法。经济学的发展越来越重视定量分析。计量经济学最新的研究方法中诸如时间序列分析法及其格兰杰因果检验法等在国防经济学研究中起着越来越重要的作用。同时，经济学的定量化研究趋势表现在信息经济学、博弈论对马歇尔体系的挑战等领域。博弈理论尽管起源于国防经济学，当前已成为经济学的一般研究方法。国防经济学很多分支领域的研究（比如军事联盟、军备竞赛、激励合同、恐怖主义、暴乱以及冲突等问题）都使用了博弈论的概念。此外，当代国防经济学也运用了委托-代理分析、合理预期理论、动态均衡方法以及其他理论与方法。

从学科融合上看，国防经济学的研究借鉴了现代经济学各分支学科的一般工具与方法。这些学科主要包括:第一,公共经济学。从经济学的角度来看,国防是一种"公共物品",同其他公共物品所具有的共同特性一样,它所提供的安全效益在一国或军事联盟内具有非竞争性和非排他性。同时,国防具有典型的"外部性"。在公共经济学看来,当某一代理人的行为影响到他人的福利而又没有补偿手段时,就会产生外部性问题。从国防经济学的角度来看,一个国家的武装对盟国可以产生积极的外部效应,而对另一个国家(如敌国)则可能产生负面的外部效应。因此,公共经济学被广泛应用于分析国防问题。第二,产业经济学。在国防经济学中诸如国防工业基础、国防采办、国防工业的开发与研究等研究领域都广泛地运用了产业经济学中的经典理论——产业组织理论。第三,劳动经济学。劳动经济学为军事人力资源分析提供了一般工具。第四,公共选择理论、国际经济学、发展经济学的经济增长理论和宏观经济学等。公共选择理论为分析"军事-工业集团"提供了框架;国际经济学中的国际贸易理论为国际军火贸易的开展提供了理论基础;而发展经济学的经济增长理论以及宏观经济学的一般原理则为研究国防与经济增长之间的关系提供了依据。

同时,如上所述,国防经济学与经济学的研究对象一样,都是资源配置的效率问题。当代国防经济学家麦圭尔(McGuire,1996)曾指出,国防经济资源的稀缺性特征是国防经济学产生的原动力。由于一国资源数量是一定的,一国如果将一定数量的某些资源用于国防的用途,就无法再将其用于民用生产性用途。同时,当一定数量的某种资源要被用于国防部门时,如何配置这些资源,又成为一个突出的问题。国防经济资源的稀缺性使得国防资源配置的效率成为一个恒久的问题。而由稀缺性导致的对效率的关注正是经济学存在的基础,由此可以看出国防经济学的现代经济学性质。

四、国防经济学对现代经济学的贡献

国防经济学的产生和不断发展对现代经济学做出了很多的贡献，其中对现代经济学基本方法的贡献主要集中在博弈论领域；而对现代经济学基本理论的贡献则主要集中在冲突理论的提出。接下来本节主要从这两方面论述国防经济学对现代经济学的贡献。

1. 博弈论的产生与发展

1944年，约翰·冯·诺伊曼(John Von Neumann)与奥斯卡·摩根斯坦(Oscar Morgenstern)合著的《博弈论和经济行为》(The Theoryof Games and Economic Behavior)一书奠定了博弈分析的基石，标志着经济博弈论的创立。1994年，诺贝尔经济学奖得主纳什、泽尔腾、海萨尼在非合作博弈方面做出了突出贡献，博弈分析的适用范围和预测能力不断扩展。然而，上述这些成就大多局限于博弈分析工具本身的研究，并没有对社会科学领域突出的问题进行相关探讨。罗伯特·奥曼与托马斯·谢林的研究将非合作博弈理论向前推进，并开始涉及社会学领域中的一些主要问题。他们分别从不同的角度——奥曼从数学角度、谢林从经济学角度，重新塑造了关于人类交互作用的分析范式。在研究方法上，谢林在研究冲突和国防问题时引入了博弈论的方法，破除了新古典经济学在理性经济人假设、完全市场、完美信息基础上忽视人类经济行为分析的错误，为经济学的政策研究和取向提供了更为现实的视角。这标志着博弈论在国防经济学中运用的开始。同时，谢林又在国防经济学的研究中进一步推动了博弈论的发展。他在《冲突的战略》一书中首次定义并阐明了威慑、强制性威胁与承诺、战略移动等概念。尽管谢林的著作当时并没有刻意强调正式建模问题，但是他的很多观点后来随着博弈论的发展而确立，而他所定义的概念也成为博弈理论中最基本的概念。此外，谢林揭示了人类的许多社会交互行为都可以理解为一种既存在合作意愿又存在利益冲突的非合作博弈；奥曼也发现一些长期的社会交互行为可以利用正式的非合作博弈理论来进行深入分析。从而，博弈理论被推广到经济学和社会学的研究中来，最终发展成为现代经济学的基本研究方法。同时，奥曼和谢林所创建的博弈理论（或者说交互决策理论）也为解决合作与冲突这一古老问题提供了捷径。

2. 冲突理论的提出和贡献

长期以来，冲突与合作行为的存在及产生的原因一直是社会学家和经济学家关注的焦点。20 世纪中叶，博弈论分析工具的出现，为上述问题提供了独特的分析视角。在现代国防经济学看来，研究冲突博弈的意义十分重大。这是因为，自亚当·斯密以来，西方主流经济学都是关于交易的经济学[9]15。这种交易基于双方平等自愿的基础之上，在交易过程中，追求自我利益最大化的经济人，通过一只看不见的手的引导，不仅增进了自己的福利，而且增进了公共福利，结果达到"瓦尔拉均衡"，即按照价格理论总能找到一组价格使交易双方都满意。1950 年，纳什定义了交易经济学"瓦尔拉斯均衡"之外另外一种均衡状态：不合作或冲突世界中的"纳什均衡"，即为了追求自我利益最大化，只要有机会，在信息不对称的条件下，经济人总会通过损人而达到利己的目的。"纳什均衡"的出现，使得不少经济学家认识到在现实生活中，一方面，几乎所有的交易都是在"冲突"的背景下进行的，另一方面，当市场交易的办法无法达成某种资源配置格局时，双方就会使用冲突这种激烈的形式。

谢林在 1960 年的《冲突的战略》中正式建立了"冲突经济理论"的基本框架。这一框架经国防经济学家赫什利弗（J. Hirshleifer）等响应与完善，在 20 世纪 80 年代末与 90 年代初系统地提出了"冲突经济学"的概念与体系。赫什利弗认为，冲突经济学应该与交易经济学一起，构成微观经济学的两个平行分支。前者研究基于双方均势基础之上的交易与互利行为，而后者研究基于单边优势基础之上的斗争与互害行为。冲突理论作为一种理论和思想揭示了人类行为的另一种规则，它与博弈论方法相结合应用于国防经济领域，使该领域具有了现代经济学的魅力，进而成为国防经济学中的一支新生力量。在研究、探讨国防经济问题时，冲突理论不但拓宽了视野，甚至解释了在交易理论框架下很难解释的现象。

相对于传统的交易经济学而言，冲突经济学的应用与价值表现在对现实世界更具说服力的解释。它不仅可以解释经济世界中一般商业利益的冲突，而且可以用来解释政治冲突。正如卢周来所说"应用冲突理论，可以很好地解释为什么穷人集团更愿意选择以极端的革命性方式解决与富人集团之间出现的分配性冲突，而富人集团却更愿意选择和平的方式解决问题"[9]16。传统的主流交易经济学总是认为在遵循价格理论的条件下总能找到一组价格使交易双方都满意，即交易会达到"双赢"，因而认为经济学家的任务是研究如何使资源配置产生更大的效益。而从冲突经济学的角度看，在现实世界中，对一方有利的选择往往对另一方造成损害，因而经济学家更要研究如何避免最大的损害。

第二节　现代国防经济学研究重心的转移

国防经济学本质上是一门研究国防经济资源配置效率的特点和规律的学科。然而，由于各个时期宏观经济、政治环境的不同，每个时期人们对国防经济资源配置关注的重心又有所不同。正如姜鲁鸣所言"在不同时期，国防这一概念具有不同的含义"。本节从现代国防经济学的产生开始，对各个不同时期国防经济学的研究重心进行论述。

一、国防经济学从产生到冷战结束

早期的国防经济学研究侧重于国防开支的筹措和国防开支对国民经济的影响，但是随着20世纪中期冲突范围的扩展，国家集团之间出现武装冲突，世界范围内的“全面战争”需要以“世界”为边界分配和控制资源。这一时期，应战争的需要国防经济学理论界的研究主要集中在军工生产、后勤管理、战争运筹以及削弱对手经济等方面。

随着第二次世界大战的结束，经济学家们开始关注战后的经济恢复问题。战争范围扩大所呈现的复杂性扩展了经济学家的视野，其研究方法也随之扩展，主要表现在库存理论、排队论、投入-产出分析、线性规划、活动分析和对策论等。这一系列研究方法，在20世纪50年代以后又成为和平时期经济活动的基本分析方法，对50年代后生产效率的提高和经济增长起到了极大的促进作用。

在冷战初期，西方的一些经济学家认为“政府在武力手段之外，通过有效的经济手段这一政策工具也可以实现或保持各种战略目标”，所以经济被认为是“国家安全的工具”。因此以经济手段实现国家安全成为西方国家的战略政策目标，经济手段主要包括出口控制、贸易制裁、经济援助等，这些经济手段成为这一时期国防经济学研究的主要内容。

1960年，现代国防经济学正式创立。这一时期的国际背景是以两个超级大国为首的两大军事阵营处于冷战对峙的高潮期，同时第三次科技革命的发生及生产力的迅猛发展为国防经济学的研究提出了一系列的新问题。

这一时期西方的国防经济研究主要是围绕北约与华约的军事对峙展开的，其研究重点是西方国家及其军事联盟的防务问题。主要表现在以下几个方面：第一，对军备竞赛模型的研究。由于这段时期处于冷战对峙的高潮阶段，国防经济的首要问题便是北约和华约两大军事集团军备竞赛中的防务需求确定问题。这一时期主要运用经济分析方法研究军备竞赛及其相关的稳定性,代表作是理查森1960年建立的军备竞赛模型。第二,对国防采办的研究。佩克和谢勒在《武器采办过程》一书中通过对美国的研究,分析了武器采办的非市场特征、军品合同的竞争性质以及武器装备规划的最终结果。1964年谢勒的另一部著作《武器采办过程:经济激励》探讨了武器装备规划中的竞争与合同激励研究,并对各种不同类型的军品合同(固定价格合同、成本加价合同等)进行了理论与经验分析。第三,军事联盟内的防务负担分摊问题研究。1966年奥尔森和泽克豪泽运用公共产品理论对军事联盟内的防务负担分摊问题进行了研究。此后,学者们又相继研究了军事联盟内资源配置效率和联盟成员国的国防费需求等问题。

然而,由于现代国防经济学起源于西方发达资本主义国家,这一时期所论及的问题主要是西方国家的国防问题和军事联盟防务,与发展中国家基本无关。在西方,随着冷战中国家安全问题的尖锐化,西方大国的政策从研究如何赢得一场"热战"转向如何在长期的冲突中取得优势。在这种环境之下,国防经济学沿着几个方向发展:战争运筹学引起对成本-效率和成本-收益的分析;威慑的作用及由此带来的悖论;核打击后的复苏与管理问题;战略互动与军备竞赛及对宏观经济的影响等。在成本-收益分析上出现的系统化、权益化和货币化的新趋势表明,在研究方法上国防经济学从规范方法进一步引入实证方法。同时,对军事力量的规模、装备、部署和给养等方面的研究进一步深入到经济学的框架中去,微观经济学的概念结构成为国防经济学的基本分析方法。

随着冷战进入最后的阶段,动荡的国际局势进一步促进了国防经济研究的快速发展。从研究的内容来看,这一时期国防经济学的研究领域除了形成阶段的几个基本问题之外还扩展到了以下几个领域:国防开支与经济增长的关系、兵员征集系统的经济选择问题、国防工业的基础与结构等。1973 年，贝努瓦在《发展中国家的国防费与经济增长》中通过对 1950—1965 年期间 44 个发展中国家国防开支与经济增长的统计数据的研究，认为国防投入占国内生产总值比重较大的发展中国家经济增长往往较快，因而较大的国防负担可以促进经济增长。这一观点的提出引发了理论界的争论，也将国防经济学的研究从西方国家引入到发展中国家，使发展中国家试图在遵循现代国防经济理论一般性的基础上，尝试将现代国防经济学与发展经济学相联系，建立适合发展中国家经济发展特点的国防经济理论体系，促进发展中国家经济增长与国防建设协调发展。

二、冷战之后到“9·11”事件

20 世纪 80 年代末，冷战的结束和国际政治的剧变促使国防经济学的研究对象在发生变化的同时也进一步扩展。国防的基本原理、防务的目标以及实现这些目标的手段也发生了根本改变，并引起了关于重新全面审查安全的问题。同时，冷战的结束使实证研究方法不断发展，理论界纷纷用实证方法研究各国及其统治者如何把国防作为一种追求生存的经济手段。

这一时期，超级大国间的对抗已经趋于缓和。然而，国防经济学又面临新的问题和挑战：以信息化军事技术为核心的高技术战争从根本上改变了以往战争的形态，使国防与经济的一些基本关系面临更高层次的整合，要求人们深入探讨新的国防经济问题；世界各国军事预算的持续下降和武器成本的上升，促使各国纷纷寻求改进武器采办和军队供给效率的办法；苏联的解体加大了核武器沦入恐怖分子手中的风险，拥有核武器的国家的数量激增，使得安全问题日益凸现；冷战结束，但战争并未结束，不少国家和地区都存在因资源争执、宗教分歧、民族和种族问题、边界争端引发的局部战争和冲突；由于销毁武器需要多方面的费用，比如武器销毁处理、环境清理、销毁监控以及开发代用级武器等，需要对和平成本以及环境问题进行相应的经济分析；以恐怖主义和暴乱为形式的非常规冲突，提出了在紧急情况下的资源配置问题。同时，经济全球化使得各国间的相互依赖性大大加强，但也扩展了国家和国际安全的定义和范围。新的安全观强调国家的经济安全与领土安全是融为一体的，国家的经济行为和人口是安全威胁的根源；新的安全观认为领土受到威胁的根源实质上是经济动机和经济力量驱动的结果。这种新观点使得安全的范畴不再局限于各个国家对于单方面的领土侵略的防卫，还包括各国都面临控制共同风险的问题。因此，安全实质上已成为全球性的问题，对任何国家而言，抵御入侵、占领永远是最高的国家利益。所有这些都表明：对国防经济的研究是当前每一个国家都面临的问题，其不但直接关系着一个国家的安全和利益，更与一个国家的经济发展息息相关。

此后，针对冷战结束后的新形势，国防经济学理论界对上述问题进行了相当深入的研究。概括起来主要集中在军费理论、国防工业基础理论、军备竞赛和裁军理论、冲突理论和军事人力理论等方面。而研究的重心则为新形势下国防采办和军队供给效率、核扩散和非常规冲突等问题。在研究方法上，这一阶段逐步实现了实证分析与规范分析的有机结合。

三、"9·11"事件之后

"9·11"事件的发生成为现代国防经济学新的转折点。"9·11"事件对现代国防经济学的发展提出了一系列新的挑战。从现有文献看，目前国防经济学研究的新进展，主要集中在冲突经济学、恐怖分子行为建模、军事联盟经济学等领域。

经济中的交易活动会产生交易成本，同样冲突行为也有冲突成本。冲突会对宏观经济和微观经济产生一系列影响。运用经济学的基本分析工具——成本-收益——对战争成本与收益进行实证分析，可以发现对于战争成本的估计不仅要考虑军事成本，还要考虑非军事成本(即民间经济为此付出的成本)。进行一场战争，在估计战争成本时不仅要计算冲突中所发生的费用，还要考虑到冲突的额外成本、更换装备的成本、人力资本的损失、可能引致的长期成本(比如派遣维和部队、战后重建、回应恐怖主义更大范围更高强度的反击)，同时还要考虑到战争对本国正常的经济行为(国际贸易、外商投资等)的影响。此外，在对战争的成本估算中，还要考虑到事前的估算与实际结果的误差所产生的额外成本。这一系列问题的解决为国防经济学不断拓展研究范围和增添新的研究方法提供了动力。

“9·11”事件之后，面对非传统安全的挑战，现代国防经济学加深了对恐怖主义经济学、恐怖分子行为建模和军事联盟经济学等问题的研究。恐怖主义产生于第二次世界大战期间，冷战后表现出主体类型多样化与小型化、手段科技化与网络化、高度随意性与高度组织化并存等一系列特征。从“9·11”事件开始，恐怖主义则出现了不对称性、跨国性等新特征。其中最为典型的便是危险的非对称性，与传统的军队之间的对抗不同，恐怖分子通常以个人或组织对民用目标发动攻击。由于跨国恐怖事件具有超越国界的外部性，因此在控制国际恐怖主义的集体行动时就会出现各种市场失灵的现象。此外，随着互联网的普及，这种非对称性威胁已由现实世界扩展到了网络世界。针对恐怖分子在进行传统攻击的同时利用网络进行数字攻击抑或数字侦察以使其攻击更为有效这一现象，国防经济学家提出数字战争威胁论(the threat of digital warfare)的概念。同时，军事联盟问题在阿富汗战争后又有了新的扩展，由于联盟具有公共物品的性质，很容易出现一些国家利用大国为联盟防御所提供的努力，即出现“搭便车”的现象。

从当前来看，除上述问题之外，国防经济学依然面临着大量的具有挑战性的问题，比如战争与冲突、恐怖主义、实现和平、维持和平和建立能够提供和平与安全的国际新秩序等。

本节简要地回顾了从产生之日起国防经济领域研究重心的转移过程。国防经济学在发展的过程中不断地扩展研究问题所涉及的范围和分析问题的经济工具。从国防经济学的发展历程可以看出:从冷战进入最后阶段开始,国防经济学的研究范围已扩展到发展中国家。冷战结束后的现代国防经济学的研究重心已经转向维护国家安全、国防经济资源的现代管理和配置。而这些问题是每一个国家都面临的问题,这就要求发展中国家在遵循国防经济理论一般性的基础上,将现代国防经济学与发展经济学相联系,建立适合发展中国家经济发展特点的国防经济理论体系,从而实现发展中国家经济增长与国防建设协调发展的目的。

第三节 经济发展与国防经济

尽管随着现代国防经济学研究重心的转移,发展中国家也展开了对国防发展与经济增长、安全、统治的研究与争论,但对于这些问题的研究仍独立于传统经济学,隶属于政府支出的国防开支等问题的研究始终没有纳入到发展经济学的研究范围。从而造成了发展经济学与国防经济学的长期分离,而事实上发展中国家的国防支出、国防科技发展直接关系到整个经济的协调发展。

本节首先对发展中国家在经济发展中面临的主要障碍进行分析,接下来试图通过比较发展中国家和发达国家主导产业的差别及产生的原因来分析国防经济在经济发展中的作用。

一、发展中国家在经济发展中面临的主要障碍

经历了半个世纪的发展,发展中国家的经济发展状况如何,在经济发展和改革的过程中又面临着哪些障碍,这些障碍产生的根源又存在于哪里,与国防经济的发展是否存在联系,这一系列问题

的解决直接关系到发展中国家的进一步发展,接下来将对这些问题展开讨论。

按照发展经济学的观点,发展中国家经济增长与发展存在着很多障碍。从国内来讲,有政治、经济、社会和历史等各个方面的因素;从国际来讲,不平等的国际经济秩序、贸易条件的恶化、发达国家设置的各种障碍也阻碍了发展中国家的经济发展。

本文主要是从国内经济因素来分析。对发展中国家发展过程中的经济障碍,在发展经济学的理论体系中主要存在着贫困恶性循环理论和低水平均衡陷阱理论。对这两个理论本文不再展开论述,接下来以我国经济发展的具体情况为例,分析发展中国家在经济发展中存在的障碍。

1. 经济结构不合理

首先,二元经济结构的存在及产生原因。

二元经济理论是发展经济学的奠基性理论之一,由现代发展经济学的结构学派提出。其最早由荷兰经济学家伯克提出,然后经刘易斯、拉尼斯、费景汉等经济学家加以发展,成为发展经济学的重要理论。其主要观点就是将发展中国家的经济结构概括为两个部门:一是城市中以制造业为中心的现代部门,也称资本主义部门或商业化部门;二是农村中以农业和手工业为主的传统部门,也称非资本主义部门或非商业化部门,形成相对应的落后的传统经济与先进的现代经济同时并存的现象。其表现为发展中国家在现代化进程中城市和农村、工业和农业呈现高低悬殊的发展不平衡和二元反差现象。其实质在于:社会特别是经济的非均质性,生产方式或经济体制的根本差异,劳动生产率的巨大差别,区别很大的收入分配。一般而言,任何国家从农业社会进入工业社会,二元经济都是必经的发展阶段。

由二元结构的表现可知,二元经济的形成必然与工业化相联系。任何发展中国家的工业化进程,都不同程度地导致了国民经济二元结构的存在。这是因为，在发展中国家，一方面工业化前是大量的传统经济，另一方面工业化又是通过从国外引进、移植现代工业起步的。这样，在开始工业化之后，“内生的”传统经济与“移植的”现代经济之间必然形成显著的“板块结合”。虽然现代经济部门具有强大的生命力和诱惑力，但在一定时期内，难以通过其扩散效应形成遍及社会整体的生产方式，传统经济与现代经济也就必然在一定时期内遍及整个发展过程并且存在于各自板块中实现自我运行，从而使国民经济呈现二元状态。

其次，产业结构不平衡。

产业结构是指各产业的构成及各产业之间的联系和比例关系。新中国建立后，我国产业结构的最大变化就是从以农业为主变为以工业为主。改革开放以来，我国纠正了产业结构“重工业过重、轻工业过轻”的状况，走上了产业协调发展的道路。然而，随着“短缺经济”的结束，我国的产业结构出现了一些新的矛盾和问题。

目前，我国产业结构的主要问题是供给结构不适应需求结构的变化，产业国际竞争力不强，技术水平低。其具体表现是：第一，产业中的农业尚未根本改变“靠天吃饭”的局面，农产品质量和效益不高。加入 WTO 后，农业面临的国际竞争压力进一步加大。第二，产业技术含量低，缺乏产品开发和市场开拓能力。第三，产业受各种因素影响，尽管传统生活服务业有了较大发展，但现代服务业尤其是生产服务业发展缓慢。第四，产品的附加价值明显偏低，产业的技术创新能力差。近年来，多数行业保持了增加值率平稳上升的态势，但是 2003 年已出现下降的情况，今后还有可能呈现稳中有降的趋势。目前我国的制造业增加值率仅为 26.2%，与美国、日本和德国相比分别低 23，22 和 11.7 个百分点。尤其是在通信设备、电子计算机及相关设备制造业领域，增加值率仅 22%，与美国等发达国家的差距超过了 35%。导致出现此问题有经济发展阶段的内在原因，但至少表明我国经济发展中存在着两个明显的问题：第一，全球价值链分工中，我国工业处在低端位置。在国际制造业向我国转移以及跨国公司按照价值链进行全球水平分工的大背景下，在许多工业领域，我国的竞争优势主要体现在加工组装环节，对国外核心技术和关键部件高度依赖，附加价值难以较大幅度提高，相应地实现经济增长投入的物耗、能耗也比发达国家高得多，这导致了与发达国家利益分配格局的不对等。第二，中国工业的技术结构与发达国家相比，仍存在较大差距，产业创新能力有进一步削弱的危险。我国的制造业总量规模占全球的6%，而研发投入仅占0.3%[17]。目前，我国产业共性技术研究队伍已出现严重萎缩，产业创新能力有进一步削弱的危险。

2. 科技转化为生产力的能力和速度较差

当今世界，科学技术日新月异，以信息技术、生物技术为代表的高新技术及其产业迅猛发展，深刻影响着各国的政治、经济、军事、文化等方面。在以经济实力、国防实力和民族凝聚力为主要内容的日趋激烈的综合国力竞争中，能否在高新技术及其产业领域占据一席之地，已经成为竞争的焦点，成为维护国家主权和经济安全的命脉所在。随着改革开放的深入和知识经济步伐的大跨度迈进，科学技术作为第一生产力，对促进国民经济飞速发展的作用日益显著。

改革开放以来，虽然我国科技事业取得了举世瞩目的巨大成就，科技体制改革取得明显进展，但是，科技与经济脱节的问题还没有从根本上得到解决。首先，我国各地区人才分布不均，导致人才缺乏，严重制约着社会经济的发展。我国东、西部人才分布不均。当前大部分高级人才聚集在东部北京、上海等少数大城市，而西部广大地区人才贫乏。其次，科技成果转化率低。科技成果之所以能转化的前提条件，是因为存在潜在的市场需求。然而，由于原有体制和固有观念的制约，往往使得我国科研院所和高等院校作为科技成果的主要产出单位，自身的科研行为与市场需要存在一定的差距。主要表现在最初的研究和开发的选题上，由于缺少市场方面的人员参加和对市场需求因素考虑较少，研究选题往往偏重技术与理论，并且课题来源渠道往往是数量有限的国家拨款。因此，产出的科技成果往往只注重或停留在实验室试验成功、原理样机完成、文章发表和完成报告的水平上，造成了成果与市场脱节。

在我国，尽管国防经济在推动区域经济协调发展方面起过积极的作用，然而，我国经济发展所存在的诸多障碍在很大程度上都与国防经济的发展密切相关。首先，经济结构上存在的不合理源于建国初实施的重工业优先发展的赶超战略。建国初期我国之所以实施赶超战略与当时紧张的国际政治、军事格局密切相关。紧张的国际局势迫使我国需要迅速建立起比较完备、自成体系的工业结构，而国防工业基础则是其中的关键。同时，“一五”“三线”建设时期国防工业的计划性建设导致国防工业与当地经济发展相脱离，进一步加剧了二元经济结构的状况。其次，科技转化为生产力的能力和速度之所以较差与国防经济的发展也存在着密切的联系。接下来，重点从国防科技成果转化对经济发展的影响进行分析。

二、国防科技成果转化对经济发展的影响

如上所述，随着知识经济的飞速发展，基于科技进步与知识创新的综合国力竞争日益加剧，科学技术已成为经济增长最重要的因素之一，对经济发展起着决定作用，成为国际竞争力的核心。所以各国都把发展科学技术作为提升国际竞争力和促进经济发展的重要途径。我国也把大力发展科技和教育作为基本国策，大力推进“科教兴国”等战略，依靠科学技术来实现国力的飞越。我国政府虽然采取了许多措施来鼓励科技进步和创新，可我国现在科技水平仍然不高，这既表现在科技人力资源和科研投入不足上，还表

现在对科技后备力量的培养不够上。我国现在的技术力量主要包括民用技术力量(包括各企事业的技术组织、各部属科研院所、各大专院校、私人研究部门和个人等)和军用技术力量(包括各国防科研单位、军工企业研究组织等)。而国防科研力量是我国科技力量的重要分支,国防科学技术往往是国家高科技和核心科技的重要组成部分。而且,由于国防科研耗资巨大,国家在国防上的科研经费投入远大于民用技术研究。但是,实际上因国家安全、体制限制等原因,军用科技力量的应用一直被忽视,导致大量的国防科技资源没有在国民经济中得到充分利用,没有最大化地发挥出其应有的经济效益和社会效益,从而造成人力资源、国家资金等的极大浪费。因此,如何充分利用现有科技力量,特别是国防科研力量,即如何使科技成果迅速有效地转化为现实的生产力,应成为经济学理论界重点关注的问题。

从我国的具体情况来看,国防科技成果转化对经济发展的意义主要表现在:

第一,充实国防科研经费,推动国防科技的发展。由于国防科研所需资金庞大,国防科技可以在解密后进入技术市场,随着知识产权制度的完善以及技术市场所需硬、软件的具备,通过技术市场可以扩大其使用价值并获得显著的收益,或者通过国防高科技产业化来直接获取利益,以推动军事科技更快的发展。此外,借助技术市场增进军民之间甚至国内外的技术交流,也是推动我国国防科技进步的有效途径。

第二,加速技术进步,提高经济效益,促进经济发展。国家对国防事业的投资,也应追求收益最大化。通过科技成果军转民,使国防高科技(特别是军民两用关键技术如信息、电子、材料、先进制造、生物工程等技术)进入民用领域,以加快民用企业技术创新、技术进步的速度,从而提高经济效益,促进国民经济的发展。

第三,促进西部发展,缩小东西部区域差距。传统区域经济理论强调区域资源禀赋的重要性。但在知识经济时代,自然资源优势不再成为决定性要素,知识、技能与创新才是决定性因素。在科学技术的先导作用下,可以打破原有的地区经济发展格局和模式,使落后地区实现跨越式发展而不必受梯度转移发展模式的限制,区域经济的发展也从资源主导模式向创新主导模式转变。而我国的军工企业和研究院所,多处在中西部特别是西部地区,这为中西部的经济发展奠定了一定的科技和工业基础。通过充分利用国防技术优势和人才优势,使其在区域经济发展中发挥辐射作用,来带动西部地区实现跨越式发展。

三、发达国家与发展中国家主导产业的差别及产生的原因

发展中国家在经济发展过程中存在着如此多的障碍,如上文所述主要表现在经济结构的不合理,包括二元结构,也包括产业结构。接下来以中国和美国为例,通过比较两国主导产业的差别,分析国防经济在经济发展中的作用。

1. 主导产业的差别

在美国,主导产业主要包括大型制造业、信息产业、生物技术、航空航天、军火工业等,而在我国主导产业主要包括建筑业、制造业和能源产业。本文主要从信息产业入手进行分析。

在美国,信息技术的发展大大提高了知识创新和技术创新的能力,加快了信息传播的速度,带动了美国经济的持续增长,是推动美国经济增长的动力和源泉。其作用主要表现在以下几个方面:

第一,信息技术促进了劳动生产率的提高,增强了国际竞争能力。由于信息技术及其产业化的迅猛发展,美国劳动生产率迅速提高。自 1995—2002 年,美国劳动生产率每年均上升 2.8%,是 1973—1995 年年均增长率的 2 倍,其中信息技术作出了一半以上的贡献。伴随着劳动生产率的迅速提高和美国经济的持续增长,

美国国际竞争力也得到了快速提升。

第二,信息技术的发展推动了产业结构的合理化。在美国的产业结构中,信息产业一直是产业发展的重点,并成为各行业的“领跑者”。不仅本身创造的产值逐年增多,而且也带动了其他产业的良性发展和结构的升级。如今,信息产业已经取代了汽车、建筑、钢铁等传统行业成为美国新的最大的支柱产业,并成为美国经济新的增长点,尤其是计算机软件业,20 世纪 90 年代以来,每年都在以 12%的速度迅速增长,比美国经济增长率要高出四五倍。

第三,随着信息技术的不断创新与发展,该技术被广泛地应用到社会经济和生产领域,改变了制造、加工、运输、信息获取和传递过程,彻底革新了经营方式(如网上购物),使这些领域焕然一新,经济活动节奏加快,生产效率提高。尤其是信息产业的发展,带动了传统产业的更新换代。

在中国,改革开放以来,我国信息产业也取得了快速发展。2005 年我国信息产业继续保持平稳的增长态势,信息技术自主创新能力继续得到增强,为国家信息化的全面推进提供了重要保障。电信服务水平不断提高,应用领域进一步拓宽。2005 年信息产业完成增加值 13 164 亿元。产业创新体系逐步建立和完善,已初步具备自主创新能力,主要表现在以下几个方面:

第一,电子信息产业。电子信息产业继续保持平稳增长,全年完成销售收入 38 411 亿元,同比增长 24.8%;工业增加值 9 004 亿元,增长 28.2%;利润 1 307 亿元,增长 5.2%;税金 435 亿元,增长 10.5%;出口 2 682 亿美元,增长 29.2%。电子信息产业综合实力显著增强,对国民经济的贡献率稳步提升。2005 年我国电子信息产业工业增加值占全国工业增加值的 13.6%,增速超出全国工业平均水平 11.8 个百分点,对其增长的贡献率达到 20.8%。电子信息产业工业增加值占 GDP 的比重达到 4.94%,比上年提高了 0.55 个百分点;增速超过 GDP 增速 18.3 个百分点,对 GDP

增长的贡献率达到 8.8%。同时，结构调整取得明显成效，计算机、手机、彩电等产品的产量居世界首位。截至 2005 年年底，计算机行业成为拉动产业增长的主要力量，2005 年完成销售收入 10 644亿元，同比增长 21.7%；完成利润 209 亿元，同比增长 31.7%。

第二，电信服务业。2005 年电信业务总量完成 1.16 万亿元，比上年增长 25.4%，电信业务收入完成 5 799 亿元，增长 11.7%。电话用户新增 0.97 亿户，达到 7.4 亿户，其中固定电话用户 3.5 亿户，移动电话用户 3.9 亿户。服务水平和普及程度不断提高，固定电话主线普及率、移动电话普及率分别达到 27 线/百人和 30.3 部/百人[18]。

与此同时，我国信息产业发展仍然面临许多新的挑战：全球生产能力过剩使得全球化市场竞争更加激烈，发达国家信息产业制造能力向外转移的流向出现了新的变化，我国电子信息产业吸引外资将面临激烈的国际竞争；技术创新体系和创新机制尚不健全，科技投入不足，科技成果产业化程度较低；关键技术尤其是核心技术还受制于人，产业空心化严重，在超大规模集成电路、软件、新兴元器件等技术方面的自主化仍薄弱；企业综合能力不强，缺少有国际竞争力的大公司，制造产业结构雷同，企业经营管理、服务水平等方面与国际大企业存在巨大差距；网络资源利用率不高，业务创新能力不强；运营企业尽管在用户的总数上规模最大，综合利润和服务水平以及技术水平，与各发达国家先进的公司相比有很大的差距；信息技术应用还不够广泛，信息化程度还很低，信息资源对经济增长的贡献还有待进一步挖掘，信息和网络安全有待进一步加强；人才资源结构性矛盾突出，以人为本的环境和机制还不够完善。同时，我国信息产业发展中存在的问题，无论是电子信息产业还是通信业，在速度与效益、规模与结构、东部与西部、城市与农村等方面都不同程度地存在着不够协调的矛盾。

2. 从国防经济发展角度寻找产生差距的原因

美国信息技术能够对经济增长产生重大的影响并不是一蹴而就的，它有一个积累和渐进的过程。从20世纪50年代至80年代前期，数字化信息技术还处在创新时期，其产业化规模还相当小，这突出表现为信息产业缺乏具有广阔市场空间的新产品，这一时期的信息产业处于"蓄势"状况，它虽蕴涵生机，但尚未成长为一个现实的支柱增长点。按美元现值计算，1977—1985年，信息产业在经济总量（GDP）中的份额由4.2%变为4.9%，在这段长达近10年的时间里只缓慢爬升了0.7个百分点。然而80年代后期以来，经过多年积聚的信息产业取得了突飞猛进的发展，它给总体经济带来了越来越强烈的影响，而这种影响又很快地上升为对总体经济的主导性作用。

美国信息产业之所以能够迅猛发展与国防经济的发展关系密切，主要表现在以下几方面：第一，政府的重视与国防科技的创新。20世纪中期，在政府、军方、国家科学基金（NSF）、各大科研机构及高等院校的合作下，美国开始了因特网的研发，这一时期的计算机技术和网络技术最初应用于冷战时期大国之间的军备竞赛。后来，经过各方的努力，因特网络初具规模，并且有转向商业应用的能力与条件，遂又开始了网络的商业化。由于因特网改变了人们交流及获取信息的方式，因此备受关注。美国也掀起了新一轮的投资热潮。信息产业重镇硅谷的科技公司不断地被催生出来。风险投资、孵化等新概念不断涌现。信息产业也为美国经济做出了巨大的贡献，使其从20世纪90年代起保持了近10年的良性增长。第二，科研的跟进推动产业发展。科研对因特网的发展至关重要。因特网最初就是各大科研机构及高等院校的成果。伴随着信息产业不断繁荣的是科研水平的不断提高，而科研水平的不断提高又反过来为信息产业的发展服务，这就形成了一个良性的循环。同时，斯坦福大学、麻省理工学院、加州大学伯克利分校、卡内基·梅隆大学等一流的理工科大学,为产业的发展提供新的研究成果,实现科技向生产力的快速转化。此外,在美国,资本市场的支持和长期积累的技术优势也是信息产业迅猛发展的重要原因。

同时,信息化的发展也促进了美国传统工业的改造。第二次世界大战后,美国传统工业开始步入衰退,表现在主要传统工业产品产量总体上呈现下降,所占份额同步降低,逐步丧失了领先地位。传统产业内部技术出现老化,企业科研经费减少,产品销售额中科研经费所占比例减少,传统产业技术已接近极限。尽管传统工业出现了生产萎缩,就业人数减少,国际竞争力下降,但并没有真正进入"衰落"的阶段。传统工业仍是国民经济的基础,是高技术产业发展的广阔市场。无论是在国内市场还是在国际市场上,传统工业品仍然是获取利益的大宗来源。没有传统工业的相应发展,高技术工业的发展就会失去内在的动力。因此,运用高技术成果,对传统工业实行技术改造,推进其生产的自动化,提高产品质量,提高劳动生产率,降低产品成本,实现传统工业的高技术化,是提高传统工业品的竞争能力,促进国民经济走向新的繁荣的有效途径。从 20 世纪 70 年代开始,美国对传统产业进行了信息化改造。改造的目的在于应用战后新技术革命的成果,将信息技术推广到各个部门和领域,使传统工业部门再度工业化,升级为技术密集型产业,给传统产业带来生机与活力,促进国民经济向更高的技术层次转化。

纵观美国传统产业信息化的改造过程可以发现,这一过程的实现在于国防科技的发展以及以信息技术为核心的高新技术的广泛采用,特别是信息技术高度的渗透性、创新性、增值性、竞争性为传统产业改造创造了条件。美国传统工业复兴的意义绝不仅仅限于传统工业本身,更重要的是它对增强美国经济综合竞争能力所做的贡献。在 20 世纪末的商业周期中,美国经济在低通货膨胀率、低失业率的情况下连续增长117个月，超过20世纪60年代106个月而成为美国自1854年以来最长的经济扩张期。对此，只有用传统工业利用信息技术所导致的生产率提高和产业升级来理解。而信息技术之所以能够取得如此迅猛的发展与美国国防经济的发展密不可分。

综上所述，不论是从发展中国家发展中面临的障碍而言，还是从发展中国家与发达国家主导产业的差别比较来讲，国防经济的发展在经济发展过程中都起到了至关重要的作用。由此可知，发展中国家要实现经济增长与国防建设协调发展，必须将国防经济学与发展经济学相融合，用国防科技推动经济发展，用经济发展保障国防科技进步，实现两者共同繁荣。

第四节　国防经济学与发展经济学的关系研究

由于传统的发展经济学在研究发展中国家经济时忽略了国防经济的作用，导致国防经济学在发展中国家发展缓慢，并与发展经济学脱离联系。在总结和参考以往传统的发展经济学研究国防问题不足的基础上，本节试图从发展经济学与国防经济学的研究内容出发，从理论基础和研究方法等角度寻找两者的关系，从而为建立适合发展中国家经济发展特点的国防经济理论体系，促进发展中国家经济增长与国防建设协调发展提供借鉴。

一、国防经济学与发展经济学的关系

1. 理论基础

作为现代经济学的分支学科，现代国防经济学、发展经济学都与经济学有着密切的联系。可以说两者既是经济学学科分支之一，本身又是有效运用了经济学各分支学科作为基础后产生与发展起来的。要对两者的理论基础进行比较，需要首先明确发展经

济学的演进过程和研究内容。

(1)发展经济学的产生和历史演进。发展是进入成长阶段的发展中国家的主题。发展经济学产生并逐步形成于20世纪中叶。第二次世界大战以后,随着殖民体系的土崩瓦解,原先遍布亚非拉的殖民地、半殖民地及附属国纷纷独立,形成了众多的发展中国家。摆在这批在政治上赢得独立的不发达国家面前的紧迫任务,是各自应选择什么道路和以何种方式谋求经济上的发展。在当时的国际环境下,如何从以往的经济发展中总结出规律性的东西,从理论上对广大发展中国家提供经济政策和发展战略的指导,成了战后初期整个经济学界面临的一项任务。当时的背景是:曾经在古典经济学中占重要地位的经济发展理论,被公认为自1850年直到1950年100年间在西方主流经济学中消失了;而当时现有的经济理论中能够同不发达国家沾上边的所谓"殖民经济学",不过是社会学家、人类学家、历史学家、政治学者和殖民地官员各种著述的拼凑而已。这就使得经济学家们不得不考虑开辟出一门针对广大发展中国家的新型的经济学分支学科。一些出生于殖民地或附属国,但在西方国家受过经济学系统训练的经济学家,在第二次世界大战结束前已经开始了对本国经济发展问题的研究,还有一些发达国家的经济学家在战争结束前后意识到欧洲的经济重建时代即将到来,以及新独立的不发达国家将面临紧迫的经济发展问题,因而表现出重振经济发展理论的浓厚兴趣。此外,部分在国际组织如世界银行、国际货币基金等供职的研究学者,由于工作性质亦涉足于对发展中国家经济与政策问题的探讨。正是在这三股力量相互交织之下,以研究不发达国家经济发展问题的发展经济学应运而生。

发展经济学的历史演进大体上可以划分为3个阶段。从20世纪40年代初到60年代初是发展经济学演进的第一阶段。这一阶段占主导地位的是具有反西方主流经济学倾向的结构主义学派。从60年代初到70年代末是发展经济学演进的第二阶段。这一时期的发展经济学在基本理论和政策建议上发生了方向性的转变。一批西方主流经济学派发展经济学家对第一阶段盛行的理论和政策提出了尖锐的批评。在西方发展经济学界被称为“新古典主义复兴”。新古典主义的复兴主要表现在对经济计划化和市场作用的重新评价及在农业问题、国际贸易问题等各领域的扩展。新古典主义复兴的同时，激进主义发展理论兴起，提出了中心-外围理论，并在此基础上提出了依附论。80年代初至今为发展经济学演进的第三阶段。这是发展经济学内部理论大综合时期，居主导地位的是经过修正的新古典发展理论，但在相当程度上吸收了结构主义等不同学派的研究成果，甚至在一定程度上表现出向以亚当·斯密为代表的古典发展理论回归的倾向。

在半个世纪的发展历程中，发展经济学作为一门实用性很强的学科，在很大程度上影响了发展中国家努力的方向和发展的进程。在新的时期，发展经济学的发展主要呈现出以下趋势：泛化，即发展经济学日益融入正统经济学理论，其学科界限日益模糊；细化，即过去的“宏大的动态学”趋于解体，一些专题从中独立出来形成学科或子学科，如劳动力问题、人力资本问题等。

(2)发展经济学的研究内容。在现代经济学理论体系中，发展经济学研究发展中国家经济社会结构转型过程、经济发展趋势、结构变化内在规律和发展因素各种内在关系。发展经济学的任务是最切合实际地分析发展的一般规律和本国或者本地区的实际情况，把握发展的趋势，指导制定科学的发展思路、发展战略和有关发展的政策，进行科学的投资决策；在长期的过程中，成本最小、时间最短、最节约稀缺资源地完成从经济不发达到经济发达的过渡，即整个社会经济结构的转型。

对于发展经济学的研究对象，不同的学者持不同的看法。《经济大辞典》认为，发展经济学是“以第三世界国家的经济发展问题为研究对象,20世纪40年代在西方国家逐步形成的一门经济学分支学科”。张培刚认为发展经济学主要“研究贫困落后的农业国家或发展中国家如何实现工业化和现代化的问题”,并且进一步提出发展经济学有广义和狭义之分,“就广义而言,凡是研究一个国家或一个地区的经济发展问题的,都可以算是发展经济学。从广义的发展经济学看,亚当·斯密在1776年发表的《国富论》(研究国民财富的增长问题),可说是最早涉及发展经济学的著作了。但称得上真正系统的发展经济学著作的,最早要算是马克思从1776年开始发表的《资本论》。狭义的发展经济学,就是工业化和现代化,或者说,如何实现经济起飞和经济发展的问题。”谭崇台则认为,发展经济学是“研究经济增长和经济发展”的经济学,这里没有把工业化作为发展经济学的发展标准。总的看来,发展经济学研究的范畴是工业化与现代化、经济增长与经济发展的问题,前者基于发展中国家的刚性结构,而后者基于发展中国家财富量的增加。发展经济学概念的这些差异体现了发展经济学在不同阶段具有不同的发展思路和不同的政策取向。然而,不论概念如何界定,发展经济学的研究核心便是发展中国家的经济发展。

所谓经济发展,通常是指一个国家或地区按人口平均的实际福利增长过程,它不仅是一种财富和经济机体的量的增加和扩张,而且还意味着其质的方面的变化,即经济结构、社会结构的创新,社会生活质量和投入产出效益的提高。简而言之,经济发展就是在经济增长的基础上,一个国家或地区经济结构和社会结构持续高级化的创新过程或变化过程。其与一般意义上的经济增长是不同的。从概念的内涵上看,经济增长是一个相对纯粹的经济学概念,侧重反映和体现财富与产出量的增加以及由此所引发的有关经济方面关系的发展问题,而经济发展除此之外,还特别关心社会一般关系的发展变化问题,涉及非经济方面的诸多问题,所谓“有增长而无发展”或“没有发展的增长”之说,恰恰表明了二者之间概念与内涵上的差异和不同。同时,经济发展与经济增长的关系又是极为紧密的,经济增长是经济发展的基本动力,是经济发展的必要的、首要的物质条件,没有增长,发展将成为无源之水。反之,没有发展,长期的持续增长也将是不可能的。

从上述发展经济学的历史演进和研究内容来看,尽管发展经济学与国防经济学的研究对象各不相同,但其核心都是资源配置的效率问题。而由稀缺性导致的对效率的关注正是现代经济学存在的基础,由此可以看出两者的现代经济学性质,从而,便找到了两者相互融合的理论基础。

2. 研究方法

国防经济学与发展经济学都是现代经济学的分支学科,除了具备统一的理论基础之外,其在研究方法上也存在相似点,具体表现在以下几个方面:

首先,经济分析方法中的实证方法和规范方法的结合。

经济学中的实证分析是指排除了主观价值判断,只对经济现象、经济行为或经济活动及其发展趋势做客观分析,它只考虑经济事物间的相互联系的规律,并根据这些规律来分析和预测人们经济行为的效果。它要回答的只是客观事物"是什么"。规范分析是从一定的价值判断出发,说明某一具体经济事物是好还是坏,是否符合某种价值标准,它要回答的是某一事物"应该是什么"。它涉及伦理和价值判断。这些问题涉及根深蒂固的价值和道德判断。

实证分析是现代西方经济学中最重要的分析方法之一。经济学作为一门科学,与其他学科(包括自然科学)具有的共性就是它的科学性。要使经济学成为一门真正的科学,必须揭示各种经济现象发展变化的客观规律,正确回答客观事实是怎样的,而这正是要通过实证分析来达到。离开了实证分析,就不能正确地认识社会的客观经济运行。作为经济学的分支,在发展经济学的研究中可以应用实证分析方法。例如,在分析区域经济发展差距时,可以利用各地区的统计数据对差距现状进行客观的分析。同样，现代国防经济学的研究也应该运用实证分析方法。然而，我国国防经济学却有着长期的规范分析的传统，这一传统常常无法解释许多具体的国防经济现象，在许多问题的讨论上难以达成相对一致的结论。例如，我国国防费规模的确定，长期实行先由军方与政府有关部门进行协调，再由最高决策层确定的办法。借鉴现代国防经济学中有关理论，就可以根据国家实际安全需要和国民经济的承受能力，合理地、制度化地确定我国国防费的规模。再如，我国兵源数量众多，但兵员的质量却并不高，这与我军所肩负的重大使命形成了巨大的反差。如果能正确运用军事人力资本理论探索市场经济条件下人才流动的规律，展开对军事人力资本的经济分析，如各类兵员的替代成本分析、成本收益分析以及高素质人才职业选择的机会成本分析，对当代我国国防经济建设是极为重要的。然而，发展经济学与国防经济学同时又属于社会科学，作为社会科学其与自然科学相比较又有它们的特殊性，两者不可能完全摆脱规范分析，也无法回避价值判断的问题，因为作为经济学其总是为一定的社会经济制度和人们的经济利益服务的，它必须对客观经济现象的好与坏，以及应该是什么做出判断。所以，在发展经济学与现代国防经济学的研究中应该把实证分析方法和规范分析方法结合起来。

其次，应用经济分析方法中的定量分析方法。

现代经济学的发展越来越重视定量分析。经济学的定量化研究趋势主要表现在以下几方面：信息经济学、博弈论对马歇尔体系的挑战、数量分析方法的加强。数学化、定量化是经济学迅速科学化的重要标志。定量研究方法包括三个层次：方法论层次有经济理论模型与实证分析模型；统计学层次有核算指标、计算方法、分析方法；数据层次有数据定义与资料搜集。

在经济学的定量分析方法中，数学现在已经成为最重要的工具。现代经济学中几乎每个领域或多或少都用到数学、统计及计量经济学方面的知识。

许多经济学概念需要用数学来定义，经济行为和经济现象也主要是通过运用数学语言来分析和研究的。用数学语言来表达关于经济环境和个人行为方式的假设，用数学表达式来表示每个经济变量和经济规则间的逻辑关系，通过建立数学模型来研究经济问题，并且按照数学的语言逻辑推导结论。但是，由于各种原因，数学在我国发展经济学和国防经济学研究中的应用一直是薄弱环节，轻视或滥用数学方法的问题依然没有完全解决。有的文章由于很少运用数学方法，结论缺乏说服力；而有的文章却把数学当做经济分析的唯一手段，排斥所有定性描述。这主要表现在：有些文章不是从研究的需要出发运用数学工具，没有把数学和经济学有机地结合，而是把数学公式、模型作为装饰；有些运用数学方法取得的研究成果，由于缺乏必要的定性研究作指导和必要的经济理论作支撑，往往前后矛盾或违背常识。这种表面数学化的趋势，会使发展经济学和国防经济学逐渐失去社会科学应有的社会责任和品性。同时，由于定量分析有其局限性，数学模型在经济学研究以及经济决策中只能是研究手段。因此，在进行发展经济学与国防经济学的分析时要将定性分析与定量分析相结合。

再次，应用现代经济分析方法中的结构分析方法。

结构分析方法是西方经济增长理论和发展经济学所采用的分析方法，也是现代经济学中一种具有很大影响的理论思路。其特征是从经济整体性及结构分析的角度，把经济分解成几个构成部分，从结构联系的角度去分析经济发展的进程。在发展经济学的研究中，发展中国家最典型的特点就是存在明显的刚性结构，这种结构刚性不仅表现在发展中国家的二元经济结构和技术结构上，还表现在发展中国家的社会结构上。结构刚性意味着在较长的时期内发展中国家的结构没有明显的改进，克服这种刚性必须大力发展工业化。由此,结构主义运用结构分析法提出了一系列发展思路。例如,S.库兹涅茨(S. Kuznets)通过对增长过程中的结构变动分析,试图展现刚性结构的动态变迁过程。G.缪尔达尔(G. Myrdal)用"循环累积因果关系"理论将发展中国家刚性结构的形成与破解融为一体,着重探讨了结构变化的动力机制。R.R.纳尔逊(R.R. Nelson)的"低水平均衡陷阱"理论揭示了刚性结构的程度以及走出结构陷阱的动力。H.莱宾斯坦(H. Leibenstein)的"临界最小努力"理论解决了发展中国家克服结构刚性的量化问题。哈罗德-多马模型建立的长期动态模型表明,发展中国家要走出刚性结构,必须通过资本积累和工业化来促进经济增长。结构主义思路以发展中国家的基本特点即结构刚性为切入点,从内部和外部、从静态到动态利用结构分析法论证了发展中国家的刚性结构特点、动力机制和演变过程。

国防经济学的研究同样需要结构分析,比如,市场经济和信息化战争对中国国防经济运行究竟有哪些深层次的影响,中国国防经济发展如何体现国防质量型和技术密集型发展战略的要求,中国国防经济的规模和结构如何平衡,部队现实需要和国家经济承受能力的关系,国防工业对整个国民经济及不同地区间经济发展的影响等。在国防经济学研究中运用结构分析,对当代中国协调好国防经济与国民经济的关系,促进各地区间经济的协调发展,具有非常重要的意义。

3. 和平与发展的研究目标

由上述发展经济学的研究内容和理论演进过程可以看出:发展经济学所要解决的问题核心在于如何更有效地配置资源以提高整个国家的综合国力,实现经济的长期稳定和可持续发展。而现代国防经济学的研究目标是提高综合国力、维护国家利益。两门学科的研究目标共同反映了当今世界的主题:和平与发展。

邓小平同志在1985年会见日本商工会议所访华团时从政治

和经济两大角度深刻地分析了国际形势。他指出,现在世界上真正大的问题,带全球性的战略问题,一个是和平问题,一个是发展问题。从邓小平提出和平与发展是当代世界两大问题以后,世界经历了许多深刻变化,发生了许多重大事件。但是,时代的主题没有变,世界要和平,国家要发展,社会要进步,已成为不可抗拒的时代潮流。第一,世界各国的共同利益明显增多。在经济全球化背景下,世界各国的利益相互关联和相互依赖日益加深。1997 年发生在泰国的金融风波,迅速席卷整个东南亚国家,并波及全世界。第二,世界形势总体趋缓。冷战结束后,虽然地区性冲突和局部战争不断,但新的世界大战在可预见的时期内是可以避免的。越来越多的国家愿意通过谈判协商解决纠纷。政治多极化虽然步履艰难,但仍然为各国所追求。绝大多数国家对霸权主义和强权政治越来越不满。广大发展中国家已经成为反对霸权主义、维护世界和平的主要力量。这些说明,世界范围内和平因素的增长,超过了战争因素的增长。第三,重视发展战略已成为各国的主要政策取向。一个国家和民族在世界舞台上能不能站稳脚跟,能不能对人类发展有所贡献,关键取决于经济和社会发展程度。不论发达国家,还是发展中国家,都意识到综合国力特别是经济实力在国际关系中的重要作用。正如江泽民同志指出的"经济优先已成为世界潮流,这是时代进步和历史发展的必然。当前对每个国家来说,悠悠万事,唯经济发展为大。发展不但关乎各国国计民生,国家长治久安,也关系到世界的和平与安全"。第四,和平与发展是解决世界许多问题的根本途径。在全球性问题中,除了和平与发展问题之外,还有许多其他问题。比如,战后世界人口急剧增长,资源开发盲目无序,生态环境日趋恶化等。这些问题的解决,归根到底都要取决于和平与发展这两大问题的解决。第五,和平与发展是世界各国人民的普遍愿望。战争曾给人类带来了太多的不幸和灾难。据统计,第一次世界大战,把整个欧洲及西亚、非洲和远东抛进了硝烟和死亡的阴影，15 亿人卷入战争漩涡，3 000 多万人伤亡，无数的财产受损。第二次世界大战，61 个国家和地区参战，17 亿人卷入战争，9 000 多万军人和平民在战争中伤亡，经济损失高达 4 万亿美元。正因为如此，各国人民都不愿看到任何国家或国家集团再推行新的霸权和强权，都不愿看到南北之间发展的差距、贫富的悬殊再扩大下去。各国人民都渴望世界持久和平，渴望过上稳定、安宁的生活，渴望建立公正合理的国际新秩序，渴望实现国际关系的民主化，渴望促进共同发展和共同繁荣，共创人类美好的未来。因此，维护世界和平、推动发展中国家经济发展，缩小贫富差距，促进世界共同发展是世界人民共同的心愿，也是发展经济学创立的初衷。

然而，和平与发展仍然是人类不懈追求的目标，解决这两大问题的进程仍然坎坷、曲折。威胁世界和平与发展的因素依然存在，天下并不太平。近几十年来，虽然世界范围的大战没有打起来，但小规模的地区性冲突乃至局部战争仍然不断。据统计，第二次世界大战以后，世界上发生过 120 多次较大的战争，死亡人数约1 200万人。近年来，海湾战争、科索沃战争、阿富汗战争、伊拉克战争等局部战争，使成千上万的无辜平民颠沛流离，无家可归。霸权主义和强权政治有了新的表现，强权国家大肆鼓吹“新干涉主义”，妄图建立由西方价值观主导的世界，竭力推行单边主义，干涉别国内政，导致一些国家和地区矛盾激化，局势紧张，成为危及世界和平与发展的主要根源。同时，世界的发展很不平衡，不公正不合理的国际政治经济旧秩序还没有根本改变，贫富差距进一步扩大，一些地区的冲突和争端此起彼伏，国际恐怖主义危害着人们的安宁生活，贫困、环境恶化、毒品等非传统安全问题更加突出。所有这些问题的出现都对国防经济学的进一步发展提出了新的挑战。这就要求发展中国家在发展经济的同时加强国防建设，以坚实的国防保障经济的稳定发展，以强有力的经济发展推进国防建设。这就是现代国防经济学与发展经济学相互融合的现实和时代意义。

二、现代国防经济学与发展经济学的融合

新经济时期的国际环境为发展中国家经济发展带来了机遇，也带来了巨大的竞争压力，同时，给作为与国防、军队建设直接相关的现代国防经济研究带来了严峻的挑战。因此，尽快摆脱原有的研究范式，以国际上通行的现代经济学和国防经济学理论与方法，研究国防经济问题，实现多学科的融合，借助多种不同的方法，以实证研究和定量方法分析国防经济学的重大问题，是发展中国家现代国防经济发展的新方向。比如，对于正在崛起的发展中国家，财力十分有限，如何在国防需求与国防资源之间寻求平衡点问题，这在发展经济学中是协调发展和可持续发展问题，在计量经济学中实际上是一个最优化求解问题；又如在我国现役主战装备所存在的“代差”问题，无疑对我国国防工业基础提出新的要求，如何设置我国国防工业的基础结构，以提高国防工业基础效率，不仅是国防经济研究所面临的重大问题也是发展经济学所面临的产业结构调整问题。正如经济学者胡鞍钢所言，需要“开阔视野，扩大思路，吸收新知识”“跟踪和学习国际防务经济学研究前沿成果”，同时也要深入了解中国国情和军情，唯有如此才能为中国的国防建设和经济建设提出具有实际意义的研究成果。这也说明了研究现代国防经济学必须与本国的实际相结合，由此，在发展中国家研究国防经济学要与发展经济学相融合。

参考文献

[1]　杜为公.现代西方国防经济学及其在中国的发展综述[J].中南财经政法大学学报，2005(3).

[2] 哈特利·基斯,桑德勒·托德. 国防经济学手册[M]. 姜鲁鸣,沈志华,卢周来,等译. 北京:经济科学出版社,2001.
[3] 徐策.冲突理论:国防经济学花园中的一支奇葩[EB/OL].[2005-12-13]. http://www. Chinavalue.
[4] 库桂生. 国防经济学说史[M]. 2版. 北京:高等教育出版社,2002.
[5] 姜鲁鸣. 现代国防经济学导论[M].2版. 北京:国防大学出版社,2002.
[6] 卢周来.剑与犁——当代西方国防经济理论与实践[M]. 北京:石油工业出版社,2002.
[7] 卢周来,中国国防经济学:2004[C][M]. 北京:经济科学出版社,2005.
[8] 杜为公.国防经济学[M]. 北京:海潮出版社,2003.
[9] 卢周来,杜为公.理解国防经济学:中国国防经济学学科转型的起点[J].军事经济学院学报,2005,12(3).
[10] 郭朝蕾,马杰.国防经济学的昨天与今天[J].中国军转民,2005(4):55-56.
[11] 王振松.二元结构理论与我国二元经济结构发展小议[J].福建师大福清分校学报,1997(4):34.
[12] 刘颖.国防科技成果转化中政府的作用[J].经济师,2003(5):25.
[13] 王述英,马云泽. 美国信息化水平及其对经济的影响[J].世界经济与政治,2003(8):13.
[14] 科技成果转化为生产力的桥梁[N].人民日报海外版,2001-02-13(8).
[15] 张正德.美国信息技术的发展及其经济影响[M]. 武汉:武汉大学出版社,1995:106.
[16] 罗敏,吴少华.国防经济研究转型问题探讨[J].军事经济学

院学报,2005,12(3).
[17] 冯飞,杨建龙. 产业结构演进的趋势与"十一五"方向[N]. 国防经济时报,2005-05-12.
[18] 中华人民共和国信息产业部. 2005年电子信息产业主要指标完成情况[EB/OL]. http://www.lnii.gov.cn/art/2006/02/09/art_169_6243.html.

第二章 国防开支与经济增长

国防开支对一个国家经济所起的作用是国防经济学一直关注和研究的问题，究竟国防开支对经济增长的作用是负还是正，运用不同的模型、数据，所得到的结论也不尽相同。但是，从理论上讲，国防开支对经济增长既有负面影响，也存在着正向的作用。本章首先分析了国防开支在经济增长中的地位和作用，其次重点就国防开支与经济增长互相影响的途径进行了研究，并对运用较多的模型做了介绍，最后分析了中国的国防需求、国防开支的规模、结构优化和管理。

第一节 国防开支在经济增长中的地位和作用

一、国防开支和国防开支结构

国防开支是国家预算中用于国防建设和保卫国家安全的支出。国防开支是描述国防行为的最佳经济指标。国防开支能较好地表达国家经济资源在国防与经济发展之间的配置状态，其存量和流量是衡量军事力量强弱的重要标准。国防开支是任何一个主权国家维护其安全、独立所必不可少的开支。

国防支出水平的一般决定因素有三个：一是经济发展水平的高低。国防支出规模从根本上说是由经济实力决定的，经济实力越强，能用于国防方面的支出就大；经济实力越弱，国防开支就会受到很大的限制。二是国家管辖控制的范围大小。国家的领土越大，人口越多，用于保卫国土，保护国民安全的防护性开支就会越大。三是国际政治形势的变化情况。在爆发军事战争或处于军事对峙时期，国防开支会大幅上升；而在和平时期，国家周边外交政策比较成功，与邻近国家和睦相处时，国防开支会相应减少。

国防支出的结构直接关系到整个战斗力的构成。国防力量结构的安排、调整，主要是国防开支结构的调整。在国防开支规模既定的情况下，国防开支分配结构不同，产生的战斗力也不同。

当今，各国都很注意优化国防开支的结构。一般来说，主要从以下四个方面入手：一是加大军队信息系统建设的投入。各发达国家都以加大军队信息化建设为本国军事转型的主要投入方向。二是增加海、空军和航天部队的投入。三是加强信息化装备的投入。英国政府发表的国防白皮书表明，英国计划削减陆、海、空军的常规军事装备采购订单，将节约下来的经费主要用于发展灵巧炸弹、无人驾驶飞机、卫星通信系统等信息化武器装备[22]13。四是增加国防科研经费，加强自主研制高科技武器设备的能力。目前我国的国防开支结构存在一些问题。突出的问题是人员费比重过高，发展费、装备费比较低。中国国防科研投入比重，大约只有发达国家投入比重的三分之一至二分之一。在装备费中，有相当大的部分用于技术水平较低的一般装备的维护，而真正用于新装备的研制、采购的费用较少。

二、国防开支的经济效应

国防开支不但关系国防建设与国家安全，而且具有经济功能。

1. 国防的经济功能

(1)国防对经济建设具有保证作用。国防投入所产出的公共产品是国家安全，对于任何一个国家来说，都是进行经济建设最为重要的条件。如果没有安全的环境，一个国家和民族就很难独立自主、和平稳定地进行经济建设和社会发展。古今中外的历史一再证明，军事实力的强弱，直接关系到国家和民族的兴衰存亡和前途命运。发展国防，可以避免战乱、防范祸患、谋求和平。

国防建设对经济建设具有安全屏障作用。在世界范围内战争威胁仍然存在，国内矛盾在某种条件下仍有可能被激化，特别是在恐怖主义、分裂主义和极端主义有可能日趋猖獗的背景下，加强国防建设不仅可以有效地防止外敌入侵，保卫国家安全，而且可以为经济建设创造一个安定的国际国内环境。经济建设如果离开了国防建设的安全屏障作用，就有可能会被战争和重大突发事件打断，从这个意义上讲，国无防而不安，经济建设必须有强大的国防力量做坚强后盾。

20 世纪 90 年代初，科威特人均国民生产总值约 1.4 万美元，国家储备金总额为 800 亿美元，号称世界首富，但由于国防力量相当薄弱，一夜之间被伊拉克吞并。事实证明：一个国家没有强大的国防必然要付出惨重的代价[23]。

(2)国防实力是拓展国家利益的基石。随着经济全球化和区域合作深入发展，世界各国相互依存度不断加深，中国作为正在崛起的发展中国家也不例外，正在不断融入全球化经济中。2004 年中国对外贸易额高达 11 547.4 亿美元，相当于加入世贸组织之前的 2001 年全年贸易规模的 2.3 倍，是 1978 年的 50 多倍，由世界第 32 位上升至第 3 位；中国在海外的投资也不断增加，截至 2003 年底，中国境外企业达到 3 400 多家，累计对外直接投资超过 332 亿美元。随着中国的发展以及和世界联系越来越紧密，中国公民出国留学、经商、旅游观光的人数也越来越多，由此带来的经贸摩擦和各种纠纷不断增多。维护国家在世界范围的自由贸易利益不受侵害已成为维护国家发展权的重要内涵。

当今中国面临的不只是领土不受侵犯的问题，更多的是发展受制约的问题。对国家核心利益的威胁就是对国家安全的主要威胁。要想在发展中不受到制约和不平等的待遇，就要有强大的实力。而对于一个国家来说，国防实力是检验国家实力的重要标准之一。有了强大的国防，才能创造稳定的国内投、融资环境，吸引国外长期投资，确保本国经济安全和金融安全，有助于确保国家在对外交往中开拓国际市场和国家经济战略目标的实现。

不仅如此，现代国防建设所提供的经济功能也越来越多。一是直接参与或承担国家和地方的重点工程建设。建国以后，我国先后组建了新疆生产建设兵团、铁道兵部队、武警水电部队和黄金部队等，作为军队的建制单位，直接承担了边疆农垦生产和川藏公路、成昆铁路、青藏铁路、葛洲坝水利枢纽等重大而艰巨的工程项目建设。近 20 年来，全军共投入 4 亿多个劳动日，出动机械车辆 2 500 万台次，参加和支援重点工程项目 1 万多项。二是在抢险救灾等活动中发挥重要作用。仅在 1998 年的抗洪抢险中，我国就出动了 3 万官兵和 500 多万民兵、220 多架次飞机、1.25 万台车辆、1 170余艘舟艇，抢修加固堤坝 1 万多公里，堵决口和排险情 1.4 万处，抢救和转移群众 300 多万人。2000 年 4 月，全军又成立了 18 支抗洪抢险专业应急工程兵部队，重点担负全国 7 大流域、9 条江河和两大湖泊的抗洪抢险任务[19]。近 20 年间，全军共参加抢险救灾 10 万多次，出动官兵 2 300 多万人次，机械车辆 100 多万台次，飞机、舰艇 1.5 万余架(艘)次，抢救遇险群众 1 000 多万人，抢运各类物资 2 亿多吨。各种国防力量的参与，极大地减少了险灾损失，有效地保护了人民生命财产安全和社会财富，有力地维护了社会安定。

2. 国防开支的经济效应

从理论上分析国防开支的经济效应是一个非常复杂的问题。国防开支作为一种消费性支出，既可能产生正的外部效应，也可能产生负的外部效应。

(1)国防开支对经济增长的负面影响。一些学者从机会成本的角度分析了国防需求增长对经济发展的负面影响。他们认为，“在人们可供支配和利用的资源既定的前提下，用于国防建设和用于经济发展的资源之间存在着一种替代关系，即国防需求的机会成本，政府把用于满足经济发展的资源分配给军事产品，而这种产品既不流向提高一般生活水准的消费领域，也不流向可增强社会未来生产能力的投资领域。”[22]11 因此，国防建设的过度投入是不利于经济的持续发展的。

在我国的“三线”建设中就存在着这样的问题。“三五”期间，轻工业投资在全国基本建设投资总额中占4.4%，“四五”时期占5.8%，都低于“一五”期间6.4%的水平。造成轻工业投资下降的一个直接原因就是大量的投资用在“三线”地区的重工业建设上了。由于过度向“三线”的军事工业项目投资，影响了沿海的工业发展，“三五”时期沿海地区的投资降到了建国以来的最低点，在全国基本建设投资总额中仅占30.9%，“四五”期间沿海地区的投资虽然有所回升，比“一五”时期还是低2.2个百分点。10年合计，沿海地区的基本建设占全国基本建设投资总额的35.2%，低投资水平影响了沿海工业的发展，不利于老工业基地和老企业的改造。

(2)国防开支对经济增长的促进作用。国防开支除了最基本的产出——国家安全——以外，还对经济存在溢出效应和宏观调控作用。

第一，国防支出对经济存在科技牵动效应。一个时代、一个社会最先进的科技成果往往首先产生于军事领域，然后再由军事领域向民用领域转移，推动民用产业的升级。第二，从经济学的角度看，军事消费是整个消费的重要组成部分，也能拉动消费需求。军队的生产消费、生活消费、战备训练消费等，最终都要体现在社会经济的大系统中。军事投资是政府公共开支，能对国家宏观经济调控起着与一般性财政政策相同的功效。第三，国防开支还会为国民经济其他部门创造相应数量的就业机会。国防开支增加，国民经济其他部门就增加就业。第四，国防开支中用于人力资本的部分，也可以向民用领域转移，而人力资本对经济增长的作用是巨大的。

三、国防开支的社会效应

国防开支除了对经济增长产生影响以外，还会对社会的其他方面产生正面或负面的影响。

1. 国防支出对社会的其他负面影响

国防支出对环境的影响。军事实验等常常会对资源、环境造成破坏，核试验对大气、土壤、生物和海洋都具有严重的破坏作用，核废料的处理至今仍是一个世界性难题，而其他实验性爆破、有毒气体的排放和非再生资源的广泛使用，对环境造成的不利影响是难以估量的。另外，发达国家的高军费支出可能会导致对发展中国家援助的减少，从而对发展中国家来说，产生了负面的外在性。

2. 国防支出对社会的其他正面影响

军事对社会文化、民族心态等具有多种潜入、溢出、辐射效应。首先军事文化通过与社会文化的互动，对社会产生深刻影响，从而获得巨大的社会效益。无论是军事谋略、思维还是军事的规章制度或管理方法，都会直接或间接地产生相当大的社会文化效益。其次，军队的文明状态对社会文化有着广泛的影响。国防建设尤其是军队建设中所体现出来的集体精神、团结协作精神、民族凝聚力等，是社会先进文明的代表，必然对整个社会产生示范激励作用。如 1998 年抗洪救灾中军队所体现出来的“抗洪精神”，就产生了良好的社会效应。

而且,国防投入所生产的公共产品,除了安全、和平、主权,还包括了尊严、自信、快乐、健康和幸福。国防的作用和价值除了保卫国家安全,创造和平、安宁的生活环境,还会给民族、民众带来自信心、自尊心等健康的民族心态。

第二节 国防开支与经济增长的互动关系

一、经济增长对国防开支的影响

经济实力是国防的基础。经济是人类社会发展的最基本的动因,社会的物质生产和再生产活动是人类其他一切活动的基础。"国之道无他,在于富,古未有国贫而可以为国者。"经济发展对于国防需求既有直接的支撑作用,又有长远的基础性作用,只有经济得到了充分的发展,国家才可能有支持国防工业发展的强大财政能力,可能满足对国防工业产品较大的需求。如邓小平同志所说,改善部队装备"要根据可能,国家只能拿出那么多钱,用于军事方面多少,还要进行综合平衡,国防现代化,只有建立在国家整个工业以及农业发展的基础上才有可能"[24]。

经济发展状况决定了能否满足国防需求的供给,决定了可以用于支持国防工业发展的资源边界。保持经济的持续、快速、健康发展,是解决包括国防在内的所有问题的基础,只有经济发展了,经济实力增强了,才能为国防和军队建设提供越来越强大的物质技术基础。

1. 经济是国防的基础

(1)经济是国防产生的原因。从最根本的层面上看,没有经济对国防的需求,就没有国防的产生,而没有经济对国防的供给,也没有国防的存在和发展。

在经济全球化的背景下，一个国家的发展，已经在越来越大的程度上取决于其获取海外资源和占有国际市场的能力。因此，国家战略利益涉及的范围和领域逐渐扩大，保卫本国的国际市场、跨国投资、海外战略物资基地、通信和运输线路的重要性日益凸显。从国际市场来看，改革开放以来，我国经济的对外依存度迅速提高。1979—2005 年，我国外贸总额已由 206 亿美元提升到 1.4 万亿美元，在全球贸易中的排名由第 32 位提升至第 3 位，预计到 2020 年，我国外贸总额将达到 2 万亿美元以上。从海外投资来看，作为全球增长最快的发展中大国，我国对外投资的巨大潜力正在显现。按照投资经济理论所描述的路径，一个国家人均 GDP 达到 800 美元时，开始出现系统的对外投资；而达到 1 200 美元以上时，将出现大规模的对外投资。2005 年，我国人均 GDP 已经达到 1 703 美元，这意味着我国已经处于系统对外投资向大规模对外投资的过渡时期。从战略资源来看，我国从 1993 年开始已经成为石油净进口国。中国原油 2003—2004 年进口量占原油总量的 32%到 42%。2005 年又增加 400 万吨，达 1.3 亿吨，基本上接近 50%。另据有关专家根据我国经济的增长速度和能源消费弹性系数分析，到 2010 年，我国原油消费总量将达到 3～3.2 亿吨。作为重要的战略物资，石油始终是各国战略利益争夺的焦点，我国在石油供应方面对外依赖程度的提高，不仅意味着更大的经济风险，也必然蕴含着更高的政治风险和国家安全风险。加之我国石油进口渠道有限，地处中东“火药桶”上的沙特阿拉伯所提供的原油占我国进口总量的 17%，因而更加容易受制于人。可见，我国经济的快速增长，正在导致国家安全需求迅速扩展，从而成为我国提升防务能力的强劲动因。

(2)经济决定着国防供给。“国不富，不可以养兵”“日费千金，然后十万之师举矣”。以经济实力为核心的综合国力是一切时代军事存在和发展的物质基础,决定着国防建设的规模、质量水平和发展潜力。

首先,武器装备以经济为前提。经济情况决定了武器装备的生产。武器装备的生产要靠工、农业生产提供基本条件,要靠国民经济的发展作为基础。正如恩格斯所说:“武器的生产又是以整个生产为基础的。”[25] 即一支军队武器装备的好坏,完全是由一个国家的经济力量、生产水平来决定的。

其次,军队的组织形式是由经济条件决定的。经济决定军事总体规模,军队的编成编制取决于经济条件。军队的编制是依赖于生产水平和交通状况的,军队的组织形式是受经济情况制约的。经济发展到什么样的水平,就有什么样的军队组织形式。

再者,经济决定军事人力状况。在一定的物质条件下,人的因素决定战斗力的强弱。随着科学技术的发展,现代战争的技术含量明显增加,军人的技能在战争中的作用越来越重要。军人的军事技能、身体素质和军人数量的补充又是受当时的经济状况影响的。一般来说,国家经济水平越高,教育上的投入就越多,居民的平均文化水平就越高,从而军人的文化水平就越高。并且,要把具有一定文化知识的人训练成熟练掌握指挥艺术和操作、维修现代化武器装备的技能的军人,需要高额的费用。同时,军人的身体素质与经济发展水平也有着密切的关系。经济发展水平越高,用在发展上的物质资料越多,锻炼身体、强健体魄便越有物质基础。

2. 经济增长影响国防开支的规模和结构

(1)经济增长对国防需求的保障作用。

首先,经济增长可以为国防需求提供物质保障。从战争准备和战争发展的全部历史来看,国防建设所需的全部物质要素几乎都是由经济建设工业部门提供的,如目前全世界军工部门消耗铜的数量约占世界铜的总产量的 15%,锡、镍、铅、锌等物质要素的消耗量约占总产量的10%。而且,国防工业是技术资金密集、综合性的加工工业,一个国家建立自己的国防工业需要机械工业提供装备,需要原材料工业提供材料,需要电子工业提供仪器仪表,需要能源工业提供动力。总之,如果一个国家没有较为完整的工业基础,就难以建立自己的国防工业;如果没有高水平的工业基础,没有比较健全的产业结构,就难以建立高水平的国防工业,就难以满足自身不断增长的国防需要。

其次,从21世纪初国防需求变动的总体趋势来看,国防需求从原来的应对核威胁下的世界性战争转变为应对高新技术条件下的局部战争,而高技术战争的一个突出特点就是对经济实力的依赖性越来越强。对于国防需求的财力支撑,主要来自政府,世界上没有一个国家政府的军事定货能够超越财政能力的许可。据北约机构统计,美国国防开支2000年达3 044亿美元,2001年达3 156亿美元,2002年为近3 200亿美元,2003年达3 786亿美元,2004为4 013亿美元,而2005年高达4 162亿美元,占美国政府全部财政预算的1/5还多。根据五角大楼的计划,2010年前,美国国防支出可能突破5 000亿美元,占全球国防总额的一半。高技术战争需要高科技人才和武器,而人员培训和武器装备费用也是越来越高。西点军校培养一名学员需要花费22.5万美元,生产一枚爱国者导弹需要110万美元,生产一架F—117隐形飞机需要1.6亿美元,生产尼米兹号航空母舰则需要支出30亿美元左右。产品价格高昂,使得财政对国防工业产品需求的约束越来越明显,对一些中小国家来说尤其如此。从这个意义看,国富才能兵强,国防需求必须以国家经济社会发展和财力增长为雄厚基础。

(2)经济增长影响国防支出的规模和结构。经济发展决定一国经济总量用于国防份额的数量,其货币表现就是国防支出。据英国国防经济学家怀内斯分析,国防支出与社会经济的发展和公共开支有着密切的正相关关系。

首先，经济的增长可以满足发展高技术设备的需要。发展高技术武器装备耗资巨大，由此带来这些武器装备造价惊人。从20世纪50年代到80年代中期，坦克从10万美元增加到240万美元，战斗机从20万美元增加到2 000～4 000万美元。进入20世纪90年代以后，武器装备的造价越来越高。例如，“战斧”导弹135万美元，麻雀导弹169万美元，F—14“熊猫”战斗机7 200万美元，一架F—15战斗机5000万美元，E—8电子侦察机4.25亿美元，B—2A隐型战略轰炸机高达22.2亿美元。面对21世纪的战争，目前正在研制实验的还有许多新型武器，如反卫星系统、航天武器系统、定向能武器、动能武器等等，价格则更加昂贵。同时，高技术武器装备的管理使用和维修费用消耗大大超过以前，甚至超过武器装备采购的费用。近些年，发达国家由于高技术武器装备耗费越来越大，造成国防开支中武器装备费逐年大幅增加。如美军的武器装备采购费2000年为530亿美元，2001年为640亿美元，以20%以上的高速提升；而俄罗斯有约占60%的军费将用于武器采购。只有在经济增长的情况下，才可能为武器装备采购和维修提供物质支持。

其次，经济增长可以为国防需求提供科技方面的支持。据统计：人类于1788年发明蒸汽轮船，1815年它就被应用于军事领域；1896年无线电通信被发明后于1914年被应用于军事领域；螺旋飞机发明约8年后就被应用于军事领域；原子能人工释放技术发明约3年后就被应用于军事领域，而人造卫星和激光技术只用1年左右的时间就被应用于军事领域。作为先进社会生产力的重要标志，这些先进科学技术在军事领域的广泛运用，大大提升了军队的战斗力，并成为推进军队质量建设、夺取战争最后胜利的重要法宝。

经济增长还有利于提高军事人力资本。一般来说，一个国家的经济越发达，教育投入就越多，居民的平均文化水平和军人的科学文化素质也就越高。目前，发达国家和发展中国家由于经济状况不同，因此在军人的训练和科技素质方面存在较大的差距。

最后，经济发展水平的提高，不仅有利于扩大国防的规模，还可以改善国防的使用结构及提高发展费和装备费在国防开支中的比重。大幅增加军事人力资本投资，提高军人教育费用在国防中的比重，为军人在军营中接受继续教育创造良好的条件。西方发达国家认为，军人待遇与国家安全息息相关，军人待遇的高低关系到能否吸引和留住优秀人才、激励军人尽职效力，关系到军队战斗力的增强。

二、国防开支影响经济增长的机制

从纯粹的经济观点看，国防开支从本质上来说是一种“非生产性开支”，因此，可以推测，总体上国防开支对民用产出效应为负值。然而，国防开支也会产生大量的副产品，确实存在着国防开支对经济增长的正效应。

1. 国防开支对经济增长的负面影响

反对政府过多支出国防费用的经济学家们认为，国防支出是对社会资源的一种浪费，它对经济增长存在负面效应，主要体现在：

(1)国防支出转移了民用经济对稀缺资源的使用，引起私人消费的减少和社会福利的降低。传统的“黄油与大炮”理论认为，国防支出与民用部门之间存在一种替代关系，国防支出的增加，会减少同等数额的民用支出；如果大炮生产得越多，必然会使黄油生产得越少。由于国防支出将稀缺资源从其他部门转移出来，导致了私人(民用)消费的减少和社会福利的降低。例如，非消费性的国防产品：炸弹、枪炮、军舰、导弹和坦克等，这些支出会减少国内的私人消费;而将资源用于非生产性的国防支出,就会导致用于社会福利的资源减少,从而降低了社会福利水平。

(2)国防支出减少了政府在其他方面的开支,引起储蓄和投资的减少。国防支出不利于经济增长中的投资和储蓄,它对投资和储蓄具有挤出效应。因为国防支出会导致政府支出中用于其他经济和社会目的的资源减少,而通常政府支出是通过税收、预算赤字或发行新的货币加以实现的,所以,国防支出的增加,一方面可能会促使政府增加税负,另一方面政府可能扩大预算赤字来应付庞大的国防支出,或者两者兼而有之。理论上,如果政府增加了税收以支付国防支出,则私人只能有较少的资金进行储蓄,企业投资的资本也会较少。

(3)国防支出减少了政府在教育方面的投入,引起人力资本水平的下降。由于国防支出的增加可能会减少政府在公众教育方面的投入,从而引起教育水平的降低,影响人力资本的形成,而人力资本的积累对经济增长的作用又是有目共睹的,人力资本的水平降低或增长速度放慢,都会影响经济的增长。

(4)影响一国的国际收支平衡。一方面,国防资本的支出多数是集中在机械、电子、交通设备等行业,在现代国际贸易中,这些行业往往是一个国家较为重要的出口部门,国防部门对这些行业产品的大量需求将会减少商品出口规模,较低的出口增长随之会导致较低的经济增长,这会进一步削弱一个国家的贸易竞争力。另一方面,通过军品进口来增加国防开支会减少民用进口,可能会对民用进口形成挤出效应并减少外国储蓄(或外国直接投资),进而降低经济增长率。

(5)国防开支管理和应用上的低效率。国防采购和管理系统在资源的利用上经常存在浪费、无效率、奢侈现象。因此,除了资源的替代效应外,军费支出的管理不善,对经济增长也会产生不利的影响。如尽管国防支出的研究与开发活动对民用经济有正向的溢出效应，但是突破性技术在私营部门的应用和转移要比军事部门来得更快和更为直接，因此，当R&D活动从私营部门转向军事部门时，很可能对经济增长有负面的影响。并且国防部门可能使用了相当数量的高技术工人，而相对于高技术人员稀缺的发展中国家来说，大量的高技术人员受雇于国防部门，对国民经济增长无疑是相当有害的。

2. 国防开支对经济增长的正面影响

(1)提供安全的投资环境，有利于稳定和吸引投资。关于国防的安全效应，在前文已有较详细的论述，在此不再赘述。

(2)国防投资拉动作用。国防开支拉动总需求。西方学者曾根据凯恩斯的理论来研究国防支出对于经济的影响和作用。凯恩斯认为，资本主义社会出现危机和失业的原因在于有效需求不足，单凭市场机制的力量无法把资本主义经济调节到充分就业的水平，必须由政府干预经济。政府干预经济的重心是运用财政政策，而包括国防支出在内的政府自身的财政支出是手段之一。因而，在经济危机、失业严重的时期，增加政府的国防支出有利于增加有效需求，增加就业，并能通过乘数效应，对经济摆脱萧条、走向繁荣有着积极的影响。法国著名经济学家夏尔·贝特兰在其《增长的政治经济学》中说，每当现代资本主义经济走向萧条的时刻，资本主义总会凭借政府的力量，利用战争使自己走出危机。美国经济学家弗里德曼则说："只要国家不遭到大规模破坏，战争和衰退是不会并存的。历史告诉我们，国防开支会刺激经济发展，是第二次世界大战而不是新政结束了大萧条。""9·11"事件使美国经济遭到重创，但是，由于美国发动了阿富汗战争，很快刺激了经济发展。因此有的经济学家认为，阿富汗战争不仅仅打击了恐怖主义，同时也成为重振美国经济的推进器。

国防领域的资金投入推动国防科技工业的生产规模扩张，这一扩张带动与之相关的民用经济的上、下游产业的相应规模扩张，从而在整个国民经济中产生投资乘数效应，最终以总需求的扩大带动经济的增长。与国防工业密切相关的钢铁、机械、材料、电子以及高科技等产业往往充当国防投资拉动功能的“传导媒介”。第二次世界大战期间美国军火工业的膨胀就是其经济高速增长的重要原因。现代武器装备是各种高技术的结晶，必然要求有民用领域与之相关的电子、新材料、新能源、精密机械加工等行业的支持。“9·11”事件之后美国政府开支，尤其是国防开支的大幅度增长成了拉动美国经济增长的重要因素[26]。

(3)消费拉动作用。国防领域(包括国防科研生产和军事武装集团)的生产资料消费和生活资料消费作为必要消费，最终来源于民用经济领域，因此，国防消费需求构成了社会总消费需求的一个重要部分，其扩张与收缩必然影响到整体经济的扩张与收缩。

(4)国防支出对经济增长发挥了正向的溢出效应。国防支出对经济增长的影响通过间接的溢出效应而发挥作用。这种溢出效应有积极的正向的一面，也有负向的一面。从正向溢出效应来看，国防支出对经济增长存在如下积极作用。

第一，国防科技的牵动作用。一个时代、一个社会最先进的科技成果往往首先产生于军事领域，然后再由军事领域向民用领域转移，推动民用产业的升级。现在美国最重要的高新技术产业和最关键的技术系统，几乎都是在军事需求带动下产生和发展起来的。它的航天技术是在当年的“阿波罗登月计划”推动下发展起来的，遍布世界的因特网是由美国国防科研部门的内部局域网发展起来的。

在经济增长理论中，科技作为推动经济增长最重要的因素一直受到经济学家的关注。由于国防科研力量雄厚，技术上往往处于领先地位，如果能将国防科技的"能量"释放于民用经济中，就能产生巨大的经济效益，促进经济的快速增长。美国"阿波罗"计划，由于重视了技术转移，每投入 1 美元，就能在民用领域产生 14 美元的效益。国防科技的转移，不仅包括技术，还应当包括先进的管理方法的转移，如系统工程、运筹学等都是在军事上首先应用然后推广到民用经济中去的，美国国防部六七十年代推出的"PPBS"（规划、计划、项目预算法）也已在工程设计、项目规划中得到广泛应用[26]。

第二，国防开支带动就业。国防开支不仅维持了相应数量的军事人员的就业，而且还会为国民经济其他部门创造相应数量的就业机会。怀内斯认为，国防数量越大，使用的劳动力就越多，从而可以缓解失业的压力。有些经济学家的研究表明，在军事工业或军事基地密集的地区，地区经济增长对于军事相关投资的依赖度很高；军事投资的就业乘数也不低于非军事投资的就业乘数。

以美国为例，研究表明，每增加 10 亿美元的国防开支，就会新增 2.5 万到 3.5 万个就业岗位；美国西部地区的经济增长基本依赖于军事工业复合体；扩大军事采购成为美国政府地区经济政策及整个国民经济政策的重要组成部分。以科索沃战争为例，科索沃战争所追加的 120 亿美元国防投资，使得美国 1999 年第一季度经济强劲增长，当季增长率高达 4.5％，当年经济增长率更是高达 6％，居西方各国之首；失业率则低至 4.2％，为近 30 年最低。

第三，人力资本的溢出。军队是人力资本的宝库，在服役期间，军人接受了良好的道德、技术和体能等多方面的特殊训练，在退役后都可以把在军队学到的知识、技能运用到经济建设的工作中去。例如，由于职业的需要，忠诚、奉献、勇敢、敬业和守纪的教育贯穿军人服役的全过程，而这些观念在现代经济生活中是非常重要的；空军的飞行训练可使驾驶员在退伍后服务于民航，陆军、海军等在服役期接受训练的官兵退伍后可将其掌握的技术及军事管理技能服务于民用部门。

第四,基础设施溢出。许多为军事目的而建造的公路桥梁、机场、水站、通信网络,都可以为国民经济建设服务。对许多发展中国家来说,大量的公共基础设施由于资金的匮乏很难得以建造,但由于军事需求的优先权,使得这些基础设施因军事需要而得到建设,军事部门基础设施的这种溢出可能对国民经济的其他部门产生一种重要的外在收益,并且提高了一个国家的经济基础。

第五,结构优化作用和布局优化作用。

国防开支中有相当大的部分用于武器装备的采购。高技术武器装备的不断发展必然带动一个国家产业结构的调整,促进高技术产业的发展。而由于一国的国防生产力布局主要由安全效益引导,往往是在一国范围内分散布局,当对新的国防科技工业或军事基础设施进行投资时,将会在考虑安全效益和经济效益相统一的前提下,进一步调整、合理地布局生产力,促进地区经济的协调发展。

(5)国防工业与民用工业互动。在和平时期,军工领域内部必然要保留相当数量的剩余生产能力,而且这些能力中又有相当的部分具有军民两用的功能。军事工业生产和民用工业生产完全可以紧密相连,互相渗透,协调发展,共同进步。例如美国,2005 年美国国防预算中,将近 800 亿美元用于军事采购,这意味着整个国防预算中近 1/5 进入了美国军工企业,而军工企业本身就可以生产一些民用产品,以满足各个部门的需要,如飞机制造公司既可以生产军用飞机,又能生产民用飞机。国防开支还能生产有利于民用工业的副产品,从一定程度上促进民用工业的发展。国防科技和国防工业可以产生新的知识、技术和材料,它们被用于民用部门,可以增加民用工业的生产能力;国防工业的绝大多数原材料来自民用工业，或者是由民用企业提供的，国防工业生产军品的同时，需要许多中间产品的生产与之相适应，开发这些中间产品会带动民用工业的发展。

三、国防开支与经济增长的良性互动

1. 国防开支与经济增长良性互动的深层原因

(1)现代国防资源配置趋势的转变。现代国防资源配置趋势呈现如下特点：一是现代战争和军事活动对资源的需求呈现出数量大、时间急、技术含量高、结构复杂等特点，单靠独立的国防经济部门已经不能满足其需要，必须紧紧依托国民经济体系。二是现代科技尤其是信息技术的飞速发展，使民用技术与军用技术的界限越来越模糊，许多民用高技术成果具有极高的军用价值，平时可为经济建设服务，战时稍加改造即可转为军用。而军用的技术也可以转为经济建设所用，如美国国防部和商务部开发的“关键技术”有80%是重合的。三是国防部门消耗的巨大资源在平时也应对民用领域构成支持，以最大限度地减少实现国家安全战略目标的总成本。

(2)当今世界国防建设与经济建设协调模式的转变。在传统的“板块”式结构中，国防与经济两大建设体系相对封闭、互不相通，国防投入一经形成便会进入军事消费领域，从总体上就不再直接参与社会财富的价值增值过程，由此形成了国防投入与经济建设投入在资源分配中的竞争性关系，即“此少彼多”的零和博弈关系；而现在大多数国家逐渐转变为国防建设和经济建设互相“融合”的模式，即国防领域与民用领域的技术成果、人才、资金、商品、信息等资源要素呈现双向扩散、交流和融合的态势，二者之间在争夺资源中的竞争关系开始弱化，“共生共长”的互动使二者之间产生了一种正和博弈关系，国防建设的机会成本由此大大降低。

(3)国防与经济的互动关系着国家总体战略目标。国防与经济一端连着经济社会发展,另一端连着国家安全,只有把这个重大关系协调好了,使之产生良性互动,国家才会进入安全与发展相互促进的良性循环;反之,就有可能给整个社会的生存与发展带来严重的负面影响。

2. 国防开支与经济增长良性互动的途径

(1)坚持在国防和军队建设领域中贯彻科学发展观,形成国防与经济互动机制。这一机制是推动国防建设与经济建设协调发展的组织和制度保障,为此,必须在以下几个方面努力寻求新的突破。一是要抓紧建立健全统一、权威的"寓军于民",建设管理新体制。如为了加强对军民两用技术转移政策的研究、制定、指导和监督落实,美国政府专门成立了国防技术转移办公室,英国和法国也组建了相应的管理机构。二是要进一步调整完善地方政府的管理职责,要进一步充实和完善地方政府工作责任制,把在经济建设中贯彻国防功能、在国防建设中反映国民经济和社会发展要求作为一项重要内容纳入地方政府工作考核体系,使地方政府在加强经济调节、市场监管、社会管理和公共服务的同时,能够兼顾国家安全利益。三是要进一步建立和完善军地联席办公会议制度。从项目立项、投融资、价格、税收、土地使用和对外贸易等各个方面加大统筹协调的工作力度,从而为国防建设与经济建设良性互动、协调发展提供良好的制度保障[27]。

(2)适度的国防开支规模是充分发挥国防与经济互动机制的前提,国家应将国防开支占 GDP 比重逐步提高到一个合理适度的区间。

(3)提高军民兼容度,以实现国防领域中民用经济效应最大化和经济领域中国防经济效应最大化。军民兼容有利于充分利用军事与经济两种资源。按照军民兼容的要求,军工部门承担起双重任务。一方面，保持一支精干的力量，加强科研和生产，跟踪国际军事高技术的发展动向，不断满足军事需求；另一方面，将尽可能多的力量转移到国民经济建设上，为发展社会生产力服务，并将此作为未来军工生产能力扩张的“蓄水池”。但是，由于信息化战争突发性强、消耗剧增，军事需求迅速膨胀，单靠保留的能力不足以满足战争的需要，而实行军民兼容，可以充分利用资源，为满足战时军事需求扩张创造条件。

军民兼容是一项系统工程，必须进一步发挥军队的积极作用；在国家基本建设上充分体现国防要求；在人才培养和后勤保障上依托国民教育和国民经济体系；在技术上发展军民两用技术；在国防工业结构上形成哑铃型体系；在国防经济布局上兼顾国防原则和经济原则；在体制上建立高效的平战转换系统。

首先，在军民两用技术的开发和推广使用方面寻求新的突破。扩大军品与民品的通用化、标准化和系列化程度，进一步加大国家对军民两用技术的研发投入，既鼓励国防科技向民用领域转移扩散，又支持民用科技向国防领域竞争渗透，从而促进国防科技资源与民用科技资源相互溢流和优化配置。其次，必须在军民兼容设施设备的开发利用方面寻求新的突破，在经济建设中贯彻国防功能，在国防建设中反映国家经济社会发展要求，尤其是加强包括大型运输机在内的军民两用设施设备的研制和开发。最后，必须在军地两用人才的培养使用方面寻求新的突破。必须针对新时期军事斗争准备的需要，加快培养、吸引和使用好各类军地两用人才。特别是要在鼓励国防科技人才参与经济建设主战场的同时，进一步调动大批民用科技人才参与国防科研开发的积极性和主动性。

第三节 国防开支与经济增长的理论模型

一、理论模型

国防开支与经济增长关系的理论模型，有外部性模型、供需模型和公共品模型，其中应用最为广泛的是外部性模型及扩展。在这里，仅对外部性模型和供需模型进行详细的介绍，而对于公共品模型不再进行说明。

1. 外部性模型及扩展

经济增长模型产生于简单的新古典生产函数研究，过去几种类型的研究都曾使用过这种模型。尽管如此，在费德尔提出令人感兴趣的研究出口对经济增长影响的两部门分析框架之前，仍然缺乏建立清晰模型的渠道，通过这种渠道，该模型能够反映焦点变量所产生的对产出或增长的影响。比斯瓦斯和拉姆采用了费德尔的方法提出了一个简单实用的分析框架：①它假定存在着国防部门可以影响总产出或经济增长的两种机制；②从简单的新古典生产函数出发，建立一个易于操作的增长方程，其参数包括了国防开支对经济增长的影响[28]254。

假定经济为两部门，即产出为 Q 的民用部门与产出为 M 的国防部门。这里存在两个（新古典的）生产函数，产出 Q 既取决于民用部门的生产要素投入（劳动和资本），也取决于 M 的外部性带来的影响。在某种程度上，军事生产通过其衍生影响或外部性，可能对民用产出发生影响，使其高于仅有要素投入时的产出。

以下是两个生产函数：

$$\left.\begin{aligned} Q &= F(K_Q, L_Q, M) \\ M &= G(K_M, L_M) \end{aligned}\right\} \qquad (2-1)$$

式中，Q 是非军事部门的产出；M 是军事部门的产出；K，L 分别为各部门的资本和劳动投入。$F_m = \partial Q/\partial M$ 表示外部性总产出，总产出 Y 由 $(Q+M)$ 决定。

假定两部门的要素边际生产力不同，且有

$$G_{K_M}{}'/F_{K_Q}{}' = G_{L_M}{}'/F_{L_Q}{}' = 1+\delta \tag{2-2}$$

总产出为

$$Y = Q + M \tag{2-3}$$

式(2-1)、式(2-3) 对时间求导，并代入式(2-2) 有

$$\begin{aligned}\dot{Y} = \dot{Q} + \dot{M} = &\\ &F_{K_Q} + \dot{K}_Q + F_{L_Q}{}'\dot{L}_Q + F_M{}'\dot{M} + G_{K_M}{}'\dot{K}_M + G_{L_M}{}'\dot{L}_M = \\ &F_{K_Q}{}'\dot{K}_Q + F_{L_Q}{}'\dot{L}_Q + F_M{}'\dot{M} + (1+\delta)F_{K_Q}{}'\dot{K}_M + \\ &(1+\delta)F_{L_Q}{}'\dot{L}_M = \\ &F_{K_Q}{}'(\dot{K}_Q + \dot{K}_M) + F_{L_Q}{}'(\dot{L}_Q + \dot{L}_M) + F_M{}'\dot{M} + \\ &\delta F_{K_Q}{}'\dot{K}_M + \delta F_{L_Q}{}'\dot{I}_M\end{aligned}$$

设投资为 I，因为

$$I = \dot{K}_Q + \dot{K}_M$$
$$\dot{L} = \dot{L}_Q + \dot{L}_M$$

可得

$$\begin{aligned}\dot{Y} = &F_{K_Q}{}'I + F_{L_Q}{}'\dot{L} + F_M{}'\dot{M} + \delta(F_{K_Q}{}'\dot{K}_M + F_{L_Q}{}'\dot{L}_M) = \\ &F_{K_Q}{}'I + F_{L_Q}{}'\dot{L} + F_M{}'\dot{M} + \frac{\delta}{1+\delta}(G_{K_M}{}'\dot{K}_M + G_{L_M}{}'\dot{L}_M) = \\ &F_{K_Q}{}'I + F_{L_Q}{}'\dot{L} + F_M{}'\dot{M} + \frac{\delta}{1+\delta}\dot{M}\end{aligned}$$

两边同时除以 Y，得

$$\dot{Y}/Y = F_{K_Q}{}'I/Y + F_{L_Q}{}'(\dot{L}/L)(L/Y) + F_M{}'\dot{M}/Y + \frac{\delta}{1+\delta}\dot{M}/Y$$

假定 $F_{K_Q}{}' = \alpha$ 为常数，民用部门劳动的边际产出都和总系统

中劳动的单位产出成正比，即 $F_{L_Q}'/(Y/L)=\beta$ 为常数，则可得

$$\dot{Y}/Y=\alpha(I/Y)+\beta(\dot{L}/L)+(\delta/(1+\delta)+F_M')(\dot{M}/Y) \tag{2-4}$$

式(2-4)增加一个常数项和随机扰动因素就可以对$(\dot{M}/Y)$进行计量检验。但其系数代表的是国防开支的要素生产率与外部性的总和。为了将两种因素分解出来，认为反映外部性的系数不是 F_M'，而是民用部门产出对国防开支的弹性系数，即 $F_M'/(M/Q)$，并用 θ 表示。则

$$F_M'(\dot{M}/Y)=\theta(Q/M)(\dot{M}/Y)=\theta((Y-M)/M)(\dot{M}/Y)=\theta(\dot{M}/M)-\theta(\dot{M}/Y) \tag{2-5}$$

将式(2-5)代入式(2-4)，可得

$$\dot{Y}/Y=\alpha(I/Y)+\beta(\dot{L}/L)+(\delta/(1+\delta)-\theta)(\dot{M}/Y)+\theta(\dot{M}/M) \tag{2-6}$$

式(2-6)最后两项分别捕捉了国防开支的直接要素支出效应和外部性，因而利用上式进行经验研究，可求得代表外部性的参数 θ 和要素生产率差额的参数 δ[29]。

2. 供求分析模型[28]278-279

模型的国内生产总值为

$$Y=C+I+G+M+TS \tag{2-7}$$

式中 Y—— 国内生产总值；

C—— 私人部门消费；

G—— 民用政府支出；

M—— 政府的军事类支出；

I—— 投资；

TS—— 贸易盈余。

由于 $I=\dot{K}$(一个变量上的点始终表示一个时间导数)，K 是

资本存量(不存在贬值)，方程式(2-7)可以重新写为

$$\frac{\dot{K}}{K}=\frac{S-G-M-TS}{K}$$

令实际资本产出比率 $K/Y=v$，储蓄 $S=sY$ 与国内生产总值成一定比例，则

$$\frac{\dot{K}}{K}=\frac{s-g-m-ts}{v} \tag{2-8}$$

式中，$s=S/Y$；$g=G/Y$；$m=M/Y$，为军事负担；$ts=TS/Y$。

新古典生产函数描述了供给方的情形

$$Y=F(K_u,L) \tag{2-9}$$

式中，L 是效率劳动，$L=EL'$，L' 是自然劳动存量或指就业人数，E 是外生效率因素，它由劳动技术进步的推动作用所决定；K_u 为利用资本，它和实际资本之间的关系为

$$K_u=\Omega K,\quad \Omega<1 \tag{2-10}$$

式中，利用率 Ω 将会随着经济中的总需求的增加而提高。

根据方程式(2-9)，并采用方程式(2-10)，可推导出经济增长率为

$$\gamma=\frac{\dot{Y}}{Y}=\eta_k\frac{\dot{K}}{K}+\eta_k\frac{\dot{\Omega}}{\Omega}+\eta_l\frac{\dot{L}}{L} \tag{2-11}$$

式中，η_k 和 η_l 分别是资本和效益劳动占国内生产总值的比例；γ 是经济增长率。假定自然劳动存量以自然率 n 增长，劳动效率或者劳动对技术进步的推动以比率 x 增长，则有

$$\frac{\dot{L}}{L}=n+x \tag{2-12}$$

将式(2-8)和式(2-12)代入式(2-11)，可以得出关于经济增长率的公式：

$$\gamma=\frac{\dot{Y}}{Y}=\frac{\eta_k\dot{\Omega}}{v\Omega}+\frac{\eta_k}{v}(s-g-m-ts)+\eta_l(n+x) \tag{2-13}$$

显然，在长期稳定状态下，经济增长率将由 n 和 x 来决定。在这种外生增长模型中，国防开支对增长率没有多大影响，除非它对基础进步 x 产生影响。国防开支减少了用于形成资本的投资（$s-m$），从而直接影响了增长率，而且这种挤出效应减少了增长率 γ；从总需求方面看，国防开支对资本或生产能力的利用率（$\dot{\Omega}/\Omega$）的影响为正，因为它增加了对全产出量的需求，从而提高了增长率。

二、对现存论证总结

由于研究中所使用的模型、变量选项、样本、研究时限以及估算方法存在着极大的不同，得出的结论也是各不相同，因而不太容易对现有的研究成果的论证进行简要的概括，但是，还是能够根据这些文献的总体论证所提供的结论做出总体评价的。

第一，在研究方法迥异、研究对象各不相同的大量分析中，难以确定国防开支总体上对经济增长究竟具有何种影响。在典型的事例分析中，极少有证据能够证明国防开支对经济增长从整体上有积极作用。在过去的 30 多年里，人们曾做过无数次努力，但是只要样本、时段、模型或估算方法一改变，就很难得出相同的结论；同样，现有的论证也无法支持国防开支对经济增长呈现消极影响，几种模型证明了国防费用对投资有消极影响，但也只是部分观点。第二，采用同一或相似的方法对不同国别、时期的样本进行分析往往会得出不同结论。第三，采用不同方法对同一样本或相似样本进行分析，往往也会得出不同的结论。所以，抽象地讨论国防开支的经济效应是非常困难的，而且也缺乏现实意义，只有在特定的约束条件下进行具体分析，才有可能明确国防开支对国民经济所产生的影响。

三、国防开支与经济增长关系研究的发展趋势

有关国防开支与经济增长的关系研究已经在一些方面取得了丰硕的成果，在未来的研究中，应该更多地趋向于从以下几个方面阐明这一关系。

(1)国防开支的不同构成部分对经济增长的影响。国防开支不同组成部分对经济增长的影响可能是不同的。国防开支的构成似乎因国家不同而有很大的分别。国防研究与发展支出、国内生产装备费、装备进口开支等不同的部分对经济增长的影响值得分别进行研究。

(2)其他国家国防支出对本国经济增长的影响。其他国家国防支出对本国经济增长的影响，无论是来自盟国还是敌国，都应该纳入国防-增长关系的模型。

(3)先从方法论上对国防变量的内生性是否严谨进行评估。关于单个国家的时间序列数据，可以使用普洛赛尔、施沃特和怀特提出的检验方法。如果观测值至少有40～50个，则可以使用多变量的格兰杰因果检验法。

(4)对模型本身的研究。使用特定的模型并不能说明真实情况。尽管费得尔模型有着众所周知的弱点，但它却可以提供更大的研究潜力。通过其他的部门生产率差异比较，它还能够提炼改进这类模型。另外，应当在更广泛的社会-经济发展框架内建立起理论模型，在模型中应涉及安全、增长和社会福利问题，并且这些模型还应该能够被用来进行经验评估。

(5)对各种选项(变量、时期、国家群组、估计方法)的估计灵敏度进行评估。除了考察所有时期国家样本和变量选择的结构稳定性以外，对影响性观测值(外部因素)进行简单的检验是有益的。如果采用诸如方程式(2-5)一类的费得尔模型，通过贝尔斯利-

库-韦尔施方法的运用即可以对多重共线性问题的严谨性进行便捷的检验。而且,如果显示出或者怀疑有异方差性,可以用怀特提出的异方差-相容性标准错误法来缓解这一问题[28]266。

(6)以经验分析的参数估计做结论时应该更为谨慎。例如,如果所观测的国防开支对经济增长的效应为正,不能简单地将国防开支的经济效应定为正向的,而应当恰当地将分配至国防部门资源的可选择性用途的可能收益值与国防开支对经济增长的效应值进行比较,特别是与常规投资和人力资本进行比较。

第四节 当代中国的国防开支与社会发展

一、当代中国的国防开支需求分析

1. 影响国防开支需求的因素

(1)经济实力。经济实力是影响一国国防支出总量变化的直接的财力基础,是国防经济得以运行的润滑剂。一般来说,一国国防实力可以用国防支出总量和人均国防支出的多少来衡量。从世界范围来看,一国经济实力越强,就越有可能动用较多的财力发展国防;一国经济实力越弱,其用于发展国防力量的财力就越少。

(2)周边安全环境。一般来说,在国家安全环境较好的情况下,国家可以维持较低的国防开支水平,反之,则需要增加国防开支,发展军事力量。决定周边安全环境的因素主要有历史上的冲突因素、殖民主义因素、宗教民族因素、地缘因素等。

(3)国家军事战略。对国防开支水平影响最为直接的就是国家的军事战略。作为国家战略的一部分,军事战略是以国家利益特别是以生存利益为基础的。各国基于对自身利益的判断,确定了不同的军事战略。扩张型军事战略、依附型军事战略和中立、防御型军事战略有不同的国防开支需求和规模。

(4)国际战略局势。一般情况下,当国际战略局势平稳,世界处于相对和平时期时,国家会致力于经济建设,在保持正常的军事力量的基础上,不会大幅度增加国防投入,国防开支需求都比较低;当国际形势紧张时,如战争爆发,往往会使一个国家投入大部分财力用于国防建设,国防开支需求就会急剧增加;另外,国际战略格局调整常常会引发有关国家调整国防开支。在国际战略格局大调整时期,由于各种力量分化组合,相关国家都要相应地调整军事战略,而国防开支需求也相应变动。

(5)国防费用的自身发展规律。与现代战争的特点和需要的变化以及和平与战争交替规律相适应,国防费用自身会发生规律性变动。随着经济发展和科技进步,国防费用规模呈逐步上升的趋势。其中高技术武器系统极其昂贵,武器装备的科技含量和性能的提高极大地提升了其价值,主要表现在研制开发费上升、价格日益昂贵和维修费用增多。

2. 建国以来我国国防需求变化情况

1949 年新中国诞生以来,我国国防建设已经走过了 50 多个年头。在这 50 多个春秋里,我国国防需求随着不同的国内国际形势和不同的政策路线也在不断发生变化,大致可以分为以下四个阶段:

(1)建国初期到朝鲜战争结束时期的国防需求。建国初期的 1950—1953 年,国防费用占国内生产总值的比重为我国建国以来历史上的最高。这主要是两个方面的原因造成的:在国内,我国刚刚解放,军事斗争形势仍然十分严峻;国际上,美国等西方国家打着所谓“联合国”的旗号,悍然出兵朝鲜,发动朝鲜战争。为保家卫国,维护国家的主权和领土完整,我国被迫进行抗美援朝战争。因而,该时期我国国防费占国内生产总值的比重居高不下。

(2)朝鲜战争结束到50年代末的国防需求。1954—1958年期间，随着朝鲜战争的结束、社会主义改造初步完成，国内、国际形势相对稳定，根据党和政府关于调整国防建设和国民经济建设比例关系的方针政策，中国开始严格控制国防消费需求和投资需求，把工作重点逐渐转移到经济建设上来，国内生产总值持续增长，国防费基本上呈下降趋势。国防费占国内生产总值的比重持续下降。

(3)60年代初到70年代末的国防需求。60年代初到70年代末，我国的国防需求明显增长。当时，中国安全利益遭受各个方面的军事威胁和战争威胁，是新中国成立后周边战略态势最为严峻的时期，为此，战备需求迅速上升，成为拉动该时期国防需求扩张的主要动力。国家针对当时的情况，及时地实施工作重心转移，以战备为中心开展大规模的国防建设。从总体上看，从60年代初到70年代末，国家的工作重心和基本方针是以国防建设为主，在国防建设和国民经济建设关系上，采取了集中力量优先发展国防实力和动员潜力的策略。

(4)改革开放以来的国防需求。1979年，由于对越自卫还击作战的原因，我国国防费及其占国内生产总值的比重较之上一年都有较大的增长，国防费开支绝对额猛增54.8亿元，相对额增加了0.88。对越自卫还击作战结束后，国家调整了军事战略方针，把工作重心转移到经济建设上来，同时兼顾国防现代化建设，因而国防费用相对额一直在低水平徘徊。

(5)新时期我国国防需求。

第一，安全形势。当今世界并不太平。近几年来局部战争不断，并且包括恐怖活动在内的非传统安全威胁因素增多，各国所面临的威胁以及它们对威胁的理解正发生着变化，导致各国国防开支不断增加；与此同时，世界各主要国家正在紧锣密鼓地推进新军事变革，军队发展由人力密集型向技术密集型转变，也拉动了国防支出的增长。在这种情况下，就要求中国必须有遏制战争的能力，才能够保障国家的和平发展，而遏制战争比打赢战争需要有更强的战略能力，因此需要更多的资金投入；和平发展还意味着发展主要建立在自主创新的基础上，不去与其他国家争夺战略资源，这也要求增加一些国防投入。

第二，经济因素。在经济全球化的背景下，一个国家的发展，已经在越来越大的程度上取决于其获取海外资源和国际市场的能力，因此，国家战略利益涉及的范围和领域逐渐扩大，保卫本国的国际市场、跨国投资、海外战略物资基地、通信和运输线路的重要性日益凸显。在这种情况下，要保障我国的经济安全，也需要有强大的国防力量。

二、当代中国国防开支的规模、结构与管理

1. 当代中国国防开支规模

(1)国防开支的增长理论。国防支出增长模式问题是国防支出理论研究的重点内容，20 世纪 80 年代后期开始，我国理论界对此展开了深入细致的研究。经过 10 多年的探索，大体形成了以下几种观点：

第一，比例论，即主张国防支出总量按占国民生产总值的一定比例稳定增长。其中对比例的认识有两种，一是固定比例，二是浮动比例。若按固定比例增长，国防支出增长呈直线方式；若按浮动比例，国防支出增长则呈边际方式（即增长幅度越来越快，则呈边际递增；增长幅度越来越慢，则呈边际递减）。该理论的优点是把国防支出总量建立在国家经济发展水平之上，并提出了可操作的调节国防支出总量的量化标准。但国家的国防支出增长是有限度的，当国防支出规模达到一定水平后，往往就围绕这一水

平波动而不再继续攀升，此外国防支出的需求水平与需求结构也是有所变化的，并且国民经济的发展也是周期波动的。因此，固定比例并不能真实反映军队建设的客观需求。

第二，区间论。区间增长是指国防支出的增长是面（呈区间状态），而不是点，其增长区间只是一个可能的增长趋势，且区间不是固定不变，存在着常规性的波动，在量的方面不可能是一个常数。“国防费最适度增长呈现出一种‘带状通道’，这一‘带状通道’的两边形成了国防费最适度增长上限、下限。国防费最适度增长‘带状通道’在一定时期里表现为一个区间，这一区间就是国防费最适度增长区间……若国防费增长率的‘点’落入这个区间，就说明这一时期的国防费增长是适度的；否则，是非适度的。[6]101”这一看法的优点是不但揭示了国防支出运行区间的控制上限和警戒下限，而且提出了观察国防支出运行现象和调节国防支出总量的方法。

第三，适度增长论，即国防支出增长要保持适度增长速度。国防支出的增长应做到既不影响经济建设也不影响国防建设。很显然，这是一种理想主义的观点，国防投入作为一种非生产性投入，虽然对国民经济建设具有一定的推动作用，但归根结底还是对国民生产的扣除，这是一对无法完全调和的矛盾。

第四，安全需要论，即国防支出的增长要保障军备实际购买力的上升。持这种观点的学者认为，国防支出的增长应以国家安全需要为基本依据，只要军队需要，国防支出规模就应随之增加，以实现军备实际购买力的提升。其优点在于我们能够有效地保证国家安全需要，缺点是容易造成投资的浪费，对国民经济发展产生一定的负面影响[30]。

(2)我国国防开支规模的变化分析。表2－1为我国1950—2005年国防费用的统计情况。

表 2－1　中国国防费用增长情况统计表

亿元人民币

年份	国民收入	国防费	国防费占国民收入比例/(%)	年份	国民收入	国防费	国防费占国民收入比例/(%)
1950	426.00	28.00	6.57	1971	2 077.00	169.50	8.16
1951	497.00	52.60	10.58	1972	2 136.00	159.40	7.46
1952	589.00	57.80	9.81	1973	2 318.00	145.40	6.27
1953	709.00	75.40	10.63	1974	2 348.00	133.40	5.68
1954	748.00	58.10	7.77	1975	2 503.00	142.46	5.69
1955	788.00	65.00	8.25	1976	2 427.00	134.45	5.54
1956	882.00	61.00	6.92	1977	2 644.00	149.0	5.64
1957	908.00	55.10	6.07	1978	3 588.00	167.84	4.68
1958	1 118.00	50.00	4.47	1979	3 998.00	222.64	5.57
1959	1 222.00	58.00	4.75	1980	4 470.00	193.84	4.34
1960	1 220.00	58.00	4.75	1981	4 473.00	167.97	3.52
1961	996.00	50.00	5.02	1982	5 193.00	176.35	3.40
1962	924.00	56.90	6.16	1983	5 809.00	177.13	3.05
1963	1 000.00	56.90	6.64	1984	6 862.00	180.76	2.60
1964	1 116.00	72.90	6.25	1985	8 557.00	191.53	2.24
1965	1 387.00	86.80	6.26	1986	9 696.00	200.75	2.07
1966	1 586.00	101.00	6.37	1987	11 301.00	209.62	1.85
1967	1 487.00	83.00	5.58	1988	14 068.00	218.00	1.55
1968	1 415.00	94.10	6.65	1989	15 993.00	251.47	1.57
1969	1 617.00	126.20	7.80	1990	17 695.00	290.31	1.64
1970	1 926.00	145.30	7.54	1991	21 662.50	330.31	1.52

续 表

年份	国民收入	国防费	国防费占国民收入比例/(%)	年份	国民收入	国防费	国防费占国民收入比例/(%)
1992	26 651.00	377.86	1.42	1999	80 579.40	1 076.40	1.34
1993	34 560.50	425.80	1.23	2000	88 228.10	1 207.54	1.37
1994	46 670.00	550.71	1.26	2001	94 346.40	1 442.04	1.53
1995	57 494.90	636.72	1.11	2002	103 935.3	1 707.78	1.64
1996	66 850.50	720.06	1.08	2003	116 603.2	1 907.87	1.64
1997	73 142.70	812.57	1.11	2004	136 584.3	2 200.01	1.61
1998	76 967.20	934.70	1.21				

资料来源：国家统计局，《中国统计年鉴》1978—2005 年各卷，中国统计出版社。

从表 2-1 可以看出，建国以来，我国国防开支规模呈现三次较强的波动，每次大的波动背后都有一定的历史背景。第一个快速增长期是 1950—1953 年，这个时期进行着抗美援朝战争，国防费绝对数量虽然不大，但占国民收入却很高，平均为 9.6%，其中 1951 年高达 10.58%，创历史最高水平；第二个增长期是 1968—1971 年，这个时期正是中苏之间出现分歧，边境发生武装冲突的时期；第三个增长期是 1978—1979 年，这个时期中越边境发生冲突，我国于 1979 年进行了自卫反击战；在对越的自卫反击战结束后，我国的国防开支规模进入了持续的低水平时期，虽然从绝对量上看有一定增长，但是相对水平一直较低。

(3)当前我国国防开支规模的合理确定。

第一，我国当前的情况决定了国防开支规模不能过大。

首先，和平与发展是当今世界的主题，国家投入国防领域的经费是有限的。虽然在世界一些局部地区尚存在对峙，但和平是主流，世界将处于相对平静的局势中。多数国家充分利用这一时机，积极发展国家综合实力，将主要精力转移到经济建设上来。

其次，从我国国家的发展战略看，集中力量发展经济是大局，国家投入国防建设的资金是有限的。国家在集中精力发展社会主义市场经济的大气候下，不可能将大量的财力投入到国防建设之中。

再次，我国一直采取的是积极防御的国防战略，用于国防建设的财力是有限的。我国作为社会主义国家，历来反对战争和侵略，维护世界和平。这和霸权主义相比有本质上的区别。即使在国家富强之后，积极防御也必然是我国最根本的国防战略。在这种战略的影响下，国防建设始终坚持适度从紧的发展规模，国家不会将大量财力投入到国防建设之中。

最后，一方面，从我国经济发展状况看，我国综合国力还不强，人均国民生产总值水平较低，生产力水平具有多层次性，地区经济发展不平衡，科技水平较低和少量尖端的科研技术并存，社会收入分配差距大。这些都决定了我国的经济资源具有极大的稀缺性和粗放性，国民经济的发展仍是各项工作的中心。国防支出作为国家财政支出的组成部分，在国民经济发展不足的情况下和国民经济仍具有此消彼长的关系。并且，我国国防费的有机构成低决定了我国国防费具有很强的非生产性，一味扩大国防费规模只能造成更大的浪费。

但是，另一方面，改革开放取得了巨大成就，国防费用增长远低于经济增长速度，在 80 年代还呈负增长。由于在和平时期没有战事，经济增长务求其高，国防开支务求其低就成了思维定势，因此应以积极态度来对待国防建设，适度扩大国防费规模。

第二，安全形势和社会发展要求国防开支规模有适度增长。

虽然和平与发展是时代主题，国际形势发展的基本态势保持总体稳定，但在世界和地区范围内仍存在一些不安定因素。霸权主义和强权政治仍然是威胁世界和平与稳定的主要根源；冷战思维及其影响还有一定市场，扩大军事集团、强化军事同盟给国际安全增加了不稳定因素；有的国家依仗军事优势对他国进行军事威胁，甚至武装干涉；不公正、不合理的国际经济旧秩序仍在损害着发展中国家的利益；因民族、宗教、领土、资源等因素而引发的局部冲突时起时伏，国与国之间的一些历史遗留问题仍待解决；传统安全威胁日益严重；国际恐怖势力活动频繁，环境污染、非法移民、毒品走私、跨国犯罪以及严重传染性疾病等跨国性问题日益突出。非传统安全威胁具有跨国性、流动性、复杂性、隐蔽性和突然性等特点，已成为影响世界安全与稳定的重要因素。

具体来说，我国周边的安全形势更是不容乐观。

首先，“台独”分裂活动给我国的领土统一造成了现实的威胁。台湾海峡两岸关系的基本格局和发展趋势没有改变，台湾同胞求和平、求安定、求发展的意愿日益增强，两岸经贸、文化等领域的交流和人员往来日益密切，但是，两岸关系紧张的根源没有消除。台湾当局领导人拒不接受一个中国原则，顽固坚持“台湾独立”立场，甚至抛出海峡两岸“一边一国”的分裂主张，并以渐进的手法进行各种分裂活动。台湾分裂势力是对台湾地区和平与稳定的最大威胁。极少数国家在台湾问题上干涉中国内政，继续对台出售武器装备，提升与台关系，助长了台湾分裂势力的气焰，损害了中国的和平统一进程。

其次，与周边国家的领土和领海之争是一个潜在的威胁。由于我国的幅员辽阔，有陆地接壤临国 14 个，陆地边界总长约22 000公里。解决领土边界争议，是中国必须面对和妥善解决的一项重大而艰巨的任务。同时，我国又是一个海洋大国，海岸线长18 000公里，与不少国家有着海洋权益争议。如越南、菲律宾等国对我国南沙群岛都有领土要求，对南沙群岛的多数岛屿实施占领，对海洋资源和矿产资源进行掠夺性捕捞和开采，严重侵犯了我国主权和经济权益，然而由于我国海军军事力量不够强大，目前处于维持现状的局面。

再者，由于中国的经济快速发展，中国在国际上的地位和所扮演的角色也发生了变化，有些国家将中国视为潜在威胁，不断地从经济、主权、人权等方面给中国以打击，企图遏止中国的发展。虽然中国不会称霸，但是也不能忽视霸权主义国家对中国的威胁。

长期以来，我国实行“积极防御”的国防战略。虽然军队建设有了很大进步，但是，军队改革滞后于经济改革。其中一个显著的表现就是，与经济的高速增长相反，国防费用多年呈现出负增长，每年名义上增加的国防费用的使用也存在结构不合理的状况，不能保障军事装备和正常训练的需要。

2. 国防开支结构存在的问题和优化

(1)存在的问题。我国国防经济领域资源配置的传统性，造成了我国国防支出分配的结构性失衡，并且在经济全球化的发展浪潮中，与世界各国国防开支结构的发展变化趋势产生了一段距离，影响了我国国防经济效益和武装力量建设的现代化进程，并且对未来我国抢夺军事科技的制高点、打赢现代高技术局部战争产生了不利影响。

第一，发展费和维持费比例不协调。维持性经费比例略有波动，但仍旧居高不下；发展性经费本身管理体制不畅，特别是用于跨越式发展的军事科研经费、武器装备购置费和教育训练费严重短缺。

虽然我国的国防支出有所增加，但所增加的部分大都用于人员基本生活的维持，用于武器采购和国防科研的费用比例明显偏低。而在有限的装备费中，有相当大的部分用于技术水平低的一般设备的维护，真正用于新装备的研制、采购的费用较少。按照20世纪90年代初期的平均情况计，在武器装备研制费方面，美军的投入约占到国防支出总额的15%左右，并且于1996年以后持续攀升。我国在国防科研费的投入上，只及美国的5%。目前，我国国防科学技术水平在许多领域落后于发达国家，在武器装备的科研方面，主要是以仿制为主，缺乏先进的研制实验手段，并且，虽然人员费用占国防费的结构比例不低，但绝对数额小、标准低，仅能维持基本生活支出，用于发展需要的项目和比例明显不足。与发达国家相比，我国军人的实际收入和待遇依然很低。

第二，军兵种费用结构不合理。世界军事发展的军兵种构成的趋势是陆军非主力化，在整个军队战斗力中，陆军的主力地位已经退让给其他高能级的军兵种，尤其是海军和空军的力量上升为主要力量。美国的国防费结构变化基本上反映了这种趋势。目前美国陆军、海军和空军的国防费结构为30%：36%：34%，其他国家每一年的国防费结构与上一年相比都应该更接近这个趋势比例，也就更有利于军事发展。但是在我国，一方面，陆军在国防费存量中所占的比例虽然呈逐年下降的趋势，但是绝对额较大，科技含量较低，立体机动作战体系还不完善，信息化程度不高，支援与保障体系有待进一步改进，加之装备的购置经费提高，其跨越式发展阻力大。另一方面，海、空军和导弹等技术军种投入比重较低，虽然近几年所占国防费存量比例逐年上升，但是内部结构不合理，高技术含量的装备比重不高。

(2)优化的途径。

第一，增加国防科研经费和武器装备采购经费的比重，重点发展信息化高技术装备。发展高技术武器装备，必须在自力更生的基础上积极开展对外交流和合作，必须自主拥有独特的技术优势和资本优势，特别是关键技术优势。因为国防科学技术和系统武器毕竟直接关系到一国的国家安全和国际政治与国际关系格局，各国对新型的尖端的国防科技和武器装备都是严格保密的，因此，在参与经济全球化的过程中，为避免成为强大对手的附庸，尤其是避免在战时受制裁、禁运的遏制，必须走自行设计、自行研制的道路。鉴于此，中国必须在全球性技术进步加速、竞争加剧的条件下，认清自己与发达国家的差距，不断调整、增加国防科研经费的投入比重，以提高我国国防科研的保障能力和军事高科技的创新能力。

与此同时，我国也应该充分利用国际化的军品市场，提高我国武器装备的技术构成和升级换代水平。随着经济全球化的发展和国际军品市场的形成，许多国家国防工业自成体系的发展模式已被打破，欧盟各国、美国、日本等国家近20年来武器装备支出的资料表明，其进口武器装备在全部装备中的比重一直呈现大幅度上升趋势。我国也要根据国际市场为我国提供高、精、尖装备的现实可能性以及他国具有成本比较优势的军品状况，从我国军队建设的实际需要出发，适度加大军品进口经费的比重，走一条适合我国国情、军情的军品国际市场采购之路。

第二，在提高军队有机构成、裁减军队员额的同时，通过合理配置国防财力资源，在全球人才大战中生成和积聚人才大军。军队有机构成不断提高是经济全球化形势下世界军事发展的大趋势，我国的国防建设也应该体现这一发展规律。一方面，要降低人员费所占比重，把军队无效、低效和多余的人力资源转移出去，继续走有中国特色的精兵之路；另一方面，必须提高军人待遇，增加军人的受教育机会，提高现有军人的受教育水平，把稀缺、急需和重要的人力资源引进到军队中来，以实现军队质量建设的基本目标。

第三，优化军兵种构成，提升高技术部队的投资比例。从近几场局部战争看，海空军和航天部队对掌控制空、制天权有着决定性的作用，各国投入重点都由过去的以陆军为主转向以海空军、航天部队为主。目前我军传统部队人员基数过大，耗费国防资源的比例偏重，而新兴部队无论是从种类上、数量上还是质量上，都与发达国家存在较大差距，资源配置不适应现代化军队构成的要求。站在国际军事发展潮流的浪头，审视我国高技术部队建设的实际，应该调整和组合有限的资源，建立和运用三军资源配置模型，优化资源分配方案，使高技术军兵种部队投资水平逐步与世界接轨，增强我国的整体防卫能力。

3. 当代中国国防开支的管理

(1)我国国防支出管理的现状和改革情况。国防支出的规模、结构、投向、投量，直接影响国防和军队现代化建设的进程和结局。我国总体经济实力虽然在不断提高，但是对我国这样一个发展中的大国来说，国家经济实力还不强大，我国国防费用规模也一直很有限。所以加强对国防费用投入使用的管理就更加重要。我国不能同发达国家比国防投入，必须走一条经费投入比较少而效益比较高、具有中国特色的国防和军队现代化建设路子。

近年来我国主要采取了三个方面的措施加强国防支出的管理，收到了比较好的效果。

一是推行了预算编制改革。从 2001 年开始，全军推行预算编制改革，通过编制分类预算，实行零基预算、综合预算，细化预算内容，强化预算的分配和监督职能，从源头上优化国防支出投向投量。通过改革，预算调控力度明显加大，预算编制更加规范，项目更加透明具体，预算约束力和科学性进一步提高。

二是全面推行资金集中支付改革。2005 年起在全军部队全面推行这项改革，共撤销账户7 000多个，归拢资金数 10 亿元，财务单一账户体系基本建立，资金支付手段和支付方式得以改进和规范，预算执行严格监管，资金保障能力得以增强[31]。

三是持续推进采购制度改革。参照国家政府采购制度，从 2002 年起，逐步深化军队采购制度改革，对物资、工程、服务等项目实行集中采购，基本形成了事业部门提出需求、采购机构组织采购、财务部门集中支付、审计部门实行监督的新型管理机制。目前，全军集中采购的规模达到 100 多亿元，资金节约率在 7%左右，取得了很好的成效。

当前,我国国防和军队建设进入了新的重要发展阶段,新的形势和任务对国防费用的管理使用提出了更高的要求。胡锦涛主席不久前强调,必须按照科学发展观的要求,坚定不移地走投入较少、效益较高的国防和军队现代化建设路子,发扬艰苦奋斗、勤俭建军的优良传统,坚持统筹兼顾、综合平衡、科学管理,坚决反对大手大脚、铺张浪费,切实把有限的经费管好用好,用在刀刃上,用出效益来。

(2)国防支出管理的策略思考。

首先,要大力加强科学管理,努力提高国防费用保障水平和效益。国防开支管理手段的科学化集中体现在两个方面:一是包括电子计算机在内的各种先进的管理手段被广泛运用于军费管理活动之中,为提高军费管理质量和工作效率起到了积极的促进作用。二是军费管理工作除运用经济手段、法律手段和行政手段进行管理之外,还大量地运用经济计量学、运筹学等科学方法对军费活动进行分析和研究。其中既有定性分析,也有定量分析;既有对军费管理活动全过程的分析,也有即时对某一局部和过程的分析。其结果更科学、准确,将极大地促进工作效率和工作质量的提高。

其次,要推进国防支出法治化管理。国防费用管理法治化,就是要通过建立和健全国防费用管理的法律法规体系,加强执法与守法,使国防费用管理逐步实现有法可依,形成国防费用运行系统内普遍的有效的法律约束。实现国防费用管理法治化,既能保证国防费用管理部门和人员有效行使其拥有的权利,又可防止滥用权力。要实现法治化的目标,就必须建立健全国防费用管理的民主决策机制;建立健全国防费用管理的法律法规体系,保证有法可依;加强执法监督力度,强调有法必依、执法必严、违法必究。

再次,引入新公共管理的理念,注重管理的效益。国防支出作为政府支出的一部分,其管理也可以借鉴公共管理的理念,提升管理效益。新公共管理是一场以“经济人”假设为前提,以市场价值为取向，追求经济、效率和效果的政府公共管理革命。新公共管理更加重视政府活动的产出和结果，即重视提供公共服务的效率和质量，强调政府广泛采用私营部门成功的管理方法、手段（如成本效益分析、全面质量管理、目标管理等）和竞争机制，重视人力资源管理，而这些也可以运用到国防开支的管理中，以提高国防支出的效益，提升国防人力资本，等等。

在国防开支的管理上，除了管理手段、方法上的改革，管理人员的素质也要跟上管理的要求，所以在国防开支的管理上，也要坚持以人为本，优化人员素质。要把部队中德才兼备的优秀干部选拔到财务工作岗位并加强培养，提高理财、管财能力，在管理工作的过程中不断加强对新知识的学习、运用，努力提高理财人员的现代科技知识素质。

三、当代中国的国防开支与社会发展

安全与发展是人类永恒的主题。保障安全与促进发展，是主权国家倾力追求的两大基本目标。我国一直实行“积极防御”的国防战略，以经济发展为中心的基本路线和现有的经济状况都决定了我国的国防支出不可能太多，但是安全形势和经济发展也要求国防支出有适当的增长，在增加国防支出的同时，更要优化国防支出的结构和管理，以提高我国国防支出的有机构成，实现国防建设和经济建设的协调发展。在注重国防建设的安全效益、经济效益的同时，要把国防建设放在社会发展的大环境中，推进国防和社会的共同进步。

首先，国防建设的发展速度要与经济建设的发展速度协调一致。速度差最终将导致实力差。改革开放以来，我国正是因为保持了较快的经济发展速度，才使经济实力跃居世界前列。2004 年我国国防支出首次超过2 000亿元，可是占 GDP 的比重仍不到2% ，低于全球 2.5%的平均值，与美、日等发达国家差距明显。国防建设如果不能保持适当速度，将进一步拉大与发达国家的军事差距。所以应适当地加大对国防的投入，建立起强有力的国防，保证国家发展有一个安全稳定的环境。

其次，在保持国防投入机会成本最小化的基础上合理确定国防支出的规模和比例。由于国家安全环境和经济形势的不断变化，它不应该是静态的；由于我国面临着越来越复杂的国际形势和日益严峻的安全挑战，我国的国防投入应该在不影响国家经济建设的基础上保持合理比例的增长。同时，根据国防发展战略目标、国家安全态势，调整和优化国防费支出结构，最大限度地发挥国防费用的使用效益。同时，还要完善国防支出的管理，才能以最小的成本取得最好的效益，给国家经济建设和社会发展提供安全的环境，从而促进经济增长和社会进步。

在注重国防建设的经济效益的同时，更要关注国防建设的社会效益，把国防建设和社会的全面发展紧密地结合在一起。第一，在国防建设中注重国防资源的开发利用与节约、保护并举，在国防建设中实现军事效益与社会效益的有机统一，短期效益与长远效益的有机统一。第二，在国防建设中注重生态环境的保护与建设，一方面应尽快完善军事环境保护的法律体系，并建立健全军事环境管理制度，尽可能减少国防活动在环境方面的负外部性，如军工生产和装备运转中的污染排放、军事训练中对于自然环境的毁伤，特别是核武器等对环境造成的严重影响等，加强军事系统的环境监测、管理与保护。另一方面积极参加环境的治理改造。据统计，仅在“八五”期间，全军各部队就先后治理污染源1 857项，累计治理率达到80%，成片造林 5.33 万公顷，并先后参加了白洋淀、淮河流域治理等国家重点环保工程以及在长江、黄河上游开展的“绿化母亲河”、新疆环塔克拉玛干沙漠防护林带和内蒙古西部防沙治沙、陕西小流域综合治理等生态环境建设，在治理水土流失、改善小气候和保护动、植物等方面都做出了重大贡献[32]。第三，充分发挥军队的科技优势，参加国家和地方的重点工程建设。中国军队参加了国家和地方的许多重点工程建设，并担负急、难、险、重任务。近20年来，全军共投入4亿多个劳动日，出动机械车辆2 500万台次，参加和支援重点工程项目1万多项。主要有铁路、高速公路和地铁工程150多项，隧道、涵洞340多个，桥梁260多座，公路、铁路4 100多公里，码头50多个，民用、军民合用机场40多个，能源工程500多项，水利工程2 000余项，通信光缆工程2万余公里，经济技术开发区和旅游开发区建设500多个[33]。第四，发挥人才技术优势，支援农业和扶贫开发工作。中国是一个农业大国，农业始终是国民经济的基础。军队应该充分发挥人才技术优势，支持农业尤其是贫困地区农业的发展。可以通过实施科技扶贫项目，培训农业科技人员为农村科技进步做出贡献；各驻军医院还可以充分发挥自身优势，对口扶持乡镇医院，义务培训医务人员，以提高农村健康人力资本水平。

总之，在合理确定国防开支规模和增长方式的基础上，加强对国防开支的管理运用，把国防建设和经济建设结合起来，互相促进，同时，充分发挥国防的经济功能和社会功能，促进社会的进步和持续发展。

参考文献

[1] 姜鲁鸣. 现代国防经济学导论[M]. 北京：国防大学出版社，2002.

[2] 卢周来. 中国国防经济学：2004[M]. 北京：经济科学出版社，2005.

[3] 卢周来. 中国国防经济学：2005[M]. 北京：经济科学出版社，2006.

[4] 卢周来. 剑与犁——当代防务经济理论与实践[M]. 北京：石

油工业出版社,2002.
[5] 朱庆林,冯长德,等. 国防需求论[M]. 北京:军事科学出版社,1999.
[6] 万东铖. 经济增长与国防费规模[M]. 北京:中国经济出版社,1998.
[7] 戴维 K 怀内斯. 第三世界军费经济学[M]. 宋新柳,等译. 北京:解放军出版社,1987.
[8] 国务院新闻办公室. 2004 中国的国防白皮书. [2006-05-12]. http://jc2s. sina. com. cn/n2/2004gf/index. shtml.
[9] 杜为公. 现代西方国防经济学及其在中国的发展综述[J]. 中南财经政法大学学报,2005(03).
[10] 张文元. 经济全球化对我国国防经济安全的挑战与维护对策[J]. 东南大学学报:哲学社会科学版,2003,5(3).
[11] 王世生. 影响国防支出需求的主要因素探讨[J]. 军事经济研究,2004(05).
[12] 黎明,陈炳福. 中国的国防支出需求 1960—1999[J]. 统计研究,2005(01).
[13] 刘京书. 经济全球化与中国国防经费结构优化[J]. 军事经济研究,2003(03).
[14] 夏振坤,夏济人. 论国防费结构的发展特性[J]. 军事经济学院学报,2004.
[15] 李培记,褚金章,等. 我国国防费规模分析及其合理确定[J]. 军事经济研究,2005(04).
[16] 王其华. 21 世纪初军费管理的特点与对策研究[J]. 经济师,2003(10).
[17] 梅志罡. 新公共管理理论及其借鉴意义[J]. 行政论坛,2006(01).
[18] 陈华栋,顾建光,等. 新公共管理理论及实践模式探析[J].

求索,2005(07).

[19] 毛志龙. 关于国防与经济协调发展战略的经济分析[D/OL]. [2006-05-02]. http://www. ckrd168. cnki. net/grid20/scd6search/scdetail. aspx?. Quergld —64&CurRec=20.

[20] Hartley K, SandLer T. Economics of Defence Spending [M]. London: Routledge, 1990.

[21] Yemane Wolde-Rufael. Causality between defence spending and economic growth—The case of mainland China [J]. Journal of Economic Studies, 2001, 28(3).

[22] 苗野. 经济发展与国防需求的相互关系[D/OL]. [2006-05-03]. http//www. ckrd168. cnki. net/grid20/scdbsearch/scdetont. aspx? Query ID=n&CurRec=1.

[23] 余爱水. 军事与经济互动论[M]. 北京:中国经济出版社,2005:266-268。

[24] 邓小平. 邓小平文选(1975—1982 年卷). 北京:人民出版社,1983:75.

[25] 中国人民解放军军事科学院. 马克思恩格斯列宁斯大林军事文选. 北京:中国人民解放军战士出版社,1977:208.

[26] 许玲. 浅析国防对经济增长的积极作用[J]. 南京航空航天大学学报:社会科学版,2004,6(4):27.

[27] 任民. 以新安全观和科学发展观指导推动国防建设与经济建设协调发展[N]. 中国国防报,2005-02-07(3).

[28] 阿罗 K J,英特里盖 M D. 国防经济学手册. 北京:经济科学出版社,2001.

[29] 刘涛雄,胡鞍钢. 国防开支对中国经济增长影响评估的两部门外部性模型[J]. 清华大学学报:自然科学版,2005,45(12).

[30] 邹世猛. 我国军费规模及增长问题理论研究评述[J]. 经济学家,2005(4).
[31] 程瑛,胥金章. 廖锡龙详解国防费[J]. 瞭望东方周刊,2006(11):2.
[32] 许祥文. 论可持续发展战略与21世纪的中国国防[J]. 南京政治学院学报,1999(2):79.
[33] 国务院新闻办公室. 中国的国防[EB/OL]. http://news.xinhuanet.com/zhengfu/2002－11/15/content_630690.htm.

第三章 国防采购

国防装备是建设武装力量和进行战争的物质基础和技术手段，是国家国防战略的重要组成部分，是国防现代化和军队现代化的重要标志。国防采购工作，在国防和军队建设工作中占有极其重要的地位。目前，世界力量对比严重失衡，不公平不合理的国际政治、经济秩序并没有根本改变，霸权主义、强权政治在国际政治、经济和安全领域依然存在并有新的发展。

鉴于国防装备在现代战争和国防中的重要作用，世界各个国家都投入巨额的资金进行国防采购，国防采购费用占国防预算的很大一部分，因此世界各个国家都十分重视对国防采购管理的研究。

在国防采购过程中，涉及政府、军队、企业三者之间的利益关系，交易行为十分复杂。国防采购是一项复杂的系统工程，它直接影响到国家国防经济体制的绩效，国防采购领域有许多不同于一般商品和公共物品领域的特殊性，研究国防采购具有较大的学术价值。

国防采购是现代军队获得国防装备的主要手段，当国防工业实行了市场经济后，才开始出现了国防装备采购这种方式。国防采购是市场经济发展的必然，是科学技术与社会生产力发展的必然。国防采购活动直接关系到国防工业的发展，它是国家经济命脉的重要组成部分，对维护并巩固国家主权，对稳定并发展国家经济有着举足轻重的战略作用。

国防采购作为国防经济学研究中的一部分，其理论和研究逐步在经济、社会的某些领域得到广泛运用，并引起国防采购管理部门的高度重视,因此研究各个国家先进的国防采购模式、立法体系、管理体制来分析和处理国防采购中的某些问题,为国防采购工作提供理论依据和指导,具有重要的现实意义。

第一节 国防采购的特点研究

一、国防采购物品的特点

对国防采购物品的特点研究是进行国防采购研究的立足点。国防采购物品——武器装备——本身有两个特点:一是广义上的公共物品,二是非完全竞争市场的特殊商品。

(1)广义上的公共物品。西方经济学中公共物品是指这样一种物品,一个人享用它并不能排除其他人对此物品的享用,也就是说边际成本为零,增加一个人使用它,并不需要增加费用,因此,厂商是不愿意生产这种产品的。通常广义上的公共物品都具有两个特点,那就是非竞争性和非排他性。非竞争性是指当使用某种物品的消费者不断增加时并不会影响原来的消费者对该物品的消费,也不会增加社会成本,新增消费者使用该物品的边际成本为零。非排他性是指任何人都可以无偿享用,或者说不能阻止其他人的享用。市场上的物品大都是竞争性物品,竞争性物品只能使特定的消费者受益。根据公共物品的定义和特征,可以说国防是典型的公共物品,对于国防物品,排他是不可能的。

(2)非完全竞争市场的特殊商品。西方经济学中对完全竞争市场有以下四点的描述:在完全竞争市场上,各厂商生产的产品是同质的;市场上有大量的买主和卖主;厂商进出市场容易;信息是充分的和完备的。由于国防采购物品的设计和生产是需要较高的技术含量和大量的资金、设备的,特别是一些大型的现代化的军用装备,生产这些物品的厂商可能在设备、资金、技术上面存在着差异，因此生产出来的物品不可能是同质的；由于设计和生产国防物品需要一定技术、资金、设备，具备条件生产国防产品的厂商也是有限的，并且国家对国防物品的需求也是合理化的，因此市场上不可能有大量的买主和卖主；由于生产国防产品有条件限制，厂商进入该行业存在着壁垒，不会那么自由，一旦厂商决定生产国防产品，那么他们退出该行业是需要付出相对较大的成本，所以厂商进出市场也不是相对容易的；由于国防对于每个国家来说都有其保密性的一面，国防物品自然也是如此，买方和卖方在国防采购市场上的信息是不对称的。结合国防物品的特点和以上对完全竞争市场的定义，可以得出国防采购物品是非完全竞争市场的特殊物品。

二、国防采购市场的特征

国防采购是在一定的市场环境下进行的。国防采购所研究的一些基本问题都是由国防装备市场的特征引发出来的，在国防市场上，需求方是国防部及其武装部队以及某些外国政府，供给方是本国或者外国的国防工业企业。联结需求方和供给方的途径是合法的契约合同。

政府在国防采购市场上具有特殊作用。作为独家垄断的买主，政府可以通过对装备的选择来决定技术的进步，还可以决定进口武器装备还是向本国工业部门购买。作为大型装备的唯一或主要的买主，它的行为可以影响甚至决定国内国防工业的规模、结构、进入和退出、价格、出口、利润、效率和所有制。

国防采购物品价格高昂，成本持续上涨。国防装备单位生产成本每年增长使得国防预算常常难以跟上成本上涨，这就需要调整武装部队的规模及其构成，同时需要改造为武装部队提供装备的国防工业，特别是需要引入新的采购政策，例如，竞争性的采购政策。

技术进步是国防采购市场的显著特征。在国防装备市场上，技术上的进步，往往带来新的产品，创造新的市场。这迫使厂商通过加强研究和开发以提供新的开发和生产设备。由厂商数目减少而规模增大的发展趋势造成的结果是，高技术装备领域通常由几家厂商所垄断。

信息不对称是采购市场中的显著现象。在国防装备市场上，存在买方和卖方之间的信息不对称的现象。一方面，在国防采购契约达成之前，卖方关于自身武器装备的设计和保障能力、管理水平、技术水平等比购买方更清楚；在契约达成之后，卖方对于其要承担的任务的困难性、产品质量、成本造价要比买方有更多的认识。但这并非说明卖方总有优于买方的信息。在另一个方面，买方可能拥有私有信息，比如，在签约的时候，买方比卖方更清楚关于装备的未来需求状况，装备的实际使用信息等。

政府与军工厂商之间的问题可以概括为四个方面的经济特点。一是研究与发展：武器采购过程的显著特点之一是通过技术进步不断改进工作绩效和提高能力，因此创新本身对于作为国防部门的产品与包含新观念的实物产品至少是同等重要的。二是不确定性：内部不确定性和外部不确定性。内部不确定性是由技术上的未知数所引发的，它在设计阶段较强，即使在生产开始之后，产品仍然要适应技术的进步以及为修正未预料到的问题而做出改进，关于成本和设计的大量不确定性在生产过程中依然存在。外部不确定性是关于武器需求的不确定性。这种不确定性是由外部威胁的变化，获取替代性武器的可能性的变化，甚至是由政府对某种采购意愿的变化所引起的。这种不确定性的存在使得国防部感到，签订长期固定价格的生产合同是不可行也是不必要的。绝大多数武器系统长达十几年甚至更长生产周期的长期固定价格的合同通常被认为是不可行的。即使是固定价格的年度合同也是难以完全履行的。三是生产中的规模经济：在绝大多数国防工业部门，有许多厂商有能力事先来进行某些武器装备的设计和生产。规模经济并未排除多个竞争者的存在。由于在设计阶段存在的某些不确定性,采取多方设计是明智的,国防部通常对两种设计方案进行投资。生产有所不同,许多武器系统的购买量相对较小,如果由多个厂商生产同一个武器系统是完全不经济的。几乎所有的主要武器生产系统都来源于一个厂商。政府根据估计成本确定基础价格,这个价格主要由历史和设计的会计成本所决定。当与国防部协商某个合同的价格时,军工承包商必须提交详尽的成本估算,当厂商的成本大幅度地下降,而这种下降是由未预料到的因素引起的时候,厂商就有可能冒被控告的危险,控告的理由是在谈判阶段厂商隐瞒他所了解的情况。四是政府是唯一买者:对大多数武器来说,政府是唯一的可能购买者。而且建立和生产武器系统所需要的许多技术和技能也相对专门地用于武器工业。政府对于厂商在专用性资产方面所产生的上述各种担心会有以下三种反应:第一,政府直接投入了大部分与国防相关的研究与发展经费。第二,政府变成军工厂商许多专用的有形资产的购买者。第三,通过大量的成套规则和政策,国防部与厂商之间建立起了额外的合同管理关系,以确保厂商的专用投资得到补偿。采购条例特别要求与单个厂商签订合同的官员,其职责并非是获得最低的价格。公平的价格同样包含利润的因素,以便补偿厂商资本的成本,承担风险的成本及会计系统没有作为成本考虑的其他成本。

三、国防采购学科的基本特征

国防采购经过人们的实践而逐步发展成为一门边缘学科。科学研究的区分,就是根据科学对象所具有的特殊矛盾性。对于某个领域所特有的某一种矛盾的研究,就构成某一门学科的对象。国防采购之所以是一门学科,就是因为它具备了学科的基本特征。分析如下:

国防采购有其特定的研究范畴。国防采购工作的直接对象是装备，国防采购工作的领域是装备设计领域、生产领域和使用（消费）领域等。科学技术和现代工业的发展，以及经济的发展，都给这些领域不断提供新的、复杂的研究内容，构成了各分领域特殊的规律性、分领域间边缘交叉的种种特殊矛盾。这一切是其他学科不能替代的。

国防采购具有丰富的内涵。国防采购工作具有独特的工作内容、工作形式和工作方法。在其研究领域中，既有工程技术、质量内容，又有经济、监造、验证、服务、审价、科研、合同等内容，同时，还有各内容间相互延伸、交叉综合而产生的诸多其他新内容；在工作形式上，存在论证、监造、验证、服务、审价、科研等方式；在方法上，由原来的验收把关转到全寿命管理。这些都反映了浓厚的行业特色，充分显示了国防采购工业的科学层次与结构。

国防采购具有坚实的理论基础。国防采购有独特的知识群，它随着实践的发展而不断得到补充和更新；同时它又保持着自己完整的体系、明确的边界和特定的目的。国防采购的相关知识群，包含有应用经济学、信息经济学、公共经济学、国防经济学、军事装备学、博弈论、现代管理学、现代质量学、系统工程理论、工程技术、人体行为学等诸多学科的基本原理，这些相关学科，为其铺垫了有利的理论基础。但是，国防采购不是这些学科简单的借用、移植、嫁接、汇合和集成，而是在实践基础上的融化、提炼和再生成。例如：国防采购知识不同于一般商品的采购学，它不具备一般商品那样的广大市场的概念；它不等同于现代管理学，因为它没有那样大的工作范畴和管理权限。

国防采购是国防经济学的重要组成部分。国防采购是联结军事消费与军事生产之间的媒介要素，同时，国防采购将研制、生产与使用三方联系起来，对国防建设、国家财政起着沟通环节的作用。自从大国防观建立以后，维持国防采购的严肃性、保证国防采购的按时完成，是国防经济的一个重要内容。国防采购，是把资源转化为战斗力的过程，是军事生产向军事消费转化的过程，是国防潜力不断转化为国防实力的过程。这种机制的转化效率，是国力的一种表现，在平时通过国防采购任务完成的顺利程度来反映，在战时通过装备的扩大生产能否得到保障和满足来反映。国防采购系统在这种转化过程中起着参与、组织和实施的重要作用。国防采购工作不仅是技术活动，更重要的是经济活动。国防经济是以研究国防建设中各种经济关系并揭示和反映这些关系中的客观规律为主要内容的。从根本上讲，国防经济学属于经济学门类中的应用经济学，是一门实践性很强的应用型学科。而国防采购的研究内容为：在装备论证、研制、生产、交换使用等过程中的由装备委托代理双方共同参与的各种经济关系的客观规律。所以，国防采购是国防经济学的一个重要组成部分。

国防采购以装备为研究对象，它属于军事装备学的研究范畴。首先，国防采购属于军事科学范畴。其次，从局部来说，国防采购隶属于装备技术工作；从我军全局来看，国防采购与我军装备的获取、分配、管理、使用、维修工作相联系，共同构成装备建设的专门学科——军事装备学。再次，在我军现行的编制体制中，国防采购工作被划入装备技术部门或装备部门。所以说，国防采购属于军事装备学范畴。军事装备学包括军事装备发展学、军事装备保障学、军事装备管理学等学科。其中，军事装备发展学包括军事装备的发展战略、体制、规划与计划、预研、研制、试验、生产、采购、国际合作等内容，军事装备保障学包括军事装备的调配保障、维修、保障指挥、动员等内容，军事装备管理学包括军事装备的管理体制、管理模式、技术基础管理、日常管理、经费管理、人才建设、法规等内容。国防采购的概念界定在由装备委托代理双方共同参与的各种经济关系的客观规律，军事装备学除装备委托代理双方外，还应包括军队自己参与的过程。因此，可以说，国防采购贯穿并交叉于军事装备发展学、军事装备保障学、军事装备管理学等。

国防采购是政府采购的一个重要组成部分。政府采购是一国政府运用财政税收等资金购买公共物品为公众提供公共服务,从而实现其政府职能和公共利益。由于国防物品属于公共物品,国防物品的采购主要是由政府部门负责的,因此国防采购是政府采购的一个重要组成部分。

政府采购具有以下特点:第一,资金来源的公共性,其资金来源为财政拨款和需要由财政偿还的公共借款;第二,采购主体的特定性,采购主体为依靠国家财政运行的政府机关、事业单位和社会团体、公共事业组织等;第三,采购活动的非商业性,政府采购不是以赢利为目的,也不是为卖而买,而是通过购买行为向政府部门提供消费品或向社会提供公共利益;第四,采购对象的广泛性,其对象既有有形产品又有无形产品,既有军用产品又有民用产品,等等,通常划分为货物、工程、服务三类;第五,符合国家政策性;第六,采购程序的规范性;第七,对社会经济的巨大影响性,在许多国家,政府采购金额占一个国家国内生产总值的一部分,对社会经济有非常巨大的影响力;第八,全方位的监督性,财政部门通过制定采购法规和政策来规范采购活动,对从采购计划编制到采购项目验收的全过程进行监督管理。

根据政府采购的定义和特点,可知国防采购是政府采购的一个重要组成部分。政府采购在有些国家已有比较悠久的历史,政府采购开始只是国防部门实行,后来扩大到民用机构。美国是一个联邦制国家,联邦的法律不适用于地方,但地方政府采购法律不能违背联邦有关法律的精神。政府采购的组织形式有集中采购和分散采购两种,历史上经历了以集中采购为主转变为以分散采购为主的发展过程,目前联邦政府的集中程度不高,而且并不全是强制性的。对于纳入联邦服务总署集中采购的部分项目,各联邦机构也可以自选采购。政府采购方式不是固定不变的,历史上是以密封投标为主,现在的主要方式是竞争性谈判,同时增加了简化方式,如采购卡、定点协议等。美国的政府采购不仅有完善的法律体系,还建立了健全的监督机制,保护政府采购当事人的利益,尤其是非常重视保护供应商的利益。按现行法律规定,利益受到损害的供应商,可以向合同争议委员会申诉,或向会计总署投诉,还可以向联邦索赔法院起诉等。美国的政府采购在强调节约财政资金的同时,还要充分体现有关的社会、经济乃至政治政策,如购买美国产品,扶持小企业,保护环境,限制购买不友好国家的产品等。虽然美国已是WTO的"政府采购协议"成员,仍未放弃上述政策要求。美国政府采购活动都是由专业的合同官员组织实施,合同官员必须具备规定的条件,经专业机构认定并由机构首长任命后才能上岗。美国已将政府采购的电子化作为今后的改革方向。

四、西方国家国防采购的特点

西方国家的国防采购,有时在习惯上也称之为装备采办,表现为管理体制统一、采办程序规范、市场机制充分、法律体系健全四个特点。也正是由于市场机制充分、法规与程序健全,才形成了良好的采办环境和完善的国防经济理论。因而,国防采购不是迫切需要一套专门的国防采购理论,而是像前文国防采购的理论基础所说将其分散到相关的诸如信息经济学、公共经济学等应用经济学中。目前,能查到的国内外关于西方国防采购的文献,几乎全部都是装备采购的管理程序和法规。下面对其特点简述如下:

管理体制统一。美国对采办实施集中统一领导,设置一名国防部副部长专门负责三军武器装备采办。工程管理即采办体系,负责制订采办政策和条例,规定资源要求并确定其先后缓急次序,指导并控制程序过程、合同的鉴定,并向国会做报告;工程管理采用首长责任制,执行人员是各级采办执行官,即国防采办执行官、军兵种采办执行官、工程项目执行官、工程项目经理等,他们均隶属于国防部。另外,还设有专门的合同管理机构,即国防部后勤局合同管理处;专门的咨询机构,即国防武器系统采办评审委员会、国防资源委员会和国防科学委员会。

采办程序规范。美国国防部对装备采购规定了一系列严格、统一的程序。围绕着装备采购过程中的方案探索和定义、方案验证和确认、全面研制、批量生产和开始使用、使用保障等,将国防采购程序划分为 5 个阶段 6 个里程碑,并以指令形式具体规定了 5 个阶段和 6 个里程碑中各采办管理机构的需求和职责,以及对相关文件的要求等。

市场机制充分。在最大可能的范围内开展有效的设计与价格竞争,用保证采办规划的稳定性来保证采办的及时性和高效益,强调全面详细的论证并严格控制更改,强调零部件的通用化、标准化和互换性。美军采办管理具有以下特点:第一,强调对装备性能、进度、费用和风险进行综合衡量,把满足最低作战效能要求下的经济效益作为一条重要原则;第二,充分运用竞争机制,利用各种指标方式选定承包商,进而与承包商签订各种层次、类别的合同;第三,应用系统工程原理指导采办管理,通过一个个阶段的渐进过程,完成整个系统的研制;第四,创立了国防费用的规划—计划—预算系统,有效地管理着国防费用,通过一些军事调节机构(如国防部)一方面对装备生产活动进行预测,另一方面制定中长期生产发展规划,以保证采办政策的稳定性。

法规体系健全。美军在国防采购中十分重视法规建设,重视文件的作用,采办工作的每一项活动都在一定的文件要求下进行,从而使采办活动实现了制度化、程序化和标准化。文件对采办活动的管理是全方位、全过程,有的是强制性的。采办管理文件主要有三种类别,即美国国防部有关采办的指示、指令、采办工程和管理的美国军用标准以及资料项目说明。这三大系列文件相互支持,在采办活动中起着重要作用。

补充说明一点,美军国防采购的概念,虽然是 20 世纪 70 年代才出现，距今也仅仅有30年左右的时间，但是其前身——政府采购——却有悠久的历史，国防采购源于政府采购。政府采购在美国已经有200多年的历史，政府采购开始只是在国防部门实行，即国防采购，后来扩大到联邦民用机构，即民用采购。由此可知，美军的国防采购法规体系是有着悠久的历史背景的。

第二节 国防采购合同

一、国防采购合同的概念和特点

国防采购合同是在国防采购市场中，通过协调国防采购各方利益分配关系，从而保证国防采购交易行为顺利实施的经济合同。国防采购合同是经济合同的一种特殊类型，是以法律形式规范调整军方和企业之间经济权益的一种经济调节形式和手段。

国防采购合同构成要素包括合同主体、合同客体、合同法律关系。合同主体是合同法律关系的参加者，是享有合同权利、承担合同义务的自然人和法人。对于国防采购合同而言，主体即指政府和企业。合同客体是指合同主体的权利、义务所指向的事物，对采购合同而言是指采购项目的标的。合同法律关系的内容指合同主体享有的权利和义务。

国防采购合同是经济合同的一种特殊类型，是以法律形式规范、调整政府和企业之间经济权益的一种经济调节形式和手段。

国防采购合同不同于一般的经济合同，它具有自身的特点：

作为国防装备需求方的军队，其签订国防采购合同出发点并不在于稳定国防装备采办的军事需求，而在于稳定国家的武器装备采购预算。作为装备供应方的企业，其签订国防装备采办合同目的并不在于稳定市场，而在于稳定生产。

一般商业合同签约双方的目标就是获取最大利润，但国防装备建设在国家建设中占有特殊地位，关系到国家安危、社会稳定、国际地位等，因而在国防采购合同中，交易主题在关注自身利益最大化的同时，还必须把国家利益放在重要位置加以考虑。国防装备采办合同效用目标中存在的政治性，要求合同双方不能片面强调合同自由平等原则，应在政治约束条件下追求双方效用的最大化。由于这一特性，客观上要求国防采购合同双方的协作意识和程度远高于一般的商业合同。

国防装备具有极强的政治性和军事性，从生产工艺和技术上说要求有较高的战技性能、可靠性、维修性和保障性，从而使国防采购合同不同于一般的民品合同。国防采购合同中包含军队直接管理的内容，军队一般直接向企业派驻军代表，建立常驻企业的管理机构，对合同执行过程实施全面监督和指导。

国防采购不论在品种、性能、数量方面，还是在研制、生产技术方面，都存在保密问题。对新型尖端国防装备的采办，其科研生产的保密要求就更高。因此，国防采购合同不仅在签订前的正式招标或计划洽谈时有范围限制，而且在合同签订后，军队保密机关要对准许接触这些密级材料的企业和研究机构进行登记，其中特别密级的还受国家有关保密机关的管理和监督。国防装备科研生产的保密性，客观上加重了信息不对称性的问题，并对解决这一问题造成困难。

高新技术的开发应用具有极大的风险性，而通常高新技术总是最先应用于国防装备，因此，国防采购合同履行的风险性远远大于一般的商业合同。

大型国防装备研制周期（即从方案论证到交付部队使用）一般长达十几年甚至几十年。合同的时间跨度长，这期间国际国内政治形势、科学技术、物价等因素会发生无法预测的变化，增加了合同中有关条款的不确定性。

虽然西方的现代合同理论强调，合同是调整平等主体间的买卖关系，合同双方的地位完全平等，但国防采购属国家行为，军队以保家卫国为主要任务，其行为代表国家利益，在国防采购合同中军队占据主导地位，有一定的优先权。军队根据军事需求的变化，通过修订国防装备建设规划、技术，有权变更和终止合同，而不构成违约。同时，对乙方已完成工作给以报酬，对乙方因合同变化或解除造成的损失给以补偿。另外，不管价格争议如何，企业大部分情况下必须完成国防装备科研生产任务，在国家安全局势紧张和战时更是如此。另外，军队是不涉及经济产权的政治集团，因而其不同于合同经济学中所描述的一般经济人，从事国防采购管理的军人收入同采办效益不直接相关。

国防采购合同理论中需要注意的一个重要的概念就是信息不对称。所谓信息不对称性就是指买方和卖方在交易过程中所掌握的信息是不对等的，卖方知道有关商品的详细信息更多一些，买方对自己的需求状况知道的更多一些，国防物品也属于商品，这样在交易过程就必然存在信息不对称。那么信息不对称也必然出现在国防采购合同的制定当中，成为国防采购合同理论的重要概念之一。

因为军队的发展战略、规划等研究工作，企业都是有所了解的，所以对于军队的需求和国防装备科研的投资额，那些长期从事国防装备科研生产的企业是比较清楚的，如五年计划中的具体项目预算，企业能千方百计打听到。反之，则不然，军队对企业的信息掌握较少。一方面企业为追求效用最大化，主观上不愿军队完全了解其科研、生产、财务、管理等情况；另一方面由于国防装备科研生产的复杂性，军队受人力和技术水平所限，也难以深入掌握企业的上述有关情况。对于一些新兴的民营企业，虽然想从事国防装备的科研生产，却又苦于不了解军队的需求、不了解军队的有关从事科研生产的规定，从而难以参与国防装备科研生产的竞争。因此，国防采购合同中的一大特点就是严重的单向信息非对称，一方面信息对长期从事国防装备科研生产的企业基本上是单向透明的，对于垄断性采办项目这一特点表现更为突出；另一方面信息对以前未从事国防装备科研生产的企业又是基本不透明的，对许多民营企业更是如此。

国防装备的特殊性决定了生产国防装备的企业需具备一定的规模和技术实力。政府在购买武器装备的过程中选择的企业通常是信誉良好，技术水平较高的企业。一般从事国防装备科研生产的企业同军队有长期的合作关系，这一点对国防采购合同的制定有一定的优势。

综上所述，国防采购合同是一类具有垄断交易特性的不完全合同，在运用经济学已有研究理论方法分析它时，必须注意到其特殊性。

二、国防采购合同管理的概念和特点

国防采购合同管理是军队为保证国防采购合同签订、顺利履行，直至合同结束而采取的全部管理活动。合同管理是军队对国防采购项目实施管理的重要载体，从某种意义上讲，军队是通过合同管理实现对项目的管理。

国防采购合同管理要素包括管理主体、管理客体、管理目的、管理信息四个方面。管理主体是指军队的合同管理者以及由管理者群体组成的合同管理机构。管理客体是国防采购合同，从合同内容看，包括国防采购科研合同、采购合同、维修合同；从合同的定价方式看，包括固定价格合同、成本补偿合同和风险投资管理合同等。管理目的是为供需双方提供合作的共识，约束供需双方之间的相互关系，降低合同执行过程中的交易成本，优化资源配置，通过保证双方效用最大化实现国家整体效用最大化。管理信息是指信息贯穿于合同管理的全过程，合同管理的过程就是不断搜集信息、利用信息实现对合同的不间断控制的过程。信息传递越流畅管理成本就越低,合同的风险性和不确定性就越小。

国防采购合同管理难度大,需要有效的计划、组织、指挥、协调、控制,才能保障国防采购合同的顺利履行。大型复杂国防装备的研制,通常参与的研制企业遍及全国各地,牵涉到个别集团公司及全国各大科研院所和重点院校。为保证按进度、不超支地研制出达到军队所要求的各项战术、技术指标的国防装备,就要签订各类分合同,并且保证每类分合同都严格执行。国防采购各系统的战术、技术、经费、研制进度的指标要满足国防采购的总体要求;各系统关键部件之间的接口,以及所研制的新原材料及元器件,均能在性能、研制进度上相互衔接好,并最终达到国防采购总体性能要求,也都要依靠签订各类分合同,并且每类分合同都要如期履行来达到目标。管理、协调如此种类繁多、层次复杂的各类合同,其本身也是一项复杂的系统工程。

国防采购合同管理具有以下特点:

(1)过程性。一项大型国防装备从生到死的全寿命周期往往需要几年甚至是十几年的时间,周期长、风险大,因而国防采购合同管理要贯穿始终。国防采购合同根据国防采购的全寿命分为科研合同、采购合同和维修合同,这三类合同分别对应着国防装备的科研、生产和维修。虽然在科研阶段,科研合同不像生产合同那样有一个实体,但它在整个采办合同中占有极重要的地位。因为科研阶段的合同的成功与否,往往决定着整个国防装备在技术上是否成熟、能否改进及能否及时进行生产等问题,所以科研合同决定着国防装备全过程的走向。而且在整个国防采购开支方面,如果科研合同能够引入足够数量的竞争者参与,经验数据表明,仅生产费用就可以节省50%~70%。而就维修合同而言,不能只把它当做武器采购后军队自己的行为,而忽略它与科研合同及采购合同的联系。维修合同所涉及的问题不仅要在国防装备使用时考虑,而应在整个国防装备的科研与生产有所体现,这样才能保持国防装备的使用稳定性和降低整个国防装备系统的费用效能比。科研合同、采购合同和维修合同是国防采购合同的有机组成部分。国防采购合同必须全程考虑、分阶段实施。

(2)全面性。国防采购合同管理不仅有时间的连续性,而且所涉及的内容是广泛的。国防采购合同的条款主要考虑交易双方的权责关系和合同的不可行性。交易双方的权责关系是对合同主体的行为规范,而合同的不可行性是指合同主体在客观条件约束下交易行为所不能达到的程度。就合同的不可行性而言,它包括国防装备的技术不可行性、计划不可行性、保障不可行性、费用和进度不可行性。技术不可行性是指发展国防装备所包含的不可行度。这是由于发展国防装备受到新的约束条件的作用,而使性能水平原封不动,甚至有所下降。技术的可行性因国防装备系统的设计要求不同而不同。然而许多技术不可行性往往都是由对新系统提出前所未有的性能要求造成的;计划不可行性是指,获取和使用一些可能不受到国防装备计划控制但又可能影响计划中断和研制、生产能力不足造成的中断等;保障不可行性是指与国防装备系统的部署和维修有关的风险。保障不可行性与技术不可行性和计划不可行性具有相关性。如武器的使用,这时产生的故障一般属于计划不可行性,然而一旦维修和使用保障成为主要内容时,武器的使用也变成了一种保障不可行性;费用和进度不可行性是指在国防装备预算一定的情况下某一型号国防装备的费用增加,就要削减另一型号或数个型号国防装备的预算。而在这个问题中费用和进度增长不可行性成为重要内容。因为往往国防装备系统在预算时不能定下是由于进度目标不确定所造成的,而要想满足合理的费用,国防装备就不能审慎而有效地完成的风险。在上面提到的合同不可行性汇总中,技术、计划和保障不可行性有着决定作用,它们决定着费用和进度不可行性。总之,国防采购合同的不可行性来自不同方面。国防采购合同需要综合考虑而且要分清主次。

(3)均衡性。均衡性是指不同类型的国防采购合同管理要与它所承受的风险相适应，也可以说是国防采购合同交易人承担风险与收益的均衡。而风险与收益的均衡与合同当事人之间的不对称信息密切相关。

(4)系统性。国防采购合同管理具有系统性是由于国防装备本身就是一个复杂的系统而引起的。军队要进行国防采购就需要整体规划，按照系统的观点正确处理好国防装备科研合同、采购合同和维修合同之间的时序和资金分配关系。就卖方而言，企业在研制、生产国防装备时需要系统考虑国防采购合同。就国防采购合同管理而言，政府需要兼顾军队和企业双方利益，对国防采购合同的管理要做到统一政策、系统考虑。

三、国防采购合同理论的学科体系

虽然关于国防采购合同理论研究的专著很少，但国防采购合同理论成为一门相对独立的学科出现，是世界国防采购实践尤其是我国国防采购实践的客观需要。在一门学科建立初期，应探讨其学科性质与地位，采用科学的逻辑方法对其构成内容进行系统的描述和概括，对其分支学科进行划分和归类。这对国防采购合同管理理论的不断丰富发展和深化研究具有重要意义。

国防采购合同是军事装备学的重要学科分支之一，兼有军事装备学的基本理论和应用理论的研究内容。国防采购合同的基本理论包括国防采购合同竞争理论、国防采购合同信息不对称理论、国防采购合同的逆向选择和道德风险、国防采购合同管制、国防采购合同协调理论、国防采购合同寻租理论、国防采购合同经济理论、国防采购合同激励理论等。国防采购理论的应用包括各国对国防采购合同管理体制与运行机制建设和改造、具体的国防采购管理法规和规范合同文本、国防采购合同的招投标、国防采购装备招标方的资格审查、国防采购合同信息系统建设等。

四、国防采购合同理论的重要地位和作用

国防采购管理的一个重要特征就是合同管理，合同制已经成为国防采购管理的重要基础。国防采购实行合同制实际上是对国防装备商品属性的认同，是市场经济发展的一个标志。市场经济就是契约经济，国防采购实行合同制就是按照市场经济规律办事，通过规范的经济法规手段来落实国防装备的研制、生产和购置。

从国防采购的实践看，合同制在国防采购管理中的地位与作用主要表现在以下几个方面：

第一，国防装备合同是联结政府、军队和企业的纽带，是明确当事人权利、义务的依据，签订合同是国防采购的首要工作之一。

第二，依法签订的合同文本是对所采购的国防装备所有要求唯一具有法律效力的记录，是保证军队按时得到性能先进、质量优良、价格合理、配套完善、便于操作和维修的国防装备的法律保障基础。签订了合同就意味着军队和企业具有了法律关系和经济关系。因此，合同管理不仅关系装备采办能否顺利进行，也关系到国防采购的效益。

第三，合同是国防采购中其他一切行为的依据。如开展质量监督、成本审价、售后服务等都得按合同所规定的内容去做。

五、国防采购合同理论的现实意义

我国为了加强国防装备建设的集中管理，强调国防采购应按市场规律办事，成立了国防科学技术工业委员会。国防科工委作为国务院主管国防科技工业的部门，对国防科技工业实施政策、法规、规划、标准、监督等方面的行政管理。

通过对核工业、航天、航空、船舶、兵器工业等方面的改革，中国国防科技工业引入市场竞争机制，逐步优化结构和改善布局，精简军工企业队伍，增强平战转化能力，努力建设开放式的新军工体

系。企业作为国防装备研制生产的主体，逐步成为面向市场、自主经营的经济实体，建立和完善现代企业制度，为按照市场运作规律进行经营管理创造了条件。

市场经济是一种契约经济，国防采购市场交易主体之间签订国防采购合同，按合同条款规范双方交易行为是中国国防装备建设工作的发展大趋势。目前按照国际通行做法，我国只是初步完成了由国防采购计划经济体制下完成指令任务，向社会主义市场经济体制下签订合同完成军事订货的过渡。军队国防装备建设管理部门、国防工业管理部门、军工集团及所属企业之间的关系还没有完全理顺，国防采购还没有形成高效的运行机制，新的合同管理模式与以前的计划管理模式之间存在的冲突还未能有效解决，缺少国防采购合同有关理论、法规、制度以及手段的支持。

在这种背景下，国防采购合同管理研究有很大的现实意义，其将为国防采购合同制的改革和完善提供理论依据。同时，通过本课题研究还将进一步丰富现代合同理论。因而，这项研究工作具有较大的理论和实践价值，将为提高中国军队国防装备管理的科学化，为提高国防装备费的使用效益做出贡献。

六、国防采购合同理论的研究对象

国防采购合同理论以国防采购合同的订立、履行过程管理和验收的实践活动，以及国防采购合同涉及的国防采购管理体制、运行机制和政策法规为主要研究对象。它既研究由国防采购实践活动到理论的抽象，又研究理论对实践的指导或应用。国防采购合同管理按合同管理主体不同，可分为军方国防采购合同和企业国防采购合同两类。两类的国防采购合同管理目标是不同的。对军方国防采购管理部门而言，国防采购合同管理的基本目标是：确保国防采购项目要求明确、计划周密、组织健全和经费落实，确保政府有关部门和军方其他相关部门的支持，确保在国防采购过程中承包商按合同规定的性能、费用、进度等要求执行。对承包商而言，国防采购合同管理的基本目标是：应军方国防采购管理部门的要求，利用有限的资源完成研制、生产工作，同时获得较好的效益。企业国防采购合同管理也属于项目管理学中的一小部分，即合同管理的研究内容，由于合同管理主体及管理目的不同，其研究方法和结论同以军方视角开展的研究有较大差异。

这里将重点研究以军方为合同管理主体的国防采购合同理论，即军队如何运用合同理论创造性地解决国防采购合同管理中的问题。而对于政府和企业的研究，仅仅细化到影响单一的、抽象的企业法人实体，较少涉及企业内部的管理问题，并假设政府部门代表国家利益。本书所研究的内容不包括企业之间签订的转包合同。更具体地讲，仅将企业作为一个交易人，不考虑企业集团总部、分公司、科研院所等内部组织。

七、国防采购合同理论的研究内容

国防采购合同理论的主要研究内容包括国防采购合同的概念，国防采购理论的学科地位、性质、研究对象、研究方法和学科体系，国防采购合同在国防装备建设中总的地位和作用，国防采购合同理论的发展历程、规律和趋势，国防采购合同基本原理，国防采购合同管理体制，国防采购合同优化设计和履行过程控制，国防采购合同定量分析方法和模型，国防采购合同信息建设等。

第三节　国防采购模式、价格与政府管制

一、国防采购模式

(1)采购组织。在许多国家，中央政府军事采购的责任主要由军用物资采购委员会承担。这一机构不但是一个行政机构，而且

还是一个军用设备的生产与研发部门。从该机构的行政层面上考察，它的职责是监管国有军事科研机构和兵工厂。从该机构的生产层面上考察，它的职责主要由其三个下属部门负责，它们的职责范围主要是陆军产品的开发和制造、海军舰艇和设备的开发和制造、导弹的设计与制造、空军航空器等设备的设计与制造。

军用物资采购委员会的双重职能使政府能够清楚地了解到军队到底需要什么，这样就减少了大量的中间环节和调查费用。但是，这一模式对政府采购的竞争原则的影响是相当大的，它甚至已经扭曲了这一原则。因为，各国的军用物资采购委员会的双重职能实际上就是政府在采购中扮演双重角色，政府既是生产者，又是采购者，自己与自己签订合同，好像在玩一场双手互搏的游戏。

这种国防采购的组织设计模式是颇受争议的，因为它的弊端是显而易见的。虽然政府通过这样的设计可以用最快的速度来满足军队的需要，但是在这样的模式下，政府是很难保证在竞争中给予外国投标者以同等机会的。同时，这一组织结构本身就阻碍了本国向世界全方位开放其国防采购市场。

(2)采购模式。美国的军事采购的模式主要有三种：减价投标、竞争招标、竞争性谈判。以下主要介绍前两种采购模式。

首先，减价投标。第一，减价投标招标方式的种类和适用范围。减价投标方式本身又可以分为两种形式，分别是开放式和封闭式。在开放式中，政府须先向不特定的公司发出招标公告，公告应该描述欲采购的标的技术指标。政府采购部门必须发出公告，否则缔结的合同无效。而在封闭式中，政府在发出招标邀请之前须对潜在的投标者进行初步筛选，然后向特定的几家政府认为满意的公司发函。减价投标模式仅仅适用于小额合同，因此这种采购模式的应用范围并不是很广泛。第二，评标标准。一般政府采购法都规定了减价投标的评标的唯一原则：最低价原则。在评标时，政府的采购部门只需考虑价格，其他因素可以忽略。需要注意的一点是，在竞标过程中，政府部门即使确定了某一公司的价格最低，但是这并不意味着政府必须与其签约，即这种认可不等于承诺，对政府没有任何约束力。

其次，竞争招标。第一，竞争招标的种类。一般政府采购法都规定了竞争招标的分类与具体做法。竞争招标也分为两种模式：公开招标和邀请招标。政府采购主体可以根据实际需要在两种模式中任意选择。但是，政府无论采用何种方式，都需要将欲采购之标的的主要技术规格和指标在招标开始确定并公布。同时，投标人做出承诺的期限不得少于 21 天，期限自招标文件寄出之日起算。如情况紧急，承诺期限也不得短于 15 天。在公开招标中，任何公司在看到招标公告后均可投标，但是在邀请招标中，情况则略有不同。政府采用邀请招标的前提条件是：采购标的的自然属性和高技术含量限制了有资格参加竞标的公司数量。因此，政府在招标前应先采取屏蔽措施来筛选合格的潜在投标人。第二，评标标准。竞争招标的评标标准较为复杂，主要标准有价格因素、合同的实际履行时间、产品的质量和性能、投标人的业内经验与资历。

二、国防采购装备价格问题

1. 国防采购装备的价格形成

价格是商品价值的货币表现形式。一般来说，价格的形成是以商品的价值为基础并由供给和需求关系决定的，但是，由于国防工业部门在装备研制生产市场的垄断地位，使得国防采购装备与其他竞争性产品的价格形成机制有所不同，也就是说，对国防采购装备的价格形成，市场机制难以发挥其作用。

2. 国防采购装备价格形成的特殊性

由于国防采购装备的价格是在政府管制下形成的，因此，国防采购装备与竞争性私人产品相比在价格形成方面有特殊性。其主要表现在：

(1)国防采购装备价格形成的基础特殊。按照马克思主义价格理论,价格是价值的表现形式,它是用一定数量的货币表现商品的交换价值,价格形成的内在基础是商品的价值。在市场经济条件下,竞争性私人产品价格的形成基础是价值的转化形态——生产价格,它等于产品的成本价格与平均利润之和。但国防采购装备的价格形成基础却存在着较大的特殊性。首先,竞争性私人产品的生产价格中的成本是部门平均成本,它反映社会在当前生产技术条件下生产某种标准产品的社会必要劳动耗费,在数量上表现为部门产品个别成本的加权平均数。但对于垄断经营的武器装备而言,由于在一个市场内只有一家企业进行生产经营,企业的个别成本就成为社会必要成本。如果对此社会必要成本予以认可,则不利于促进企业降低成本和提高效率,反而容易造成国防采购装备成本不断提高的局面。而现实恰恰就是这些个别生产成本构成的装备的定价成本、制造费用、管理费用不论高低都统统列入生产成本,并在装备价格中得到全成本补偿,因而导致装备价格的居高不下。其次,生产价格中的赢利是由社会平均利润率决定的,而平均利润率的形成是以资本在各部门之间自由流动为前提的。但由于国防采购装备的研制生产具有自然垄断的特性,政府通过许可证制度对装备采购市场实行进入、退出管制,因此,在装备研制生产行业基本上不存在资本自由流动的条件。在这种情况下,国家在保本、低利、免税的政策下对国防采购装备执行了成本价格模式。

(2)国防采购装备价格形成的影响因素的作用方式和作用强度特殊。竞争性私人产品价格形成的影响因素主要有供求关系和国家政策,其中供求关系是竞争性私人产品价格水平的直接决定因素,也就是说,竞争性私人产品供求的价格弹性大,而国防采购装备市场由于具有高度的双边垄断性,使得装备产品具有供求价格弹性小和价格形成被政府管制等特点。相比较而言,国家对于竞争性私人产品形成的作用往往是间接的，并且强度较弱，而对于国防采购装备价格形成往往具有直接的和较强的影响作用，充分体现了国防采购装备价格形成的国家意志性。

(3)国防采购装备价格形成主体特殊。竞争性私人产品的价格形成主体是商品的生产者、经营者和消费者，价格的形成是在双方的讨价还价过程中完成的。国防采购装备的价格是通过政府规定利润率来实现的，可以说，政府是国防采购装备价格的制定者。

(4)国防采购装备价格形成的方式特殊。竞争性私人产品的价格是在市场交换过程中形成的，是买卖双方协商确定的结果，其属于市场自由价格范畴；而国防采购装备的价格主要是由政府根据装备研制、生产单位的合理生产成本及一定的利润率、比价关系直接制定的，属于国家定价范畴。

3. 国防采购装备的价格政策制定的思考

对于国防采购装备价格政策的制定，也应当包含双重功效，一方面要尽可能节约装备购置费，另一方面要鼓励企业努力提高生产效率。用经济学的话说，就是既要限制企业的剩余索取权和剩余支配权，又要给企业发展留有合理的自由空间。

这里，要特别提一下外部性和内部性的问题。外部性实际上是指交易中未加考虑而由第三方承受的效果，而内部性则是指交易中未加考虑而由交易一方承担的成本或利益。和外部性一样，内部性同样存在严重的信息不对称，同样引发道德风险和逆向选择。解决外部性通常可以通过谈判方式和管制来减弱；而内部性却要通过责任规则来缓解。关于内部问题目前还没有更多地被引证。国防采购装备研制、生产的现实证明，造成内部性的主要原因是代价高昂的意外性。例如，在国防采购装备研制过程中，由于人为的或未被认识的技术问题，导致试验失败或更加惨重的军事、经济代价，一般是由军队承担其损失的。这无形中造成了交易成本的攀升。

三、政府对国防采购的管制

1. *政府对国防采购管理的必然性和客观性*

第一，国防采购的物品——武器装备等——的需求变化较大。国防物品是国家根据国际和国内的政治格局、军事形势的变化来确定其需求量的，其生产和研制也呈现出较大的变化，在战争时期与和平时期对武器装备需求会有很大差别，对武器装备生产研制的要求也不一样。第二，国防采购物品的生产是为保障国家和人民国防安全和根本利益服务的，国家根据国内、国际政治、军事、经济形势规划下达国防物品的研制、生产任务给国防工业部门。国家运用其充分的主动权指令性和强制性对国防工业部门下达订单，国防工业部门根据指令组织生产。在市场经济条件下，装备研制生产单位作为独立的经济主体，其追求自身利益最大化的目标常常与政府为国民保安全谋福利的利益不一致。为避免具有杀伤力和危险性的武器装备流入社会危及国家人民生命财产安全，国家必须下达指令性计划来管理装备的生产和研制。第三，国防装备的性能是一个国家防卫能力的一个重要指标，武器装备的特殊用途及其所需巨额资金和较高的技术水平决定了武器装备生产和研制具有较强的保密性，属于国家机密，这就要求国家对国防采购进行管理。第四，由国防采购物品的自身特点决定了它属于国防公共物品，面对一定规模的市场需求，与两家或更多的企业相比，某单个企业能够以更低的成本供应市场，这个特征适用于国防物品。生产和研制国防物品的企业，就有可能形成自然垄断。国防武器装备研制生产具有自然垄断的特性，是由装备研制生产的特点所决定的。武器装备购买数量相对较小，规模经济效应明显。自然垄断产业一般是政府管制的产业，维持装备研制生产的自然垄断性可以降低装备生产的平均成本，优化资源配置。政府出面管制、阻止其他厂商进入装备研制、生产市场，保证一家有实力和信誉的厂商独家生产经营，来维护装备研制、生产的自然垄断特性。第五，装备采购市场中严重的信息不对称性。国家对装备采办市场的进入管制，使得国防工业缺乏竞争，这是加剧信息不对称的一个重要原因。装备采办的巨大交易成本使得装备研制生产单位利用关于成本、生产技术等的私有信息虚报成本，在利益的驱动下，装备研制单位为了增加利润会故意隐藏其私有信息，使信息不对称进一步加剧。相对于国防工业部门的信息优势而言，武器装备的需求方具有明显的信息劣势。第六，由于国防物品属于公共物品，其价格形成不能采用市场形成价格的方式。国防装备不具有充分竞争的市场结构，目前基本属于自然垄断市场结构。为了避免这种市场结构带来的国防采购的低效和人民福利损失，政府有必要对武器装备价格的形成进行干预和控制。

由于危险性的武器装备流入社会会危及国家人民生命财产安全，以及装备采办市场的失灵，因此，政府对国防装备采购予以了相应的管制。管制措施主要有国防装备采办市场的进入和退出管制，装备产品的质量和价格管制等。从总体上来讲，政府对国防装备采购的管制是有效的，其在维护社会安全及保证装备产品价格以及国防采购装备价格的制定上面起到了重要的作用。

2. 政府对国防装备采购市场的进入和退出管制

从前面的分析可以看出，政府对产业实施进入管制是为了确保具有自然垄断特性的产业的规模经济效应或范围经济效应，而采取的特许一家或极少数几家企业进入市场，限制其他企业进入的行为。同时，政府为保证市场的供给，对已进入自然垄断产业的企业在退出市场方面也会做某些限制性规定。这是因为，如果政府允许已进入自然垄断产业的企业从该产业中退出，就会使市场的供给得不到保证，这时就需要政府出面干预，对在位企业的市场退出进行相应限制，也就是政府对在位企业实施市场退出管制。

对武器装备的研制、生产而言，由于国防工业的自然垄断性及装备研制、生产的特殊性，政府一方面为保持国防工业部门的成本效率，防止因过度进入装备研制、生产市场和重复建设而导致的资源浪费；另一个方面又要确保装备研制生产指令性计划的完成，政府同样应对装备采办市场实行进入、退出管制。关于各国政府对装备采购市场的进入、退出管制，一般都体现在一系列法规的相关规定中。这些法规一般都规定有：武器装备科研生产实行许可证制度；凡申请承担武器装备科研生产任务的单位，经审查合格，取得武器装备科研生产许可证后，方可承担武器装备科研生产任务；政府根据军品科研生产能力调整方案和有关政策，组织军品科研生产单位定点资格审查和许可证认定工作，依照武器装备科研生产专业确定许可证的发放种类和数量；承担武器装备科研生产任务的单位申请注销许可证的，经许可证管理办公室批准后方可注销等内容。

政府通过对承担武器装备研制、生产任务的单位必须具有许可证的规定以及对许可证发放的种类和数量的控制，从一定程度上控制装备采购市场中企事业单位的数量。在国家对武器装备采购数量相对较小的情况下，这种进入管制无疑维持了企业的规模经济效应，提高了装备研制、生产单位的成本效率。同时，政府又通过装备研制、生产单位退出装备、研制生产市场必须得到政府的允许的限制性规定，对装备研制生产单位实行市场退出管制，从一定程度上确保了武器装备的稳定性供给。总之，政府对装备研制、生产市场的进入、退出管制，既促进了产业资源配置的优化，又保证了武器装备的供给，提高武器装备的供给，对提高装备的采办效率和效益具有积极的现实意义。

第四节 国防采购立法体系

国防采购立法体系是非常令人关注的，因为它是在自己的国防政策的指导下走上的一条独具特色的发展道路。相比较而言，无论是国防政策，还是国防采购立法都是以较为封闭的态势发展的。这一态势的形成是与国防利益原则和国防自主原则分不开的。

一般来说，各国在国防事务方面一直奉行的指导思想是在国防领域内保持独立自主。为此，各国政府制定了一整套系统发展军事工业的方针，并逐渐促使本国的军事工业沿着准国有化的道路发展。所谓本国军事工业的准国有化，是指所有军工企业中国家投资或国家控股的企业占绝对优势；军工企业无论其性质为何，均享有高额的政府财政补贴。目前，各国的军事工业按其性质大体可以分成三类：一类是国有军事科研机构和兵工厂；二类是国有军工企业；三类是私营军工企业。这三类性质不同的企业按不同的比例将各国军事采购市场分割。

一、军事采购法律体系

和政府采购相关的立法可以分为五个主要方面：一是政府采购法，旨在提供总的指导原则，对政府采购具有普遍的约束力；二是政府关于价格的管理指令，旨在规范采购价格，并涵盖了各国现行的大部分价格立法；三是行政法规，其包括了关于政府采购的大部分行政条例；四是审计条例，其主要是关于如何对政府采购进行审计；五是综合条例，用来处理涉及产品质量的问题。尽管立法体系庞杂，法律和法规众多，但是起主要作用的还是政府采购法。因为该法是各国调整政府采购行为的基本法，在采购合同满足一定的标准之后，它适用于一切政府部门所订立的采购一切物品的合同，既包括国防设施采购合同，也包括民用设施和军民两用设施采购合同。

各国政府采购法明确规定政府采购部门和对方缔结的合同在性质上属于行政合同，这一规定意味着政府采购部门在合同缔结过程中拥有作为民事主体所没有的特权，即每一个政府采购部门都是一个特权主体。在这一方面，德国和法国的做法是很不相同的，因为德国将政府采购合同划归为民事合同，由民法来调整，那么德国的政府采购部门也就不可能像法国政府采购部门那样享有特权。但是，应该注意一点：政府采购法主要是用来调整合同缔约过程中产生的权利、义务关系的法律规范，并不能规范业已成立生效的合同。据此，政府采购合同一旦正式成立，即属于行政法调整的范畴了。但与此相矛盾的是，由于行政法至今尚未法典化，因此也就不存在行政法典。为此，行政法院和行政法庭又不得不借助民法典关于民事合同生效要件的规定来为军事采购合同确定生效的要件。即：必须要有有效的邀约和承诺；缔约方需具有缔约能力；合同必须由合法和确定的主体缔结；合同的适法性。

按照法律的规定，私法是不能调整政府采购行为的。但是，这里有一个例外。当政府采购合同的价值低于某些数额的时候，则可以适用私法的规定来调整合同双方的权利义务关系。

同时，还应该注意到，在政府采购法中并没有专门的条款用来确定合同缔结过程中双方应该遵守的原则。通常的做法是个案调整，政府采购法并没有规定一套完整的适用于所有种类的政府采购行为的标准。而且，在现有的国防体制下，其对竞争性和透明度原则的要求也是比较模糊的，毕竟大多数国家政府拥有大部分国防工业。

但是，尽管没有总的缔约行为标准，还是可以看到政府的采购部门在通过招标订立政府军事采购合同的时候，仍然在全过程中贯彻着一条标准，即非歧视原则。

除了运用军事采购法律体系来规范国防采购工作外，还可以借鉴法国有关国防采购法治方式 。

二、政府采购投诉

在国防采购中，通常可以运用简易诉讼和损害赔偿来实施政府采购投诉。简易诉讼：在简易诉讼程序中，当事人只需要证明其利益遭到损害，即可以根据特定的行政法典提起上诉；另一种被广泛使用的补救措施是损害赔偿金。对违约方判处损害赔偿金的做法由来已久，这种做法的法理基础在于契约的稳定（尤其在强调公共契约稳定的国家里面）。所以，受到损害的一方可以向行政法院提起损害赔偿诉讼。

供应商对联邦政府部门采购合同有争议的，可以通过下列方式解决：

（1）向合同争议委员会申诉。经采购政策办公室批准，有些政府采购部门设立了此类机构，包括国防部、服务总署、农业部等。没有设立此类机构的部门，可以与已有此类机构的部门签订协议，委托其办理对本部门的申诉事务。合同争议委员会中的法官由部门行政首长任命。供应商申诉时，对受理机构有选择权，可以是当事人部门，也可以是其他部门。合同争议委员会独立性较强，类似法院。一旦委员会作出裁决，即使是部门行政首长也不能改变处理结果。

（2）向会计总署投诉。会计总署只受理政府采购合同形成前和授予阶段（中标决定的合理性）的投诉，对合同进入执行阶段的投诉不予受理。会计总署在处理政府采购合同纠纷方面费用低、权威性强。与法院相比，供应商通常选择会计总署。为了保障供应商的权益，会计总署一旦受理投诉，采购活动必须中止。同时，为了防止投诉人滥用权利，保证采购活动顺利进行，现行法律对投诉时间和处理时间作出了限制性规定，要求投诉人提出投诉，会计总署做出处理意见。绝大多数案件在规定时间内处理完毕，会计总署非常谨慎地做出有利于投诉人的决定，而且作出的决定不得超越法定权限。

(3)向联邦索赔法院起诉。供应商向联邦索赔法院投诉的程序比较简单,费用也不太高,否则就会把中小企业挡在门外。供应商在向联邦索赔法院提出投诉请求并提交报告后,政府部门承担举证义务。如果供应商胜诉,其律师费用由政府承担。应当支付给供应商的赔偿金从预算安排的国家赔偿基金中支出。一旦判供应商胜诉,无论政府预算是否被国会通过,都必须支付供应商的赔偿金。

(4)其他方式。在实践中,供应商解决争议的方式还有合议、调解或仲裁。有的国家有些州有约束力的投诉方式有两种,即供应商可以向政府审查和复议机构投诉或向法院投诉。供应商还可以向议员反映情况,但议会的决定没有强制性。

第五节　国防采购的管理体制

国防采购的管理体制,是国家国防采购的组织与运行制度。它是由多个层次构成的综合系统。国防采购的管理体制与国家经济体制、管理水平等有密切关系。从经济学角度分析,一个合理的管理体制是至关重要的,管理体制客观上决定了经济活动的绩效。国防采购的管理体制是影响国防采购效率的重要因素,国防采购管理体制必须从国防采购的发展和客观规律出发,全面考虑国家经济管理体制和国家国防部门的现实状况等多种因素。

一、美国国防采购管理体制

美国国防管理体制经过多年的调整和完善,逐步形成了一套有效的制度。美国国防采购在管理体制方面有许多富有成效的做法,对其他国家国防采购制度改革和发展具有一定的借鉴意义。

美国国防采购立法始于比较早的年间,目前涉及国防采购方

面的法律法规也有许多部。美国国防采购主要遵循武器装备采购法和联邦采购条例。美国目前的国防采购主要有以下特点:

(1)高度集中的管理体制。在国防部、联邦政府其他机构及国会的国防采购统一由国防部门联邦总务署负责。国防采购占政府采购总额的很大一部分。

第一,政策上高度统一。国防部门联邦总务署的采购政策管理办公室下设两个职能机构,第一个职能机构负责联邦政府国防采购的统一政策管理,不负责有关法律法规的具体执行和监督工作。设立这个机构的目的是在行政机关采购制度的制定过程中发挥总体指导和协调功能。它通过发布普遍适用于各个行政机关的规章制度,协调具体采购活动的实施。第二个职能机构的主要职责是:拟订有关法律草案,提出修改或制定法律的方案;代表政府各部门在国会立法时向国会反映意见和提出建议;组织制定联邦政府适用的政府国防采购政策和法规,不断规范国防采购程序;负责政策性指导,核批各政府部门依采购法律法规拟定的有关补充规定。联邦政府国防采购的政策目标是获得最佳价值,包括提高产品和服务质量,降低成本,缩短采购时间,促进竞争,实现社会目标,降低商业和技术风险,提供一揽子采购服务。国防部门联邦总务署遵循有关政府采购的法律如政府采购协议或联邦采购条例等。这些专门的政府采购法规,比较详细地规定了最重要的采购制度、政策和程序,国防部门联邦总务署也遵循该法规具体实施政府国防采购。

第二,执行管理高度集中。国防部门联邦总务署统一负责联邦政府国防采购的执行管理。在美国,没有部门集中采购和分散采购之分,政府国防采购就是集中采购,部门自行采购需经国防部门联邦总务署授权。美国国防部门联邦总务署没有政府国防采购目录和采购预算,国防部门采购所有货物、服务和工程均要通过国防部门联邦总务署来进行,统一执行集中签订采购合同。大量的国防采购通过国防部门联邦总务署按程序签订的长期供货合同或定点采购合同来进行，这种指定采购方式占采购总金额的很大比例。其他一部分有特殊需求的采购由国防部门联邦总务署授权各部门按规定程序自行采购，并将采购合同报国防部门联邦总务署备案。

第三，预算管理高度集中。国防部门联邦总务署的财政管理办公室负责国防部门联邦政府各部门的预算管理。国防部门联邦总务署的财政管理办公室参照国防部门联邦总务署制定的配置标准核定各部门的预算，并编制联邦政府国防预算草案，经国会通过后执行。国防部门的运行经费必须纳入预算，纳入预算的所有货物、服务和工程均需实行政府集中采购。通常情况下，没有预算不允许采购，也不允许超预算采购，更不允许挪用预算资金。国防部门联邦总务署的会计总署，履行国防部门政府预算支出和政府采购监督管理职能。根据美国宪法，国防部门联邦总务署的会计总署有权力处理国家支出情况，并对政府采购活动实施监督。国防部门联邦总务署的会计总署负责对行政机关的采购计划进行评估并提出建议，可以获取所有的政府采购文件，对政府采购项目进行审计。此外，国防部门联邦总务署的会计总署还是受理供应商投诉的权威机构。

第四，统一政府采购配置标准。美国政府采购在强调节约财政资金的同时，充分体现有关社会、经济和政治政策，已由单一的财政支出管理手段，演变成兼有财政支出管理和国家宏观调控双重功能的重要工具，是政府介入经济运行的最直接方式之一。因此，统一配置标准，实行强制集中采购是保证有关政策有效实施的重要手段。这样可以整合购买力资源，统一政策、合同，发挥集中规模优势，大大降低采购成本，更好地发挥政策调节功能。各部门都要执行国防部门联邦总务署制定的政府采购配置标准。但是，配置标准会随形势变化而调整。

(2)执行主体具有高度权威性。国防部门联邦总务署负责政府采购的执行管理,并具有高度的权威性。国防部门联邦总务署是联邦政府独立机构,署长由总统征求参议院意见并经参议院通过后任命,直接对总统负责。国防部门联邦总务署作为联邦政府的国防部门集中采购和资产管理机构、人事管理局一起,被称为国防部门联邦政府的两大管理机构。人事管理局负责联邦政府雇员的管理。这两大机构是联邦政府正常、高效、有序运转的重要保障。国防部门联邦总务署是依据有关联邦财产和行政管理服务相关法律成立的,其宗旨是:通过提供最高性价比的工作场所、专业的解决方案、采购服务和管理,帮助联邦政府更好地服务公众。目前,国防部门联邦总务署共有十几个职能机构和办公室,为了提高执行能力和工作效率,满足各部门不断增长的产品和服务的需要,使供应商更方便地了解和接受采购流程,国防部门联邦总务署计划将原来分布在不同部门的一些政府采购工作加以整合并设置一些新部门。拟设置新部门为:信息技术部,负责联邦政府各部门产品采购和网络建设;综合部,负责制定有关政策和签订各类采购合同等。

(3)相对稳定的合同履行方式。目前,国防采购使用最为普遍的采购方式是合同采购。所谓合同采购,即与供货商预先签订一定期限内的采购合同,为国防联邦机构提供采购服务。合同采购制度的实施是通过政府授权任命的国防部门的合同官员来进行的,对合同官员的授权范围和界限是明确的,并且向所有的供应商公示。合同官员严格按照联邦政府国防采购的法规、制度和程序进行采购活动,只有合同官员才有权力代表政府与供应商签订合同。合同官员通过建立对采购系统的高效管理和监督确保政府国防采购法律、法规的有效实施,同时维护公众利益和供应商的合法权益。合同采购过程主要为:在预算执行前制定采购计划,包括解决方案、中标条件、风险分析、市场分析、竞争因素、政府目标、社会经济目标等;对供应商进行分析评价、组织谈判、授予(签订)合同;告知中标和非中标供应商中标结果及未中标的原因;实施合同管理;供应商评价及综合评估;合同终止。实施合同采购后,采购人直接从规定范围内选择供应商,减少了采购环节,缩短了采购周期,提高了采购效率,减少了采购成本。由于合同采购拥有集中规模优势,国防部门联邦总务署的采购官员具备各种专业特长,可以为各部门提供低廉采购价格和优质供应服务。这种相对稳定的合同履行方式具有很强的生命力,拥有其他采购方式无法比拟的优势。

(4)体现用户意志的采购方式。美国政府国防采购主要通过合同采购的方式来完成,各部门在合同框架内拥有充分的选择权。除长期供货合同或定点采购合同的采购方式外,其他有特殊需求或需求不明确(如研究开发、方案设计等)的采购由国防部门联邦总务署授权各部门按规定程序自行采购,并将采购合同报国防部门联邦总务署备案。国防部门政府机关可以直接发标进行采购。国防部门联邦总务署所设的评标委员会由用户代表组成,评标方法一般采用性价比法,投标报价事先不告诉评标委员会成员。评标过程为:评产品质量和设计方案,由用户代表按评分办法独立完成评分工作,性价比得分最高的供应商被推荐为中标候选人。评标结果须经国防部门联邦总务署审定后方具有法律效力,合同授予权属于国防部门联邦总务署。

(5)最先进的技术手段。

第一,科学完备的数据库。国防部门联邦总务署除了向联邦机构提供国防采购供应服务外,还负责联邦采购信息管理。主要是建立、更新、维护国防部门的商机信息系统和采购数据系统。商机信息系统一方面发布有关采购信息公告,让广大供应商了解政府国防采购的规则和需求信息;另一方面与联邦技术中心联网,让国防部门通过庞大的供应商信息库和商品信息库了解市场。国防采购数据系统记录了每一单采购结果，除了国防采购信息统计和分析功能外，该系统还能起到辅助资产管理及审核有关资产预算的作用，可以根据上一年的经验数据推算下一年度的采购计划。

第二，网上政府采购的应用。现代信息技术的应用，大大提高了国防采购效率。首先，电子采购。国防部门联邦总务署按程序签订的长期供货合同或定点采购合同在网上公布，并与国库支付系统和各部门财务管理系统以及供应商网站联网，整合所有信息资源。系统通过安全性很高的口令方式来运行，用户同时可选用多家符合条件的供应商的产品，一次下单，信息直接通过网络发送到相关注册供应商，供应商直接按合同规定的方式供货；国库支付系统及财务管理系统同时收到相关信息，并根据合同条款直接付款。其次，网上竞价（反向拍卖）。采购方在网上发布采购信息并设定起始价，在规定的时间内，符合条件的供应商通过网络投报低于起始价的价格，系统于截止时间关闭，并自动选择报价最低的供应商作为中标人。最后，采购卡。对于授权采购中的低价值商品采购，采购部门通过与银行合作发放采购卡，由各部门凭卡直接采购。对采购卡的管理控制非常严格：一是专人使用；二是采购信息联网，财务管理系统及时汇总，审计部门可随时抽查；三是采购限额控制；四是定点采购，不能随便到定点范围之外刷卡。

(6)采购官员实行专业化等级管理。国防部门联邦总务署除少量管理人员外，大部分为专业采购官员。对采购官员的资格条件要求很严格，包括教育水平、培训情况以及工作经历等。采购官员按级次管理，级别越高，要求越高，权限越大。权限是指不同级别的采购官员直接签署不同金额的采购合同。国防部门联邦总务署定期对采购官员进行专业化培训，采购官员经政府合同资格审核委员会审核批准其资格后，由部门行政首长任命。

二、国防采购管理体制综合分析

各个国家国防采购管理体制，是建立在本国国情的基础上的，按照性质不同，可以分为不同的管理模式。其他国家的国防采购管理体制在政策运用、执行管理、采购方式以及队伍建设等方面都有一些值得我国借鉴的经验。在分析美国国防采购管理体制之后，可以得出以下几点启示：

(1)美国国防采购高度集中。高度集中的管理体制是国防采购的客观要求，对于强化预算支出管理、降低国防采购运行成本、规范采购行为和资金的分配及使用，以及更好地发挥国防采购对国防经济运行的调节作用是十分必要的。相比之下，如果一国国防采购的集中程度过低的话，一国国防采购就难以充分发挥应有的政策功能。

(2)美国国防采购的执行主体具有较高的权威性。美国国防采购的监督管理与执行体制大体可概括为两个层次：第一个层次组织负责国防采购政策制定和预算管理；第二个层次组织负责国防采购执行与监督管理。联邦政府各部门在国防采购中执行两个组织的政策、规定及采购结果并接受管理和监督。在这种体制中，第二个层次组织作为执行主体，是法律和政策的具体执行者，是国防采购工作的中间链条和关键环节，在国防采购工作中发挥着承上启下的作用，其地位十分重要。一国国防采购要按照国家有关国防采购制度改革意见的要求，强化国防集中采购机构的职能，建立具有较高权威性的国防采购执行主体，充分发挥国防集中采购机构在全面推进国防采购制度改革中的重要作用。

(3)美国国防采购高度集中，能够更好地维护和体现用户的权益和意志。美国国防采购主要采用国防部门联邦总务署签订框架协议的方式进行，国防各部门在国防部门联邦总务署框架协议内拥有充分的选择权。同时，在具体采购活动中，评标委员会由国防各个部门用户派出的专家组成，可以充分体现用户的意志。从其他国家的实践看，国防采购更加适宜采用长期供货合同的方式。这种方式类似于现在实行的协议供货和定点采购，它不仅可以大大提高采购效率，更好地尊重用户的选择权，而且它相对稳定的特点也便于加强执行管理和履约管理。

(4)美国国防采购配置标准相对统一，易于形成规模优势，并管理有序。美国对本国国防采购高度重视，原因在于国防部门及其各级部门的服务总署按照统一标准集中采购，规模相对集中，订单大，合同相对稳定，易于执行。企业的高度重视反过来又加强了国防采购的权威性，使国防采购部门能够获得更加优惠的价格和服务。

(5)美国国防采购极其重视高科技手段的运用和信息化建设。美国国防部门的服务总署都建立了极为科学和全面的数据库，这个数据库可以反映市场各方面的情况，并且信息及时更新。任何企业经过注册都可通过互联网将企业的各种信息输入数据库，国防各部门也可以通过数据库了解到任何相关的信息，包括企业的资信状况、产品各项技术指标乃至传真图片等，庞大的数据库是支撑一些发达国家国防采购的有力手段。

(6)美国国防采购有一支强有力的采购队伍。它不仅具有较高的专业化水平，而且是高素质人才的集合体，是国防部门人员的重要组成部分。在国防采购队伍建设方面，我国不仅要注重专业化建设，也要注重综合素质的提高，要逐步探索实行国防采购人员专业化等级管理。

三、国防采购管理体制设计的基本原则

国防采购管理工作是国防采购工作的重要组成部分，其管理体制应与本国的经济发展水平和国防工业发展水平相适应。在借鉴他国国防采购管理体制的成功经验和做法的基础上，结合本国

国情和国防采购工作实践的特点，设计适合本国国防采购的管理体制，应遵循以下基本原则：

（1）国防采购政策应当体现高度集中的原则。国防采购政策目标的实现，在很大程度上取决于国防采购的集中程度和标准化水平。如果一个国家的国防采购体制过度分散，并且缺乏统一的配置标准，这种状况不仅不利于规范管理，也无法形成集中规模优势从而不能发挥国防采购的政策功能。因此，国防采购制度改革的主要任务应该是加大集中采购的力度，扩大集中采购的范围。同时，在条件成熟的情况下逐步制定国防采购的配置标准，将无标准的分散采购整合为统一配置标准的批量采购，使采购资金更多地集中在国家的政策目标之上。当前，要重点体现国家有关国防安全和国防现代化等方面的政策目标，可以按照国家国防部门有关要求确定配置标准，并实行集中统一采购。

（2）国防采购的执行应注重权威性。学习、借鉴其他国家国防采购的成功经验和做法，在国防采购执行中注重权威性，实行国防部门联邦总务署负责的机制。国防部门的领导由中央或联邦政府统一负责和任命，保证国防部门政府高效有序运转。如果一国的集中采购机构大多数为操作型机构，缺乏组织实施和管理的理念，有一种单纯采购和单纯服务的倾向，就会自觉不自觉地采取了中介机构的运行方式。国防集中采购是一项业务工作，更是管理工作，它是国防财政预算支出管理的重要组成部分。要做好国防集中采购工作，必须树立正确的采购理念，转变思想观念，理清工作思路，克服单纯采购和单纯服务的观点；要强化管理意识，更多地发挥组织实施的作用，同时加强对供应商的履约管理和对采购单位的执行管理。国家国防采购方面的文件应明确国防集中采购机构为国防采购执行机构，并赋予集中采购机构以组织实施、制定采购规程、负责采购专业人员培训等重要职能。应该充分发挥组织实施的作用，通过组织实施和加强管理来达到提高采购效率、采购质量和服务水平以及增强国防集中采购执行能力的目的。

(3)建立体现用户意志的采购方式。要积极探索和深化采购方式的改革。国防采购方式是适应国防采购需要而确定的,如果对供应商缺乏吸引力,难以形成规模优势,那么监督管理难度也较大。首先,要改变只顾眼前国防装备需要和购买的被动局面,尽可能多地采用合同采购这种长期稳定的采购方式。其次,要进一步完善公开招标采购方式,明确各当事人的权利义务。目前,国防部门联邦总务署是公开招标的组织者,对采购结果负责,而评标委员会由用户代表组成,评标结果却是国防部门联邦总务署审定后确定的,要想确立良好的国防采购方式,就应该使用合同采购的方式。

(4)要加快政府国防采购的信息化建设步伐。目前,应当着力建立国防采购的相关数据库,如市场信息库、用户信息库、合同管理数据库等。首先,要建立科学、权威的市场信息库(包括产品信息库和供应商信息库),及时、全面、准确地反映供应商、产品以及市场变化等各个方面的情况,为国防采购提供科学的决策依据。其次,要利用网络资源,扩大协议供货和定点采购的网上实施范围,推行网上投标、网上评标、网上竞价等电子化采购方式,积极探索国防采购管理系统与国库集中支付系统的有机结合,整合有关国防采购的信息资源,最终实现预算、采购、支付、统计等信息系统的有机统一。

(5)要理顺国防采购的法律关系。如果一个国家现行的国防采购法不能完全适应国防采购实际工作需要,有些方面的规定不够科学严谨,缺乏可操作性,建议在制定国防采购法的实施条例时从以下几个方面进行调整:一是进一步明确国防集中采购机构作为国防采购执行主体的地位,并赋予其必要的组织实施和执行管理职能;二是澄清部门集中采购等模糊概念,强化国防装备政府集中采购,扩大集中采购范围;三是客观确定国防采购方式,使之适应实际工作需要;四是理顺国防采购法与招标投标法的关系,将国防采购纳入政府采购的管理和执行程序。在实施条例出台前,采购中心应按照国家发的文件精神,研究具体的组织实施办法,并相应调整工作方向和工作方式。

参考文献

[1] 李鸣,毛景立.装备采购理论与实践[M].北京:国防工业出版社,2003.

[2] 魏刚,艾克武.武器装备采办合同管理导论[M].北京:国防工业出版社,2005.

[3] 王海军.美国政府采购综览[EB/OL].[2005-12-20].http://www.yngp.com/aawlwz.

[4] 陆金铭.法国国防采购立法体系纵览[EB/OL].[2006-05-25].http://www.ccgp.gov.cn/purcgxx/cyxx.jsp.

第四章　国防工业与经济发展

当今世界"和平与发展"成为两大主题，这也给我国的改革开放创造了良好的外部机会，同时为我国的经济腾飞提供了较好的外部环境。但是，中国的和平发展和经济的崛起却是面临着各方面的压力。随着世界政治经济体系的多元化发展，国家仍然是世界战略体系的基本单元，任何企图削弱他国核心主权的做法都是世界人民所不认可的。随着国家间贫富差距的不断加深，不平等以及不对称性显露无疑，维护国家主权和国家利益就成为各国战略的重点所在。从历史的经验中可以看出，强大的国防力量、稳定的政治体系以及坚实的经济基础是评价一个国家综合实力的重要标准，也是一个国家平等参与国际竞争的基础所在。

国防工业与经济发展同时作为衡量一个国家综合国力的标准，两者有密不可分的关系。一个国家的长治久安不仅是政治上的稳定，更是经济上的稳定。现今我国发展的重心是经济建设，是全面完善社会主义市场经济体制，这不只是要求经济上的平稳发展，更需要稳定的外部环境作为发展的基础。在和平年代的国防工业虽然不需要为战争做出贡献，但在国民经济发展的许多方面，在科技发展的许多方面，国防工业仍然占有重要的地位。就如与国防工业息息相关的航空制造业、船舶制造业、汽车制造业等一系列相关行业已经成为国家重要经济产业，不仅为国家创收，也满载科研硕果，同时，这些行业的发展也为社会提供了大量的就业机会，这是我国国防工业"平战结合，寓军于民"转变的结果。如今的国防工业不只是当年承担起保护国家安全的单一军用工业，而是军民结合，推动国家经济增长的一个重要行业。

第一节 国防工业在国民经济中的作用和地位

多年来,我国依靠独立自主、自力更生,用较少的投入和较短的时间,建成了一个比较完整的国防工业体系,满足了人民解放军从单一陆军向陆军、海军、空军、第二炮兵等诸军兵种合成军队发展的需要。

国防工业作为国民经济中不可缺少的一部分,是先进制造业的重要组成部分,是综合国力的重要标志。纵观世界,各主要发达国家都把军工产业作为保障国家安全、带动产业升级和提高综合国力的战略手段。由此可以看出,国防工业在国民经济中占有重要的地位,并对经济发挥着巨大的推动作用。

一、国防工业的特点

1. 国防工业与 GDP 的关联性

经济发展需要国家主权的存在,更需要有强大的国防,因此经济建设必须与国防建设协调发展,经济发展必须与国防建设同步。一般而言,一个国家的综合国力应该与其军费开支始终保持一定的比例,而改革开放后中国的国防建设实际上落后于经济增长,特别是在现代化的装备方面,与美国和俄罗斯等传统大国差距仍然很大。因此,中国的国防工业需要用一定的时间来缩小这种差距,也可以说国防工业在中国与 GDP 关联性很高。从美国等西方国家国防工业发展的历程来看,国防工业与国民经济增长关联性很高[1],如图 4-1 所示。图 4-1 为美国各年 3 月份国防开支和其占 GDP 比重的曲线图。

我国的国防发展在一些方面存在不足。比如在国防开支中,我国的国防开支虽然保持一定数字增长,但其中一大部分被通货膨胀因素抵消了,只有很少的资金投入了军备(见图 4-2)[1]。所以说我国的国防工业需要一段时间来不断完善发展。

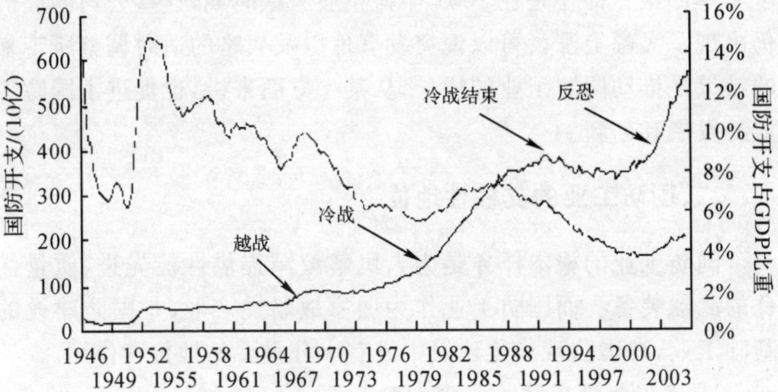

图 4-1　美国国防开支及其占 GDP 的比重[1]

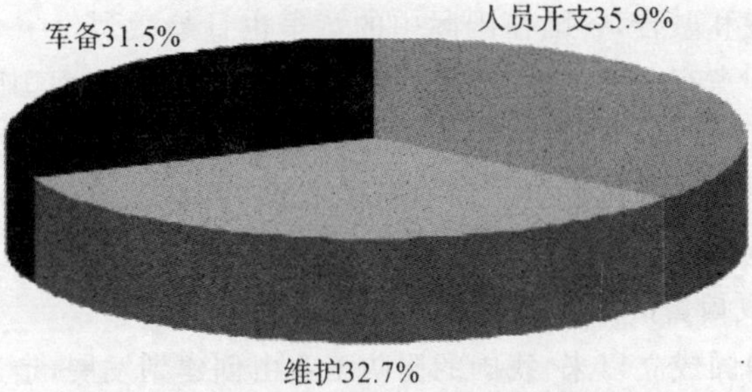

图 4-2　1997 年中国官方公布的国防开支构成[1]

目前,中国政府公布的国防预算近 300 亿美元,占国民生产总值的比重约 2%,占政府预算近 13%[1]。可以看出,国防工业与国民经济发展息息相关。

2. 突发事件及战略改变所带来的发展机遇

不是所有的事情都可以由人类所掌控,许多突发的事件就可以改变一个国家的国防工业格局。例如在"9·11"事件后美国国防安全提出了“反恐”战略构想，军事需求给许多军工类公司带来了丰厚回报。即使是在2001年科技股大跌时期，这些公司的股价仍出现了大幅上涨。可以说突发事件以及战略的适时调整所带来的结果是推动国防工业的增长，从某一方面来讲，也促进了国防工业的发展和创新。

二、国防工业的支柱性地位

国防工业的根本任务是为人民解放军提供性能先进、质量优良的武器装备。而国防工业作为国家战略性产业，是国防建设的基础工业，在国防现代化建设中具有十分重要的地位和作用。

1. 我国加强国防工业的出发点

从历史的经验中不难看出，如果没有强大的国防实力作为后盾，国家经济就很难得到快速发展。随着世界经济、政治、文化的不断发展和融合，各国在国际中的竞争也日趋激烈。一个国家要在国际中占有一席之地，必须拥有强大的综合国力，而国防实力更不能轻视。所以，维护国家的主权和安全，维护国家利益，就成为各国国家战略的出发点。和平崛起并不排斥国防建设。所以说国家的安全和稳定是我国加强国防工业的基本出发点。

2. 我国国防工业的发展历程

新中国成立以来，我国的国防工业由创建到发展，走过了一段不平凡的路程，建立了独立完整的国防工业体系。1951年，我国在恢复和发展国民经济的同时，集中力量建设国防工业，经过10年的不断努力，兵器工业已初具规模。到1959年底，已经形成了多个国防工业企业较集中的生产基地，不仅能生产各种制式轻武器和弹药，而且具备了生产大口径地面火炮、高炮、中型坦克及牵引车等重型武器装备的能力。在航空工业和船舶工业，也从刚开始的单一产业发展成为拥有多个大中型企业并具有高技术能力的产业部门。除此以外，无线电工业企业的生产能力和技术水平也有明显提高，拥有武器装备所需要的电子设备能力。在这之后，通过10余年艰苦努力，我国国防工业初步建立了常规武器生产和协作配套的体系，具备了研制、生产陆、海、空三军武器装备的能力。

3. 我国国防工业取得的巨大成就

我国经过多年的努力，终于探索了一条适合中国国情、军情发展的国防科技和武器装备现代化的道路，国防工业出现了蓬勃发展的形势，逐步建立了与社会主义市场经济体制相适应的国防工业运行机制。

我国在核武器研发、工程装备、通信装备、电子对抗装备、雷达、防化武器装备等方面，都取得了较大的成绩。随着科学技术的飞速发展，我国新的先进常规武器研制装备成功，一批重点武器装备取得了新的突破和成果，使我国军队在武器的数量和质量上有很大提高，武器装备的高科技含量加大，也使我国军队在火力、突击力、机动力、防护力和快速反应能力等方面大大加强。

三、国防工业与国民经济增长的互动关系

在当今现代化的国防建设中，国防工业具有相当广泛的产业链，它可以带动电子、通信、信息技术、新材料等许多高科技产业的发展。因此，国民经济发展需要国防工业的跟进，而反过来，现代化国防工业的高科技特性决定了其在整个国民经济产业结构提升、技术进步和劳动生产率的提高等方面具有巨大的推动作用。

目前，我国国防工业的基础相对薄弱，主要表现为核心知识产权总量有限、信息技术基础薄弱、高技术自主开发能力有限等。因此，在推动国防工业和国民经济集约型发展的良性互动方面，我国有着巨大的发展空间，也给相关行业和公司带来历史性的机遇。

1. 经济发展是国防工业发展的基础

国防工业是一个高投入行业，需要拥有雄厚的经济基础。在国防开支的比例构成中，军备开支是基础的组成部分，以东亚各国

的武器进口额为例,从1997年到1999年,东亚各国武器进口总额为403.5亿美元。从全球来看,各国用于国防的开支也是逐年递增(见图4-3)[1]。这表明国防已经逐步成为各个国家巩固和加强本国军事地位及国家实力的重要标志。因此,强大的经济实力是支撑一个国家军事实力的基础,也是一个国家发展国防工业的基础。

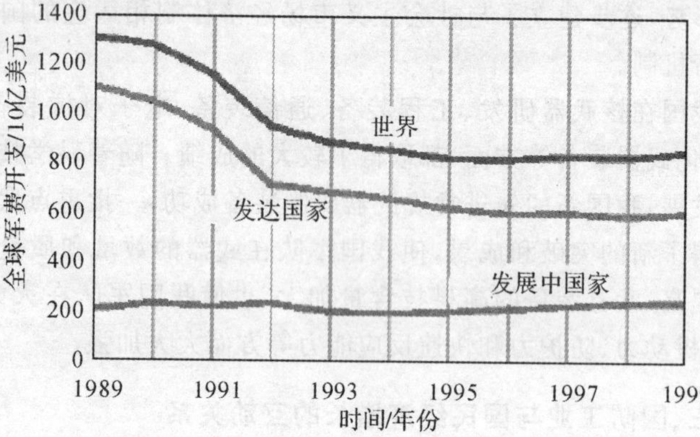

图4-3 1989—1999年全球军费开支

2. 国防工业的发展对国民经济的发展产生巨大的推动作用

可以看出,当今现代化的国防建设,不仅能带动许多高科技产业的发展,而且对于整个国民经济的发展具有巨大的推动作用。

世界各国的实践证明,一个社会最先进的科技成果往往首先产生于军事领域,然后再由军事领域向民用领域转移,推动民用产业的升级换代。以美国为例,美国的高新技术产业和关键的技术系统,几乎都是在军事需求带动下产生和发展起来的。在第二次世界大战结束后的50多年里,美国每隔10年左右就推出一个以军带民的大型科学技术发展计划。依靠这些计划,美国高新技术产业才能不断创新发展,并始终保持在世界上的领先地位。

第二节 国防工业与区域经济协调发展

中国是一个区域经济发展很不平衡的国家。缩小地区之间发展差距,努力实现区域经济的协调发展,是当前认真落实科学发展观、全面建设小康社会和完善社会主义市场经济体制的必然要求。新中国成立以来,国防工业在促进中国区域经济协调发展的历史进程中产生了重要的影响。在推进西部大开发的同时,国防工业将发挥更加积极的推动作用。为了使国防工业促进区域经济协调发展的功能得到充分发挥,必须按照国防工业自身发展规律和市场经济规律的要求,认真把握和解决好一些关键问题。

一、国防工业推进我国区域经济协调发展

我国区域经济发展并不平衡,东部发达、中西部地区落后。新中国成立后对国防工业几次大规模的重新布局和调整,使落后地区的发展具有一定的科技水平和工业基础,推进了我国区域经济的协调发展。

1. 我国国防工业与区域经济协调发展的历史进程

我国国防工业刚开始的发展不仅规模小,速度慢,而且布局不合理,多数集中在东部沿海和长江中下游沿岸地区,在中西部地区很少发展。国防工业的这一不合理布局不仅对我国的国防功能产生影响,而且也限制了国防工业发展的经济功能,特别是区域经济发展功能受到严重的影响。

"一五"计划完成后,尽管在一定程度上改变了我国地区之间发展极不平衡的现象,但并没有从实质上改变我国的地区性差异,重要的工业基础仍主要集中在东部沿海地区。到1964年,由于国际形势的变化,全国的经济工作重点开始转向战备的轨道,并在"三线"地区(西南、西北内陆省份)进行了大规模的以国防工业为

主体的战略后方建设。“三线”建设为我国区域经济的进一步协调发展创造了必要的条件,使得一些长期不发达的内地和少数民族地区涌现了不少中小工业城市,内地与沿海地区的各种差距有一定程度地缩小,人民生活水平在一定程度上有所提高。

在十一届三中全会以后,国内外形势发生了很大变化,党和国家的工作重点转移到经济建设上,并确立了改革开放的方针。与此同时,国防工业也进行了相应的调整和改革。这主要表现为“三线”建设的调整和搬迁,以及以“军转民”为重点的改革。从1979年到1983年,党中央和国务院对“三线”建设进行三个方面的调整:一是缩短基本建设战线,调整投资方向,停建、缓建一批基建工程;二是一些生产任务严重不足的企业转向民品生产;三是对少数选址不当,难以维持生产,或者重复建设、重复生产的工厂和科研院所,实行关、停、并、转[2]。1983年底,国务院成立专门机构,对“三线”建设进行全面调整改造,从企业布局、产品结构上进行调整,并进行技术改造。20世纪80年代至90年代“三线”建设的调整和搬迁,以及转入以“军转民”为中心的调整改革,不仅更有效地发挥了国防工业在中西部地区的作用,也为经济发展注入了新的活力。

经过调整和改造,中西部地区的高技术产业已初具规模,在一些具有相对优势领域初步构建起高技术产业群,如光电子产业、软件产业、新型电子元器件、智能仪器仪表、航空产业、卫星应用产业、生物医药等,形成了一批在国内有较大影响的高技术产业。改革开放后的国防工业的调整和改革,使国防工业成为催生西部开发、实现西部崛起和促进区域经济协调发展的重要力量。

2. 国防工业与我国当前区域经济协调发展战略的实施

改革开放后,我国实施的是以发展东部沿海等发达地区为重点,以提高经济效益为目标的非均衡发展战略。这一发展战略的实施,虽然使我国总体经济实力有了明显的提高,但区域经济发展也出现了一些新的问题。传统上比较落后的中西部地区依然落后于东部沿海发达地区，而且差距呈现不断扩大趋势。一些过去经济相对比较好的地区出现了明显的衰退现象。为改变地区之间发展极不平衡的现状，努力实现区域经济的协调发展，近年来我国政府先后制定和实施了西部大开发和中部崛起等战略。

我国国防工业多数地处中西部，国防工业对国家西部大开发和中部崛起战略的成功实施具有积极的作用。西部地区资源优势较为明显，如何有效地利用资源促使国防工业发展是发展中的关键问题。在我国的国防工业企业重心从东部沿海地区转向中西部地区之后，中西部地区已经形成了具有地方特色的区域经济体系。例如，以西安为中心的电子城、航天城，在依靠本地雄厚科教实力的基础上不仅仅在高科技领域有所发展，而且依托于原有的航天航空企业，在科技创新以及将新技术运用到产品中都取得了良好的效果。

如今，又把国防工业作为重要发展议题进行研究，不仅仅是为了促进国防工业的体制改革和创新发展，而且在完善国防工业体系的同时，也可以带动当地经济的协调发展，促进国防经济与民用经济的融合。

二、我国西部军工企业发展概况

西部地区是我国国防工业的重要基地，拥有一批实力雄厚的知名企业，形成了各具特色的发展优势。

1. 发挥国防工业的优势，促进产业结构的优化升级

受传统计划经济的影响，加上自然环境等因素的制约，我国西部地区产业结构比较单一，产品耗能高、污染重，科技含量、经济效益普遍低下。因此，对西部地区产业结构的调整优化迫在眉睫，这就需要重点解决三方面的问题：一是特色产业的发展；二是传统产业的技术改造；三是高新技术产业的发展。国防工业是高新技术

产业的重要标志，充分发挥国防工业在技术、人才、设备等方面的优势，在促进西部地区产业结构调整中有积极的意义。

西部地区在能源、矿业、机械等产业具有一定的优势，因此，西部地区产业结构调整的重点是发展特色产业和高新技术产业。首先，发挥国防工业的技术优势，有助于西部地区优势产业的资源得到优化配置，促进特色产业的发展。例如，利用军工遥感卫星等先进技术调查土地、林业、水利资源，监测生态环境、洪涝干旱、森林火灾等，能有效地防治灾害，并促进特色农业、旅游业等产业的发展。其次，发挥国防工业的技术优势，还有助于传统产业的技术改造和高新技术产业的发展。如军工企业和科研院所把先进技术转移到民用传统产业，可加快民用传统产业的技术改造进程；而军工高新技术的商业化开发和产业化发展，则可直接带动高新技术产业的发展。

2. 国防工业军转民中出现的新的经济增长点

20 世纪 80 年代以来，我国国防工业在调整、创新和市场化转型过程中，普遍进行了军转民，出现了一大批军转民企业和军转民技术成果。国防工业的军转民成果，已经成为西部开发的重要经济增长点。例如，陕西目前已经形成了以西安为中心的电子城、航天城、飞机城等高技术密集区域；四川的国防工业涉及航空航天、电子信息、机械冶金、化工医药、新型材料等多个领域，国防工业的军转民有力地促进民用航天、电子及通信设备制造、汽车和零部件等领域的发展；云南军工通过产业延伸发展的望远镜产业，已占世界望远镜的一半，由军工和烟草行业联手开发的烟草机械加工设备，已占全国市场的 70%。

从我国国防工业军转民的总体情况看，地处我国西部地区国防工业的军转民成果，在成为西部大开发的经济增长点上还有巨大的发展潜力。可以从以下几个方面看出：一方面是军转民成果的产业化程度较低，成果主要以个别技术或产品形式存在，规模较小，没有成为带动地方经济发展的产业集群；另一方面是军转民成果的市场发展不够，有的成果还未成为能够用于市场化成果。有些进行商业化开发的成果，由于不能满足市场的有效需求，其自身的价值难于实现；有的成果没有充分发挥军工的技术特点，不仅缺乏市场竞争优势，而且造成资源的重复配置和浪费。因此，应该进一步发挥国防工业军转民的技术优势，使之不断成为西部大开发新的经济增长点，促进我国西部区域经济的协调发展。

第三节　军民结合促进国民经济增长

军民结合是国防工业的战略性指导方针。早在1956年，毛泽东主席在最高国务会议的讲话中就指出："在生产上要注意军民两用，注意学会军用和民用两套生产技术，平时为民用生产，一旦有事就可把民用生产转化为军用生产。"在大跃进期间，国防工业试制成功了万吨水压机、轧钢设备、氮肥压缩机等重型设备和其他多种民用产品。20世纪60年代初，中央军委曾制定了国防工业要实行军民结合，平战结合，以军为主的方针。只是由于后来形势的变化，在相当长的一段时期内，军工企业一直处于单一军品生产的状况。十一届三中全会以后，国防科技工业实行军民结合的问题重新被提到党和国家的议事日程。邓小平同志根据国家经济建设和改革开放的新形势，进一步丰富和发展了军民结合的思想。他一再强调：我国的军工体制是学苏联的，要从照搬的旧体制中解放出来；国防工业要军民结合，以民养军；要在国家统一计划下，以军为主搞军民结合；总的方针至少拿出一半的人搞民用，将来自动化了可以三分之二的人搞民用。1982年1月他明确提出国防工业要贯彻"军民结合、平战结合、军品优先、以民养军"的十六字方针。1984年11月，邓小平同志进一步指出："国防工业设备好、技术力量雄厚，要充分利用起来，加入到整个国家建设中去，大力发展民品生产。这样做有百利而无一害。”

十六届三中全会做出的《中共中央关于完善市场经济体制改革若干问题的决定》在科技体制改革的部分明确提出“军民结合、寓军于民”的改革思路。这意味着长期以来制约中国科技创新能力提升的一大体制性障碍将被逐渐消除。这一战略性的改革举措将对保障国家安全,促进经济发展具有重大意义。

党的十六大报告明确指出:“深化国防科技工业体制改革,坚持寓军于民,建立健全竞争、评价、监督和激励机制,增强自主创新能力,加快国防科技和武器装备发展。完善国防动员体制,发展高技术条件下人民战争的战略战术。”由于高新技术特别是信息技术的迅速发展,军、民技术日趋融合,高新技术两用化趋势越来越明显,许多先进技术的发展已越来越依赖民用市场推动,进而很快运用于军事装备的发展。这就要求:一方面是军转民,要改变过去为军事目的而开发的高新技术完全禁锢在军事领域的做法,在军用技术开发之初就同时考虑它的民用前景,以便使之尽快转化为生产力,转化为商品,推动国民经济的发展;另一方面是民转军,军方国防科技开发部门应注重采购市场上可买到的高新技术及其“货架产品”,用于发展新式军事装备系统。

一、和平年代军民结合发展国防工业的必要性

中国作为一个发展中的大国,在当前乃至今后相当长的时期里,都将面临维护国家主权和促进经济发展的双重战略任务。中国应当进一步推动国防军工生产与市场经济的紧密结合,促进科技要素在军民之间的双向流动和转移。

在新的历史条件下,国防工业由过去主要为国防建设服务转变成为整个社会主义经济建设服务。它担负着双重任务:一是努力提高国防科技水平,研制发展新的武器装备,为提高我军战斗力服务;二是面向经济建设主战场,大力开发民用产品,为国民经济

建设服务。这两个方面相辅相成,相互促进。只有坚定不移地贯彻军民结合方针,国防工业才能走出单纯军工企业的制约,投入到国民经济建设的主战场,实现战略转变,为国民经济和国防建设做出更大的贡献。

党的十六届三中全会,提出“军民结合、寓军于民”就是为了有效解决国家创新体系中的军民分离格局,努力实现国防和民用工业技术创新模式的转换,使国防科技在更深的层次上与国民经济发展相一致。我国不能靠引进技术来提高军事技术水平,应该不断改善军用和民用两种工业基础间的融合度,从而扩大和增强国防科技工业基础,使其更好地服务于国家未来军事需求,这不仅关系到国民经济的发展,也关系到国防现代化建设的全局。

多年来,我国国防科技工业在民用科研领域已具备了雄厚的基础,许多民用的高科技实力已经超过传统军工部门,军民结合、寓军于民的战略优势是显而易见的:第一,有利于形成军民两用技术发展之间的良性循环。军民两用技术必须进入市场,通过市场竞争,来提高其水平;同时,技术的市场化所获得的经济回报反过来提供其改进技术必需的资金,形成不断创新的良性循环。第二,有利于国防科技水平的持续提高。充分发挥民用的科技优势,能及时有效地为军工创新发展提供科技保障,加快国防工业的创新。第三,充分利用资源,提高研究开发的效率。促进民为军用,加强军民结合,可以使我国整体科技资源配置和布局趋于合理,有利于军民科技之间的相互促进作用。

二、其他国家军民结合发展状况概述

由于国家制度的不同,各国在对经济资源的配置中,也因为各国经济政治和对外政策的不同而大相径庭。经济资源的分配体制、分配方向,与国家安全有着极大的关系,对国家的发展也有不同的影响。

美国政府军用先进技术转为民用的实践在世界上占据领先地位,在美国国防部和商务部列出的关键技术中,有80%是军民重叠的技术。美国在第二次世界大战期间的"曼哈顿"计划,80年代初的"星球大战"计划,都是将军事研究成果迅速、大量地向民用领域转移和扩散的典型事例。相反则是前苏联在冷战时期,投入了大量的资源和美国进行军备竞赛,形成了规模庞大的国防科技开发体系,在一段时期内形成了足以与美国相抗衡的强大军事实力。但由于庞大的国防工业体系独立于民用工业之外,军民严重分离,长期庞大的军费投入拖住了经济发展。这也是导致其解体的一个重要原因。

1. 美国大力推广军民两用技术的国防工业发展

在第二次世界大战以后,美国在各个方面都有了长足的发展。但大战中的国防经济体系显然会使经济发展受到影响。在各国间综合国力竞争日趋激烈的环境下,美国提出了新的国防经济理论,并对国防工业进行了较大的调整。

第一次调整是冷战结束后到克林顿政府执政时期,美国制定了以国防科技工业调整为主要内容的《国防转轨战略》,提出了建立一个统一的"国家技术与工业基础"的战略目标,其核心是将经济承受能力作为国防科技工业调整的重点因素,力求优先保证国防预算。同时,通过调整,建立一个既满足军事需求,又满足商业需求的、统一的"国家技术与工业基础"。第二次调整是指小布什政府执政时期,美国制定的《国防工业基础转型路线图》,提出了构建"基于能力的国防工业基础"的战略思想。其核心是改变按照产品属性划分国防工业行业(例如造船业、航空制造业等)的传统做法,将工业基础按照作战需求重新划分为五个领域,2004年进一步调整为作战空间感知、指挥与控制、兵力运用、兵力和本土保护、聚焦后勤、网络中心战六个领域。这不仅有利于减少国防工业系统之间的重叠,而且有利于实现国防工业与作战部队的无缝连接和一体化建设。美国的两次调整均是将军事与民用结合起来，互相促进，共同发展。在调整中，美国根据形势变化适时调控国防军工市场上的垄断与竞争格局。在第一次调整中，支持军工企业兼并重组，形成具有明显垄断特点的市场格局。2000 年后，美国国防市场形成了洛克西德·马丁公司、波音、雷声、通用动力和诺思罗普·格鲁曼五个高度集中的顶级国防工业集团。这几家公司不仅在军事上成为美国国防工业市场上的巨头，在民用领域的发展也是世界的佼佼者。2005 年美国民用飞机工业实现销售收入 390 亿美元，其中商用飞机 290 架，销售收入 220 亿美元；通用航空飞机 604 架，达到 85 亿美元，增长 27%；民用直升机多交付 120 架，达到 7.5 亿美元[3]。

美国对国家国防工业的调整转型是成功的。国防生产领域充分利用了民用科技工业成果，不仅提高了武器装备生产的规模化、标准化和协作化，同时也推动了军事工业基础同民用科技工业的结合，实现了军民两用技术的双向转移，加速了军民两用技术推广和成果转化。

2. 苏联“扬军抑民”的国防经济发展战略

在“冷战”的竞争较量中，苏联的国防工业、航空航天业等尖端行业得到了长足发展，但它的国民经济却被削弱，以致苏联解体。苏联强大的经济体结构是畸形的。这个畸形的经济结构突出地表现在，为了应对“冷战”，不惜一切代价发展国防工业、航空航天业等尖端行业。在国家各项政策措施，三次产业的结构与国家财力、人力、物力的分布，以及社会经济关系的构成和社会各个群体的利益分配方面，都受制于应对“冷战”的需要。因为所有的经济发展都是以“冷战”为前提，使得支撑这一发展的基础产业不仅没有被带动起来，反而因高端产业的过度发展而削弱，导致高端产业与低端产业的比值和结构出现严重失调。苏联的军事实力在当时与美国不相上下，但过于庞大的国防经济增长抑制了其他民用经济的发展，这就使得苏联的国民经济一度衰败，无力满足国家经济的基本发展需要。

过度投入到国防经济建设，没有重视军民结合，这是苏联最终导致经济体系崩溃的重要原因。国防经济固然重要，国防工业固然是支柱产业，但协调发展才是保证国家整体经济水平提高的关键。

三、我国国防工业的自主创新和转型

当前，全面建设小康社会的任务正处于关键时期，在化解这些矛盾和困难，促进国民经济持续、快速、协调发展，以及完成全面建设小康任务的战略目标方面，国防工业应发挥更加重要的作用。这些取决于国防工业自主创新和转型升级的程度。

1. 我国国防工业的市场化改革

国防工业作为国家战略性产业，是武器装备研制生产的物质和技术基础，是先进制造业的重要组成部分，是国家科技创新体系的一支重要力量。建国50多年来，我国国防工业依靠自力更生、自主创新，取得了以“两弹一星”和载人航天为标志的辉煌成就，为国防现代化和经济发展做出了突出贡献。随着以信息化为核心的新军事变革的推进，国际军工市场的竞争将进一步加剧，国防工业只有大力实施自主创新，才能增强自身活力，才能在国际市场的竞争中立足。

国防工业的发展涉及国家安全和国际战略地位，这就决定了国防科技发展必然是一个高强度、持续的自主创新过程。把提高科技自主创新能力作为国防工业工作的重点，把发展基点放到自主创新上，这是国防工业增强核心竞争力的必由之路。应该看到，现阶段我国国防科技工业自主创新能力还不够强，这主要表现在武器装备研制水平与国外先进技术相比还有很大差距，军民结合产业技术创新能力不高，基础研究和前沿技术开发储备不足等方面。而自主创新能力薄弱，已经成为制约高新武器装备发展的关键因素。在当今新军事变革加速推进，高科技迅猛发展和产业结构优化升级的大环境下，我国的国防工业必须加快进行自主创新和转型。

推进产业结构调整和优化升级，是转变经济增长方式、提高经济增长质量的重要途径和迫切任务。完善国防工业的自主创新机制，提高国防工业的自主创新能力，加速国防工业的科技成果转化已成为实现我军武器装备跨越式发展、推进中国特色新军事变革的重要组成部分。而如何加快发展先进制造业，提高产业技术水平，关键是要全面增强自主创新能力。

国防工业面向的行业主要集中在电子、通信、信息技术、精密仪器仪表、新材料、稀有金属等，此外对机械、精细化工、钢铁等行业也存在一定的需求。改革开放以来，我国的国防工业经过了几次大的调整。这种转变不仅为了寻求市场化的融资渠道，更是为了提高企业自身的科技研发水平。在20世纪90年代后期，国防大中型企业的自主研发能力得到显著提高，在相关行业中奠定了领先地位，并通过军转民的方式对国家的技术进步和经济发展起到了积极的作用。

“十一·五”期间，党中央提出把提高自主创新能力作为推进新时期国防工业发展的重大战略措施，目标是实现“三个转变”：一是在发展理念上从跟踪发展向自主创新转变；二是在发展模式上从重产品轻基础向二者协调发展转变；三是在发展机制上从军民分割、封闭发展向军民结合、寓军于民转变。通过技术资源、技术人才的互动和科技成果的双向转化，促进军用和民用技术及产业的相互促进、协同发展。

转型与升级是紧密联系在一起的，转型本身常常意味着升级，例如，经济增长方式由粗放型向集约型的转变，意味着经济增长水平的提升；转型又为升级奠定基础，例如经济体制的转型往往成为

经济升级的基础和关键。国防工业的转型升级,是由多方面的内容构成的一个有机整体。其中主要有:

(1)体制的创新。我国社会主义市场经济体制已经建立起来,国防工业体制只有适应这种变化,才能顺利发展。从国防工业来说,要改变过去那种国有制一统天下的局面,应该将有条件的非国有制企业,包括非公有制企业引入军品科研生产领域,以壮大我国国防工业的基础。

(2)结构的提升。当前我国国防工业结构已经不能适应时代发展的要求,在产业结构上,应该由传统机械化发展的国防工业结构向适应信息化战争要求的现代国防工业结构转变。在组织结构上,由行政垄断占主导的产业结构,转变为实现最佳效率的垄断与竞争的有效组合;在技术结构上,由传统的机械化半机械化为主的技术向信息化与机械化的结合上转变。

(3)增长方式的转变。转变经济增长方式,是我国国民经济发展的迫切要求,也是国防工业发展的迫切要求。应该力求改变过去那种主要依靠增资、搞项目的粗放型增长的路子向技术集约型方式转变,使我国国防工业的发展真正实现依靠科技进步和劳动者素质的提升来促进经济的增长。

(4)科学技术发展途径的转变。长期以来,跟踪研究和仿制是我国国防科技发展的主要途径。我国在国防工业领域的自主能力仍然比较弱。自主创新能力的强弱,不仅影响国防工业产业本身竞争力的强弱,而且关系国家安全发展。因此,必须推动国防工业由跟踪研仿转向自主创新[4]。

此外,还必须调整我国国防工业的对外关系,逐步实现由封闭向开放的转变。实现上述转型升级,就可以锻造一个崭新的国防工业,使其适应时代要求,在经济建设和国防建设中发挥应有的作用。

2. 我国国防工业的军转民发展概况

在军民结合“十六字”方针指导下，我国国防工业走上了军转民的艰苦奋斗历程。经过近20多年的努力，民品产值占总产值的比重由1979年的不足10%提高到80%，基本上实现了由单一军品型向军民结合型的转变。这20多年军转民历程是开拓者奋斗的历程，是在实践中不断探索前进的历程。在实行战略转变的初期，受长期计划经济观念的影响，军工企业不能很快地适应市场经济的客观要求。军工企业原有的生产装备不能完全适用于民品生产，又缺少资金，也缺少民品技术和管理的经验。民品的发展经历了由不自觉到自觉，由自发分散到计划指导，逐步走上以市场调节为主的发展道路。

在军转民的初始阶段，军工搞民品是处于解决企业军品任务不足的权宜之计。从1979年起，军品订货大幅度下降，使许多军工企业面临停产和半停产的困难。虽然后来也有企业做民品生产，但规模较小，发展缓慢。为了引导民品工作走上健康发展的道路，1983年8月，国家计委、国家经委、国防科工委联合召开了军民结合发展民品工作会议，总结当时军民结合工作的经验，对军工企业的民品发展进行了规划，强调军民结合是长期的战略方针，实行军民结合不仅是军工部门的任务，而且是国民经济各部门的任务，应该将军工企业民品生产纳入国家和地区的统一计划。从此，军转民走上了以计划指导为主，为国民经济的重点建设和技术改造服务的发展轨道。

1985年起，先后在杭州、北京、深圳等地举办军转民技术交易会，先后组织军工系统与北京市、天津市、浙江省全面开展军工技术转民用合作以及军工与民用部门之间的横向联合。1986年，国务院决定设立军转民科技开发专项贷款。在“七五”、“八五”期间，制定了三批民品技术改造规划，共确定710余项技术改造项目，投资136亿元。

1990年国务院、中央军委肯定了国防科技工业从单一军品型向军民结合型的转变取得的显著成效，并提出要坚持计划经济与市场调节相结合。民品开发在纳入国家计划的同时还要积极开发适销对路的产品，开拓市场，提高竞争力；要充分发挥军工技术、设备、人才的优势，努力开发新技术和高技术产品。广大军工企业普遍扭转了单纯依靠军品的思想，提高了走军民结合道路的自觉性，大力开发国民经济和人民生活需要的各种民用产品。这些民用产品为能源、交通、原材料、机电、轻纺等行业提供了大批技术装备，为进口设备国产化提供了大量配套零部件，为市场提供了一大批日用消费品。国防工业民品的发展使军工企业摆脱了因军品订货减少带来的困境，稳定了军工队伍，同时也为国民经济建设做出了贡献。

可以看出，新中国建立后，我国集中人力、财力和物力发展国防工业，逐步形成了独立的拥有人才、技术和设备方面优势的国防工业体系。20世纪80年代，我国政府确定了未来军转民的发展重点，提出将2/3的军品科研生产能力转向为经济建设服务，其中涉及核电产品、民用航天产品、民爆器材、环保设备和医疗设备等。经过数年努力，国防工业向民用部门转移了几万项军转民技术和产品，使民用部门的产值增加了上千亿元。这些高新技术产业正逐步成为国民经济新的增长点，也带动了我国民用工业的技术进步。例如，重庆长安集团如今已是中国最大的微型汽车生产基地，哈尔滨飞机工业集团成为中国最大的微型客车生产基地，四川长虹集团已成为中国最大的彩电制造地，还有中国最大民用飞机、船舶和发动机生产基地等众多的军工产业已经成为民用生产发展的领头军。另外，一批军工企业还实现了股票上市，向融资渠道多元化和社会化迈进。军工全行业已实现扭亏为盈，军工企业建立现代企业制度、转换经营机制取得了积极进展和成效。军转民不仅给我国的军工企业带来生机和活力，促进了国防科技工业的发展，也为我国国民经济整体素质的升级和综合国力的增强做出了贡献。

“十五”期间，国防科技工业始终坚持军民结合、寓军于民方针，在确保完成武器装备科研生产任务的同时，民用产业取得了一系列重大成就，为国民经济建设做出了重大贡献。汽车、摩托车等传统支柱民品实现了快速发展，一批新兴产业正在成为军工经济新的增长点。军工经济的迅速壮大，为实现“十一·五”期间国防工业平稳、较快发展奠定了坚实的基础。

我国国防工业的军转民尽管取得了很大成绩，但必须看到仍存在不少问题。在发展民品的指导思想上，产品的改进和更新换代缓慢，创新能力较差。在经营观念上，虽然在国内市场中已占有一席之地，但很难与国际接轨，造成国内市场的产品供需不均衡，甚至导致在某些行业上的恶意竞争。在管理上，成本消耗过大，造成能源的浪费现象严重。所以，必须按照市场经济发展的客观规律，积极推进经济体制和经济增长方式的转变，才能使军转民在新的形势下得到持续、健康的发展。

在新的形势下，军工行业发展的民品不能再沿袭原来发展民品的老路，简单地利用军工技术和设备发展一般的民品，而是促进军工科研院所与企业的结合，充分发挥军工行业技术开发和创新的能力，重点开发附加值高、技术含量高、利润率高、市场潜力大的民用产品，走高新技术产业化的道路，如信息产业、航天技术、光机电产品、软件工程等。军工企业还应以质量效益为中心，加强质量管理，加强财务、成本与资金管理，提高劳动生产率和资金使用效率，降低产品成本，进行必要的技术改造和创新，装备高效精良的测试仪器，以提高产品质量。此外，军民结合的工厂要实行军民品分线管理，为转换机制和保军转民创造条件。在此基础上合理分摊管理费用，使得民品完全按市场经济规律，进行产品结构和资源重新配置，以增强企业的市场竞争能力。

3. 我国民转军的逐步完善

我国军工企业利用其技术、人才、管理、资金和政策等各方面的优势,大力开展军转民科研生产,研制、生产出大量民用产品,取得了令人瞩目的成就。军民创新体系之间的良性协调发展已逐步形成。然而,在我国军工企业进行军转民的过程中,民转军的新趋势又影响着我国国防工业的未来发展。要使我国国防工业的军民结合能够有效地发挥其作用,民转军也是重要环节。

2005 年 6 月 15 日,由国防科工委颁布的《武器装备科研生产许可实施办法》正式实施,标志着我国民转军开始走上法制化、规范化的轨道。《实施办法》规定,我国国防科技工业领域将面向社会开放,部分符合条件的非公有制企业可于 2005 年年底正式进入国防工业领域。

所谓民转军,就是指将相对成熟的民用高新技术成果经过适应性开发研究,移植于武器装备研制和国防科研生产的一种工程技术开发活动[5]。实际生活中,也有很多民用技术转为战场上尖端武器装备的例子。比如,美国杜邦公司生产的 Kevlar 合成纺织纤维目前已成为制造头盔、防弹衣和其他军用服装必不可少的原料。此外,杜邦公司研发的特氟隆涂料也有“双重功效”。作为民用技术,它可以避免烹饪时食物粘在平底锅上;用在军事上,它可以改善冷兵器的使用寿命和锋利程度。而一些看似简单的民用牵引车,适度改装后就可成为各种军用牵引车。此外,美国马克技术公司当年为爱玩电子游戏的年轻人开发的“全光谱战士”和“军队指挥官 2010”等电子游戏,目前也成了美军进行战术训练,培养军官快速决策能力的“作训软件”。

在我国,早在 10 多年前“军转民”刚开始时,浙江民企就已经参与军品的研发和生产。经过不断努力,一批先行企业已经取得了丰硕成果。据不完全统计,目前仅浙江省参与国防军品研制和生产的民用工业企业就不下百家,其中民企占了大头。而浙江省民营企业协会的一项调查统计显示，绝大多数浙商都有意投资国防工业这个新领域。

事实证明，一些先进的民用技术转为军用，可大大缩短武器装备的研制和生产周期，适当减缩军工产品投入使用的验证周期。这对加快我军装备的更新换代，同时缩短与发达国家的差距，有着十分重要的意义和作用。

各国国防科技与民用科技发展的历史表明：一方面，国防科技在整个科技发展中往往超前于民用科技而处于先行发展的地位，并对民用科技的发展起着先导和带动作用；另一方面，民用科技的发展又是国防科技发展的基础，它为国防科技的不断进步提供不可缺少的基本物质技术条件。所以说，民用技术向军事领域的转化和应用，不仅可以加速国防建设的步伐，促进军工产品的发展，而且还可以反过来促进民用科技及整个国民经济的发展。

然而，我国民转军的发展却十分缓慢，其中仍然存在许多问题。改革开放以来，我国大力发展高新技术产业，不仅有力地推进了我国经济建设的飞速发展，也为实现国防现代化创造了良好的环境。但是，由于各方面的限制，民用高新技术却不能及时、有效地投入到国防现代化建设中去，造成资源的巨大浪费。当今时代，科技高速发展，合理有效地将民用高新技术运用到军事中也成为国防工业发展的重点。随着我国综合国力和科学技术实力的不断增强，在民用高技术领域已经取得了一大批优秀的科学技术成果，这些技术成果中有许多是军民共用的技术，也有许多具有重大的军事应用潜力。这些技术不仅提高了我国的国防实力，也促进了我军武器装备的发展，特别是在信息技术领域，我国民用技术中有许多技术已经达到了世界领先水平，很多 IT 企业在许多方面都有自主知识产权的发明创造。因此，充分利用我国民用领域中取得的高科技成果、实施民转军战略，对于加快高新技术向部队战斗力的转化，加速实现武器装备的跨越式发展具有深远的战略意义[5]。

解放军总装备部和各军兵种为实现“科技强军”，对利用当今高新技术成果发展军事装备有着强烈的需求，对于改革军事装备采购体制、建立军民融合采购市场等重大战略问题的研究十分迫切。目前，总装备部已陆续颁布实施《装备条例》、《装备采购条例》、《武器装备管理条例》，军民融合的政策环境已逐渐明朗。《中国人民解放军装备采购条例》是中央军委制定和颁布的规范我军武器装备采购工作的第一部法规，这无疑给民用企业进入军品市场带来了一个契机。民用企业只要勇于走出去，具有过硬的产品技术，通过竞争都可进入军品市场。

当今，军事装备的科技含量越高，所需的采购、研制费用也越高，在我国财力有限的情况下，只有降低采购、研制费用才能满足军事装备不断发展的高需求。因此，我们应当借鉴发达国家的做法，直接采用成熟的民用高新技术成果研制新武器装备，直接让民用高新技术企业参与军品科研、生产的竞争。随着改革开放的深入和市场经济体制的建立，民用高新技术企业已经成为发展我国经济的骨干力量。这些企业生产的产品周期短，市场实践充分，很多产品已出口，有些商品的技术水平已超过军工行业的同类产品，完全有能力参与军品市场竞争。

根据我国国情、军情建立军民融合的科技创新体系，实现军民双赢，不仅能够促进军民两个领域的双向技术交流，增强国防科研生产能力，推动国民经济发展，还可节约大量资金，使资源得到合理配置。同时，军民结合可以充分调动各行各业的积极性、主动性、创造性，充分发挥全社会的科技和生产优势，从而使我国的国防工业更好地促进国民经济的发展。

4. 我国国防工业发展实例分析

北方车辆公司在创新中发展[6]

有近60年历史的北方车辆公司，经过不断的创新和发展，已经从产品单一的军工生产企业发展成为多军种服务、综合生产的科研基地；从全国第一家高档豪华旅游大客车生产厂家到集汽车、变速箱、索道、建筑设备等多面开花的综合生产集团公司。

作为一家机械制造类军工企业，国家的军备调整、原材料价格的变化都可能对企业自身的生存发展产生巨大影响。当国有企业面临日益增大的市场竞争压力的时候，北方车辆公司领导层在引导全体员工增强机遇意识和危机意识的同时，敏锐把握世界军事变革的动向，抓住机遇、转变观念，提出新的战略方针。新的思路一经提出，北方车辆公司变化也随之而来，生产能力、生产现场都有了巨大改观。改造后的北方车辆公司，大型结构件五面体加工水平、热处理能力、检测计量水平位居华北地区前列；铝合金液态模锻、格里森伞齿轮加工位居兵器行业前列；花键无切削加工位居国内领先水平。多方面的能力提升凝结成的“五大核心竞争力”让北方车辆公司从业内脱颖而出，更成为集聚多种研发能力的综合生产集团公司。

当国家缩减单一产品定货的时候，北方车辆公司已经在设计、生产方面实现了多项转型，不仅部分科研产品已经定型，为多方服务的产品也开发完成，并与相关方面进行了全方位合作，彻底结束了产品单一的生产历史。

北方车辆公司产品的设计人员追求新的设计理念，品种多、速度快、产品更新周期短成了北方车辆科研工作的特色。设计者们根据对发达国家机械优势的研究向用户提出装备的改造方案和发展的建议，根据形势发展的需要，加快了相应系列车型产品的研制与开发，形成系列产品。原有产品改造和技术升级工作也在快速、周密地进行。北方尼奥普兰大客车是集团公司民品的主产品。为了做好这个产品，北方车辆公司在提高国产化率、降低成本方面加快步伐。今天的北方大客车，新车型的推出速度大大加快，还结合市场需求成功开发了中价位车型，使服务范围拓展到覆盖长途客运、旅游等领域，开发出了公交车。

创新中求发展，使北方车辆公司员工将自己的汗水和国家的发展紧紧联系在一起。

北方车辆公司的发展使我们认识到当代军工企业的发展必须在创新上找到出发点，只有创新才能推动企业的成功转型和有效发展。

参考文献

[1] 中国和平崛起的保障[J]. 国信证券，2005：1－17. http://www.519rich.comladmin/cm/Upload-Files/b120051211215049.pdf.

[2] 梁清文，石金武，杨新. 关于国防科技工业参与西部大开发的战略思考[J]. 中国行政管理，2000(7).

[3] 库桂生. 国防经济学说史[M]. 北京：国防大学出版社. 1998.

[4] 关键时期做出的重大决策——论国防科技工业转型升级[J]. 国防科技工业，2006(Z1).

[5] 任海平，詹伟. 大过渡：从“军转民”到“民转军”[EB/OL]. [2006－05－12]. http://www.chinaiiss.org/bewrite/renhaiping/20040327a.htm.

[6] 王建平. 创新：让激情涌动[J]. 国防科技工业，2006(3).

[7] 蒋宝琪，蒋一国，于连坤. 邓小平新时期国防经济思想研究[M]. 北京：军事科学出版社，1997.

[8] 中央军委办公厅. 邓小平关于新时期军队建设论述选编[M]. 北京：八一出版社，1993.

[9] 叶卫平. “入世”视野下的中国国防工业研究[J]. 战略与管理，2000(3).

[10] 武力. 中国经济发展史[M]. 北京：中国经济出版社. 1999.

[11] 党的十六大报告：全面建设小康社会，开创中国特色社会主义事业新局面[C]. 2002－11－8.

[12] Dewan S, Kraemer K L. International Dimensions of the Productivity Paradox. Communication of The ACM, 1998, 41(8).

[13] Drucker P F. The Coming of the New Organization[J]. Harvard Business Review, 1988(1,2): 45 - 53.

[14] 世界国防科技工业概览编委. 世界国防科技工业概览[M]. 北京:航空工业出版社,2004.

[15] Peck M J. Joint R&D: The Case of Micro Electronics and Computer Technology Corporation[J]. Research Policy, 1986, 15(5).

[16] 董保同. 从几组数据看国外军工产业发展[J]. 国防科技工业,2006(3).

[17] 黄薇. 美国国防科技工业两次重大调整及启示[J]. 国防科技工业,2006(3).

[18] 中国海鹰机电技术研究院. 军民结合是国防科技工业发展之路[J]. 中国航天,2001(3).

[19] 于连坤,唐洪鑫. 国防经济学概论[M]. 北京:国防大学出版社,1993.

[20] 卢周来. 剑与犁——当代国防经济理论与实践[M]. 北京:石油工业出版社,2003.

[21] 叶静怡. 发展经济学[M]. 北京:北京大学出版社,2003.

[22] 高洪深. 区域经济学[M]. 北京:中国人民大学出版社,2002.

[23] 查尔斯 J 希奇. 核时代国防经济学[M]. 北京:军事科学出版社,1965.

第五章　国防人力资源

近年来，世界环境变化很大，国防建设应根据国家整体政治经济形势的转变及时调整，而人力是生产力、战斗力中最主要、最积极、最活跃的因素，因而在国防人力政策上，应积极配合我国国防结构改革、战略构想调整及武器装备更新等措施，合理精简人力，提升人员素质，以建立一支高、精、强的现代化国防主力军，充分发挥人力资源在国防建设中的决定性作用。本章从我国具体国情出发，采用经济学、管理学和行为科学等多学科角度，分别从国防人力资源的供给、需求和管理三个方面对我国国防人力资源进行分析，并针对目前我国国防人力资源的热点问题进行讨论，以挖掘高素质国防人力资源，并加以有效培育、合理分配、提高人力最高效率的运用，和平时期维持一定、合理的兵力，战时充分发挥动员兵力的能量，达到保障国家安全的目的。

第一节　国防人力资源需求分析

一、国防人力资源需求结构分析

为了保卫国家安全、防御外来侵略，所组织起来的具有一定体力和智力、用来从事军品生产和军事防务的那部分劳动力就被称为国防人力。国防人力作为社会劳动力中的一部分，在社会经济活动中处于一种特殊的经济地位，从事着特殊的劳动，因而形成了与其他经济部门不同的人力结构状况。

我国国防人力作为国防经济的主体，对国防经济发展的作用主要是通过国防产品的研制、生产和使用消费的过程而实现的。根据他们在国防活动中的职责和作用，大致可以分为三部分：国防科研人力资源、国防生产人力资源和国防军事人力资源。国防科研人力资源主要是国防科技工业部门的科研、论证以及试验、管理人员；国防生产人力资源主要是国防工业部门的生产人员、工程技术人员和管理人员；国防军事人力资源主要是中国人民解放军现役军人和预备役人员、武装警察和民兵。

国防科研人力从事国防产品的研制，国防生产人力从事国防产品的生产，国防军事人力则从事国防产品的消费。国防科研人力通过军事人力的作战需求和技术进步进行国防产品的研制；国防生产人力通过国防科研人力的研发成果进行生产，为国防军事人力提供防务活动的物资；国防军事人力则通过训练和作战消费这些物资。三者之间存在内在的密切的经济联系，它们构成了一个国家国防人力资源的需求结构，见图 5-1 所示。

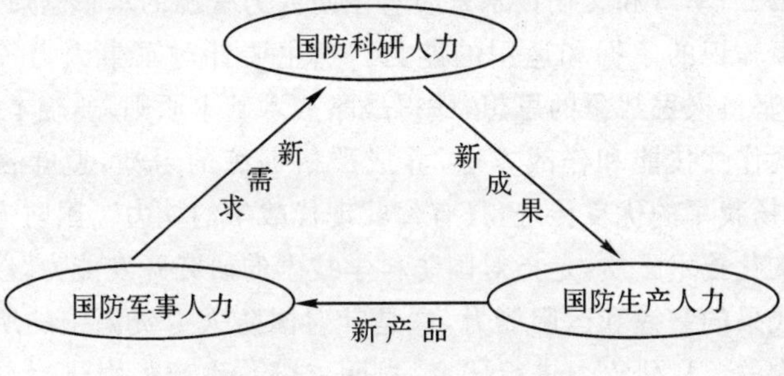

图 5-1　国防人力资源需求结构图

二、国防人力资源需求质量分析

并不是所有的人经过简单培训就可以被吸纳进国防部门。对于国家所需求的国防人力资源，一般来讲必须具备以下三个方面的素质：

第一，身体和心理素质。身体、心理素质既受生理因素的影响，也受社会经济条件的影响。生理因素是身体、心理素质的自然基础，社会经济条件是身体素质、心理得以健康成长的后天环境。从生理因素来讲，尽管国防生产现代化程度较高，对于体力劳动的强度有所降低，但是现代技术要求人们在生产和工作中，精神高度集中，思维清楚，反应灵敏，动作迅速、准确，否则就会造成严重事故和重大经济损失。现代战争则要求每一个作战人员的智力、体力、耐力必须适应战争的需要。因而，国防人力尤其是国防军事人力的选择条件较高，每年征兵体检必须严格把关，排除有遗传性疾病和患有其他严重疾病的适龄青年。从心理因素来讲，心理素质也是需要经过认真量度的，现在很多企业在招聘员工时，总会先测试他们的沟通能力和受挫能力，因为团队精神在一个组织中的重要性是不言而喻的，而军队更是一个规范化的组织，同时，训练的艰苦和战争的残酷都要求军事人力具备健康的心理素质。

第二，军事和文化技术素质。国防人力资源的军事素质，是指对军事知识的掌握和运用的能力。这主要针对军事人力资源来讲，要坚持人民战争的思想，懂得战略战术基本原则，通晓本专业，并重视作战技能和作战方法，养成严格训练的习惯，遵守铁的纪律，发扬我军的优良传统，具有驾驭现代战争的能力。国防人力资源的文化技术素质，是指对国防科学技术的研究开发能力，以及对研究成果的掌握和运用能力，这是针对国防人力资源中的所有人力来讲的。科研人力进行研究、发明、试验，生产人力进行熟练生产，军事人力熟练使用技术兵器都需要具备这种能力。他们获得技术的主要途径就是教育，其受教育的程度可以作为国防人力文化技术素质的一个重要指标。现代科学技术的发展日新月异，这充分表明“智力开发”已成为国防现代化发展最重要的条件。国防人力的文化技术素质越来越成为国防人力质量高低的重要标志。人们预言未来的战争，不仅是国家人力、物力、财力的对抗，而且是科学技术的对抗。随着现代军事科学技术的发展,以及新技术革命的出现,一方面,它将使现有武器系统得到巨大改进,其威力和战斗效能急剧提高;使技术兵器的种类不断增加,技术兵器日益复杂,武器的更新速度进一步加快。例如,激光技术的研究和运用,出现了激光武器;电子计算机的出现,机器人和电脑遥控技术的广泛运用,使武器向着自动化方向发展;航天技术的发展,使航天武器进入现代战场。另一方面,现代战争的作战方式也将由平面战、分散战、局部战变化为立体战、协同战、总体战。在这样一种复杂的局面下,国防人力进行研发、生产和作战,单靠一般的经验积累远远不能适应。因此,国防人力必须具备相当的科学文化水平,经过专门的业务技术训练,通晓技术操作和管理指挥,才能适应国防现代化建设和现代战争发展的需要。

第三,政治思想素质。国防人力的政治思想素质高,主要表现在有理想、有道德、有文化、有纪律,具有共产主义思想觉悟,为共产主义事业奋斗终身;遵循社会道德规范,遵纪守法,关心国家和集体,助人为乐,处处表现出高尚的品德;军人在战场上要有严格的组织纪律性,勇敢的精神,忍耐力,不怕苦不怕死勇于献身的革命精神等。虽然思想道德素质很难用一个确切的数量来衡量,但它是成为国防人力要考虑的一个很重要的内容。

但是按我国现在的兵役制度招收的士兵,很难适应现代化国防建设的需要。目前招收士兵的条件规定,城镇非农户口的青年必须是高中毕业才能当兵。自从高校扩大招生后,凡是上了高中,成绩稍好一点的都上了大学,那些考不上大学的青年才去当兵。在征收农村户口的士兵时把入伍的文化条件降低到初中毕业,每年由民政部发给一定数额的优待金,但其入伍的积极性仍然不高,经济发达地区的农村青年,一般不愿意当兵,只有贫困农村地区的青年,由于不当兵的收入极低,为了摆脱贫困的命运,不仅愿意当兵,而且还想方设法地争取转为志愿兵,在这种条件下招收的士兵，其综合素质自然较低，很难适应现代化国防建设的需要。

三、国防科研和生产人力资源的需求分析

由于国防科研人力和国防生产人力作用较相似，因而本章把国防科研和生产人力放在一起研究。

要研究国防事业对于科研和生产人力的需求，首先要了解不同技术水平下军品的分类。总的来说，在国防系统内部，军品生产所要求的科研水平、工程技术水平、生产工艺水平要高于民用生产部门。国防科研人力和国防生产人力研制开发生产的产品分为三类：一是军事专用品，二是军民通用品，三是民品。从生产军品的不同技术水平上，军品又分为三类：第一类是后勤保障方面的产品，包括食品、被服、运输工具、各种器材、各种设施等后勤保障物资；第二类是常规武器，包括枪炮弹药、坦克、装甲车、飞机、舰艇、战术导弹等常用的武器；第三类是核武器和尖端武器，包括战略导弹、核潜艇、激光武器、生物武器、化学武器等最新技术兵器。

在后勤保障方面产品的生产中，由于单位劳动占用资金较少，技术水平相对较低，可以容纳较多的劳动力，从而形成了劳动密集型生产结构。例如，军用被服的生产和国防工程设施的建设，往往需要很多的简单劳动力。劳动者的就业机会较多，生产过程中容纳的劳动力数量也较多，一部分劳动者往往不需要严格的训练就能从事生产劳动。因而这里需要较多具备一般生产能力的劳动力。

在常规武器的生产中，由于单位劳动占用资金较多，技术水平较高，劳动者的技术装备水平也较高，形成了技术密集型的生产结构。例如，兵器工业、航空工业和船舶工业中的各种军品制造，不仅技术装备水平高，而且劳动者的生产技术水平也较高。在生产过程中要求高技术、高精度、高质量，这是军品本身的技术要求，也是军事防务活动的必要条件。如果枪炮弹药、飞机、舰艇，由于技

术和质量问题在战争中不能很好地发挥作用，贻误战机，将会造成很大的伤亡，甚至导致战争失败。因此，在科研部门中，需要具备精通常规武器研究、设计的人员，而且需要新生力量不断将新的科学技术引入研发中，设计出新的产品。在生产部门中，需要经过严格生产技术训练的劳动者，并且具备较高生产技术水平和军品的质量检验人员。

在战略武器新技术兵器的生产中，由于它要求的科学技术水平更高，智力资源较密集，因而形成知识密集型生产结构。在这种类型的生产结构中，科研人力和生产人力的成分集中了技术密集型的所有特点，在此基础上又突出地表现为知识的相对集中。例如，在核工业和航天工业的军品生产中，不仅需要较多的技术劳动力，而且需要大量具有各种专业知识的高级科学技术人才以及具有高等教育文化程度的生产工人。因为一件产品往往集中了许多学科的最新研究成果，需要生产者具备多学科知识，并进行创造性的脑力劳动。所以，科研人力必须是最新科技的高精尖人才，生产人力必须经过更加严格和复杂的智力训练，以适应生产的需要。

以上三种军品的研发和生产，在一定程度上反映了国防科研和生产人力的数量、技术水平、文化程度在各军品生产部门的比例构成。随着现代科学技术的发展以及其在生产中应用程度的加强，国防科研人力和生产人力各种因素构成的比例关系，在各军品研发、生产部门将会有很大变化。

国防科研和生产人力作为劳动力，仅仅是可能的生产要素，还必须与一定的用于军品研发的试验设施和用于军品生产的生产资料相结合。一般来讲，军品生产对劳动力的需求，与生产资料总量成正比，与生产技术成反比。用于国防工业生产的生产资料总量越多，要求劳动适龄人口为军品生产提供的劳动力越多，社会劳动力就业的机会就越大，反之越小。生产技术构成越高，等量生产资料需要的劳动力的人数就越少，社会劳动力就业的机会就越小，反之则大。

四、国防军事人力资源的需求分析

军事人力资源在整个国防人力资源中的地位最重要，国防预算中相当大一部分用于军事人力开支，据估计，各国国防预算中平均用于军事人力开支的高达 1/3，因而本章将其与科研和生产人力分开分析。

我国国防军事人力的需求是由现代化战争的需要和保障国家安全的需要以及军队建设的需要所决定的。

要分析我国军事人力的需求，首先就要从维护我国国家安全利益的角度来分析一下我国目前面临的国际环境。著名军事学专家杜岗对这一问题进行了细致研究，他认为中国经济发展在国际战略空间中所面临的安全利益瓶颈表明，在其谋求和平与发展的过程中，将面临两个方面的安全压力：一是来自“中心”的排斥，主要是来自处于“中心”的大国军事压力，这是战略态势上的遏制；二是来自“外围”的骚扰，主要是来自周边的发展中国家因发展利益冲突和历史问题而可能引发的安全争端，这是现实安全的挑战。具体来说，主要有以下四个方面的问题：

第一，能源资源问题。首先，2005 年我国石油进口 12 682 万吨，成为仅次于美国的世界第二大石油净进口国。据国际能源机构的预测，2020 年中国石油的对外依存度将达 76%，石油安全已经成为关系国家发展大局的战略性问题。另外，我国工业原料进口也呈大幅增长势头。仅 2003 年就进口钢材 3 717 万吨，比上年增长 51.8%；氧化铝 561 万吨，增长 22.6%；铁矿砂及其精矿 14 813万吨，增长 32.9%[17]。中国正面临“资源安全”的重大挑战。从世界石油的总体供求关系看，不管是现在还是将来，发达国家的石油需求都占据了世界石油供应的重头。但从发展趋势看，发达国家石油需求所占世界份额正在下降，而发展中国家，包括中东石油产区的石油需求所占份额则呈上升趋势，特别是亚洲国家的石油需求更是呈高幅上涨之势。从这一意义上说，我国将与同处亚洲地区的发展中国家直接竞争世界石油新增产量。未来影响我国石油战略安全的，固然有美国力图控制世界石油资源、进而维持其世界主导地位的因素，但更为现实和可能的冲突与挑战，将会是源自于同处发展中的亚洲邻国和局势动荡的石油供应地区，以及海外能源资源运输中的重要战略关隘，如南海区域的马六甲海峡。

第二，对外贸易问题。2005 年我国外贸总额达 1.4 万亿美元，居世界第三位，对外贸易在中国经济中占据了极其重要的地位[17]。据世贸组织的预测，到 2010 年，中国将成为仅次于美国的世界第二大出口国[17]。在看到外贸对经济发展的贡献的同时，也必须意识到，60％以上的外贸依赖度已经成为中国经济安全的重大隐患。目前，我国是正在实施的反倾销案涉案最多的国家(236 起)。对我国进行的反倾销立案，正从发达国家迅速向发展中国家蔓延，1995 年以来针对我国的反倾销案例发展中国家占 60％以上[18]。应当注意的是，虽然我国与发达国家间的贸易冲突不断，并且随着我国产品结构的升级，冲突还将由“量”向“质”的领域发展，但是由于双方贸易数额庞大，贸易结构复杂交错，贸易项目安全相互牵制，因此在相当长一段时期内，我国与美、欧、日等国的贸易冲突将能够维持在“斗而不破”的状态，是“势”上的冲撞、角力。而我国与一些发展中国家的贸易关系则不同：一方面，双方的贸易结构比较单一，贸易数额的绝对值也不大，但相对于对方的经济总量可能不小；另一方面，还存在同处发展中国家地位的产品同构性冲突。这两个因素相加，就不排除将来会有某些对现有世界经济运行规则本已心存不满的国家，采取非常手段冲击我国的外贸安全，挑战我大国地位，造成我战略被动，甚至在发展中国家中产生区域性的“多米诺骨牌”效应。

第三，海外投资问题。据联合国贸易与发展委员会的最新调查，中国已超过日本，成为世界第五大对外投资国。按英国瑞丁大学著名跨国公司问题专家约翰·邓宁提出的“投资发展轨迹理论”，当一个国家人均 GNP 大于 400 美元小于 2 000 美元时，也就是我国目前的 GNP 水平，才能开始有零星的对外直接投资；当人均 GNP 大于 2 000 美元小于 4 750 美元时，也就是我国在 2010 年后的水平，对外投资的上升速度将超过吸收外资的增长速度。截至 2003 年底，经商务部批准的我国非金融类海外企业已达 7 470 家，分布于全球 180 多个国家[19]，按投资量大小、投资流向目的地，依次是亚洲、北美、非洲、南美和欧洲，与资本输出相伴随的还有技术输出、劳务输出。党的十六大报告提出“实施‘走出去’战略是对外开放新阶段的重大举措”，这预示着中国将迎来海外投资与经济合作发展的提速阶段。如果从国际经济活动中的比较优势和我国对外经济发展的战略意图出发，我国对外投资区位的选择，应发挥我国 500 种产品 40％的生产能力冗余和技术、质量、价格上的相对优势，向发展中国家和新兴市场国家转移，其中中东、南部非洲、拉丁美洲、中亚和东南亚等是重点。这表明，我们将走向处于动荡的能源产地和发展中地区，尤其是东南亚一些国家还有着“反华”、“排华”传统和先例。海外资产和人员（包括港人、台胞和境外华人）的安全，不仅是国家经济安全的重要组成部分，而且体现了民族、国家和政府的凝聚力、向心力、感召力。

第四，海洋权益问题。我国是极具发展潜力的海洋大国，虽然海洋经济起步较晚，但涨幅一直高于 GDP 的增长，年产值已超过 1 万亿元人民币。同时，海洋还连接着海外资源和市场。但海洋也是我国国土防卫安全的“软肋”，近代中国的屈辱史就是一部西方列强对我国的海上人侵史。目前，我国海上安全形势不容乐观。首先，我国海上渔民仍然遭受着周边国家的屈辱。仅从 2003 年 9～10月份，越南海军炮艇多次在北部湾我国海域抓押我渔船、殴打渔民、掠夺财物。到2004年初不足100天时间里，先后发生了菲律宾抓扣我20名渔民（2004年1月）、印尼扣留我运输船只（2004年2月）等多起事件[15]。其次，我国海洋资源正遭受周边邻国的大肆掠夺。目前南海周边国家与西方国家石油公司合作，已在南海海域钻探1 000多口井，找到97个油田及含油结构、75个气田及含气结构，其中28个油田、25个气田在我国传统疆界之内。每年周边国家从南海开采5 000万吨以上的石油，相当于我国大庆油田的产量。最后，我国海洋为周边国家所圈刮蚕食。我国周边一些国家先后发表声明，单方面宣布海洋专属经济区和大陆架，造成我国120～150万平方公里海域为争议区，占我国应管辖海域的近一半，相当于陆地争议面积的8～9倍。

在上述现实问题面前，我国学术界存在的这样两种观点益显苍白。一种观点认为“社会主义没有外向型军事能力需求”，即中国军事没有“走出去”的能力需求。这显然是死抱“经典”的教条，不知中国的社会主义是生存于资本主义世界经济中的社会主义，而不是马克思、恩格斯所预见的“世界性”之社会主义；不知今日的中国特色社会主义是全球化背景下的市场经济之社会主义，而不是遭受封锁下的计划经济之社会主义，军队必须具备维护不断发展的国家战略利益空间安全的能力。另一种观点认为中国军事不可能“走出去”，即所谓“在与‘世界第一’的海军较量时，‘世界第二’与‘世界第二十’、‘世界第五十’的海军在最终结果上并没有什么本质差别”[20]，进而试图给中国刚刚兴起的海权意识大泼冷水。这一论调，与美国19世纪初杰斐逊总统时期，以农村为基础的共和党人的观点有相似之处。当时美国主政的共和党认为“建造快速帆船将被英国看成是对皇家海军的一种威胁，并且因而会招致英国先发制人的攻击”[15]，“如果美国不去骚扰其他人，他们也不会骚扰美国”。但事实证明这种想法是天真不切实际的。翻开美国史，可以发现建国初期奉行“孤立主义”的美国对军事力量的各种看法和争论,在今日“韬光养晦”下的中国又都能找到影子。如果说,当时生存于欧洲大国势力夹缝中的美国,“孤立主义”是其明智的选择,那么美国对同一时期的“巴巴利”国家(今北非的穆斯林国家)态度的转变对我们也非常有启示。美国人在与这些国家屡次让步媾和失败后得出结论:“摩尔人是一帮诡计多端、反复无常的坏蛋;只有一支值得尊敬的海军力量出现在他们附近,才能使他们保持安静。”[16] 中国海权面对的挑战不是“第二”对“第一”的实战较量问题,而是对挑衅之敌进行有效威慑的问题。

谋求生存和发展于现存国际体系,就必须按照其既有的“游戏规则”和运行规律来谋划战略策略。与列宁“和狼在一起,就要学狼叫”的名言相近,老罗斯福也称“我不愿扮演连伊索寓言都视为笑柄的角色,在这则寓言中羊与狼同意解除戒备,而羊群为表示诚意,请牧羊犬离去,结果它们却成了狼群的晚餐”[16]。与狼共处,固然不可以有狼心,但必须掌握和学会运用狼群内部的行事规则。在当今国际环境背景下,中国的和平与发展只能是追求和平的发展过程,并不能排斥军事上的威慑与反威慑运用,即以最大的能力遏制战争,以最小的强度解决冲突,这是“总体和平”下的发展与强大的过程。这种背景对我国这支习惯于“保疆守土”的军队提出了全新的发展课题,因而我国国防建设对军事人力需求也有所不同。这种不同表现以下四个方面:

第一,在加快“引进来、走出去”相结合的经济发展战略下,国家综合安全利益特别是经济安全利益已经突破了传统的国土疆界,国家安全边界已经超出疆土安全边界,必须突破“保疆守土”的传统国防安全观,发展一支具备一定“外向”能力,可以在海外某些关系国家安全战略利益的不稳定的发展中地区,显示局部的全维控制和应对突发事件能力的军事力量。同时,在大国利益互融的条件下,经济安全利益的全球化,并不存在对军事能力全球化的需求问题,关键是要保持经济实力与军事能力的同步发展,以对一定区域的安全控制能力,换取区域之外国家经济利益的相对安全。

第二,和平与发展中威慑与反威慑力量的需求和运用形式,与以往基于抵御大规模外敌入侵的实战能力建设有着不同的特征要求。至少表现在以下三个方面:①军事装备的技术性因素作用增强。“以劣胜优”不是战争的常态结果,虽然在“实战”运用中,我军有过以“小炮艇+手榴弹”战胜现代大型军舰的辉煌战史,但在“和平”运用中,劣势装备绝对不可能对优势装备构成威慑。②军事力量的可操作性要求加强。在当代条件下,仍然不可否认核力量和第二炮兵是不可或缺的重要威慑和反威慑力量,但“达摩利克之剑”的不可操作性,将使我们常常在现实危机面前处于进退两难之境地。在保持核威慑底线的前提下,应当把“可艺术化”处理、可过程性操控、可放可收的常规威慑力量,作为我军发展的重点。③需求与功能的耦合性要求上升。在大规模战争状态下,军事实力中的各构成力量可以优劣互补,形成总体军力的较量。但在“和平”和争取“和平”的条件下,军事需求和军事能力的结构性耦合要求加强,在冲突或“准冲突”中,常常是单向单域的较量。“短板”决定木桶的容量,陆上力量的庞大不能包办海上、空中等其他力量的作用。相反,在我国面临的现实安全威胁中,海、空军力量可以极大地减缓陆上力量的压力。

第三,应把影响国家经济的重要战略资源和战略通道安全作为国家战略安全的重要组成部分,把解决眼前影响国家安全热点问题的需要与着眼服务经济发展长远安全保障的需要统筹起来。从长远发展来看,我国军队发展战略应考虑南海方向战略通道和石油安全保障的能力建设,也应考虑对中亚地区石油资源的反控制能力储备。要充分发挥和利用好现实军事斗争准备的“龙头”作用,以合理的作战准备样式为牵引,带动起我国军队现代化建设跨越式发展之“龙身”,加强海、空军力量的建设和比重,保证我军能力结构与战略需求的统一。

第四，应对我国长期以来着眼于防御大规模外敌入侵的体制进行改组，减少其对人力、财力、物力和权力资源的占用与浪费，尤其是改变“大陆军意识”对我国军事力量发展的干扰。从20世纪六七十年代的越南战争，到80年代的阿富汗战争，再到今天的伊拉克战争，足以证明，当今世界不存在一支具备对我们这样的大国进行大规模国土入侵和占领能力的军队。

对比2002年和2000年国务院发布的两份《中国国防白皮书》，我们不仅看到了这样的“新版”表述“人民解放军建立于1927年8月1日，建立之初仅由陆军组成。陆军主要担负陆地作战任务，目前没有设置独立的领导机关，领导机关职能由四总部代行。”而且从两份文件对中国人民解放军力量构成介绍的表述差异中，可以预测，中国军队将会走向更为合理的体制结构，其陆军将逐渐重视远程机动应急能力的建设，传统的划地为界、封疆守土的体制可能会逐步改变。

此外，在国防军事人力的需求结构上，我国国防军事人力的需求在以下几个方面需要注意：

从组织上来看，我国的武装力量，由中国人民解放军现役和预备役部队、中国人民武装警察部队和民兵组成。设有国家军事委员会、总参谋部、总政治部、总装备部、总后勤部等组织指挥机构。军队编制由大军区、合成集团军、师、旅、团、营、连、排、班等编组形式组成。实行义务兵为主体的义务兵与志愿兵相结合、民兵与预备役相结合的兵役制度。兵役分为现役和预备役。在中国人民解放军现役的称为现役军人，经过登记服预备役的，称为预备役人员。

从军种上来看，中国人民解放军由陆、海、空三军和战略导弹部队组成。由于历史的原因，陆军占全军的比例较大，而海军和空军、战略导弹部队所占比例较小。我国军种结构比例与现代战争很不适应，现代战争的作战方式不是以陆军为主要力量的地面战、分散战、局部战，而是有各种兵种参加的立体战、协同战、总体战。因此，我军军种的比例结构，应适应现代战争发展的需要，符合均衡性发展的需要。

从年龄层次上看，国防军事人力从事的是一种特殊劳动，对体力和脑力的要求比较严格，其年龄也受到一定的限制。国防军事人力的年龄结构，按照军事组织结构，可分为现役军人年龄组和预备役人员年龄组。现役军人年龄组中，又分为士兵年龄组、军官年龄组。同样，预备役人员也分为士兵和军官两个年龄组，其中士兵预备役分为两类，第一类为 28 岁以下年龄组，第二类为 29 岁至 35 岁年龄组。此外，战时遇有特殊情况，国务院和中央军事委员会可以决定征召 36 岁至 45 岁的男性公民服现役，称为战时兵员年龄组。为了保持国防军事人力的特殊年龄结构，必须建立和健全服役和退役的制度。不同年龄组的现役军人，除工作需要晋升外，按照规定服役已满年龄组最高年龄的退出现役，未满年龄组最高年龄的因特殊情况需要退出现役的，经批准也可以退出现役。现役军人退出现役后，符合服预备役条件的，转入预备役。预备役人员按照规定已满预备役最高年龄的退出预备役。

从知识结构上看，随着现代科学技术的飞跃发展，使人在战争中的地位和作用进一步增强。它一方面要求军人必须具有高度的政治觉悟和强烈的爱国主义热情，另一方面则要求军人必须具备较高的军事技术素养、解决实际问题的创造性思维能力及掌握现代科学技术的知识水平。因而必须提高军队的科学文化水平，改善国防军事人力的知识结构。近几年，我国已经注意到国防军事人力的知识结构的改善，对军事防务活动的重要作用，采取了各种教育方法，使国防军事人力的知识结构与军衔制相结合，逐步形成金字塔型的知识结构。

第二节 国防人力资源供给分析

一、国防人力资源供给的影响因素

国防人力资源供给数量主要受以下四个条件制约：第一，国家安全保卫任务。其任务重，从事国防活动的人口需要量就多；反之则少。第二，国家人力资源状况。国家人力资源充裕，就可以为国防提供较多的人口。第三，国家经济状况。国家财政经济状况制约着国防人力的规模，经济发展水平高，为国防提供的人力就多；反之则少。第四，军事地理环境。国土面积大小、边境线长短，以及地形外貌等都会影响国防人力的数量。

二、国防科研和生产人力资源的供给分析

我国的军品生产是在长期发展中逐步形成的，国防科研和生产人力在整个国防研发、生产过程中的配置以及在经济结构类型中的比例已基本形成。但其数量随时都在发生变化。如果其数量的变化高于生产资料和生产技术构成的变化，那么一部分生产资料就不能充分利用。只有其数量的变化与生产资料和生产技术构成的变化相一致，国防科研和生产人力才能充分发挥作用。目前国防工业部门新增加一名工人平均需要增加固定资产 10 000 多元，而民用部门（主要是轻工业部门）则为 5 000 元[4]。在我国目前生产力水平低、资金缺乏的情况下，适当控制国防生产人力的增加，减少固定资金的投入，多增加民用部门主要是轻工业部门的人力投资，对发展民用生产，促进国民经济的发展及以后军民结合型工业的进一步发展是有利的。

从战争形势和国家安全防务形势来看，国防科研和生产人力应随着形势的变化而变化。和平时期，在正确估计国际政治和战

争局势的情况下，适当地压缩原有武器装备的生产，将一部分国防科研、生产人力转向民用产品的开发和生产。这部分科研、生产人力并不离开国防工业部门，而是留在原来的生产部门中利用一部分生产资料从事民品的生产。一旦战争发生，对武器装备的需要量增加，这部分生产人力可以迅速地改为生产军品。如果战争全面爆发，不仅国防生产人力全部投入国防生产，而且一部分民用生产部门的劳动者，也将投入到武器装备的生产中，为战争的胜利提供必要的物质保障。

由于国防工业生产所拥有的生产资料的总量和现存的生产技术构成的水平，往往受整个社会生产力发展水平的制约，同时也受国际形势和国防现代化建设需要的影响，因而国防科研和生产人力的供给并不是固定的，而是随着各种条件的变化而变化的。

三、国防军事人力资源的供给分析

总的来讲，国防军事人力的供给受到武器的数量、质量以及技术性能、国家财政经济实力、国家安全系数等因素的制约。

第一，军队技术构成是指军事人力与武器数量之比。它反映武器技术水平的高低，由武器技术性能决定。武器是需要人来掌握和使用的，人与武器的有机结合，构成了一定的作战能力。人与武器之间应保持一定的比例关系，否则，就不能充分发挥人与武器的作用，使人与武器的有机结合不能达到最佳效益。从经济的角度来讲，人力多而武器少，必然会造成人力的浪费；而人力少而武器多，就必然造成物力的浪费。无论是人力的浪费，还是物力的浪费，都不利于整个国民经济的健康持续发展。因此，国防军事人力应与武器数量、质量和技术性能相适应。一般来讲，国防军事人力的数量应等于武器的数量与军队的技术构成之比。在防御能力和作战能力不变的情况下，武器技术性能的提高，将导致军队技术构成提高，军事人力数量减少，反之则增加。在军事人力数量不变的情况下，若武器技术性能提高，那么防御能力和作战能力加强，反之则减弱。现代科学技术迅速发展，武器技术性能有不断提高的趋势。所以，在现有军事防御能力和作战能力能够保障国家安全的情况下，国防军事人力数量应该是不断减少的。

第二，国防费用是影响国防军事人力供给的又一重要因素。军队建设的规模与活动，军用物资的生产与补给，军事人力的生活消费与装备，都离不开国家财政实力的支持。国家财政实力的支持主要表现为国防费用占工农业总产值和财政支出的比重。一般来说，国家经济实力越雄厚，国防现代化程度就越高，国家的防御能力就越强。因此，发展国民经济，增强我国的经济实力，是实现国防现代化的首要前提。

第三，国家安全系数对国防军事人力供给的影响。国家安全系数（国家安全度）表示一个国家受国际政治和战争形势变化的影响所能达到的某种安全程度。国际政治和战争形势缓和，国家安全度就高，反之就低。国家安全度受国际政治和战争局势变化的影响，而国家安全度的变化决定了国防军事人力的动员度的变化。军事人力动员度是指军队人数占全国人口数的比率，这一比率的大小，决定于国土面积的大小、边防线的长度、防御的复杂程度、人口的数量和影响军队机动的交通发达程度及国民经济的发展水平等等。从理论上讲，国家安全度与国防军事人力的动员度呈反比关系。若用 S 表示国家安全度，E 表示国防军事人力动员度，二者之间的关系用 O 曲线表示，如图 5-2 所示。O 曲线就叫做国家安全防御曲线，S 与 E 的关系可表示为

$$E = \frac{k}{S}$$

式中，E 和 S 为百分数，k 为常数。

现假设有五个安全度：世界大战爆发被卷入时期为 3%，遇到敌人大规模入侵为 30%，遇到局部战争或敌人局部入侵为 50%，

遇到边界战争或冲突为 75%，和平时期为 95%。根据我国有关权威人士的结论，我国军事人力的动员度占总人口的 0.158%至 5%为宜。那么，以我国现有人口 13 亿为基数，取 $k=0.15\%$，则各时期军事人力供给情况应为表 5－1 所示。

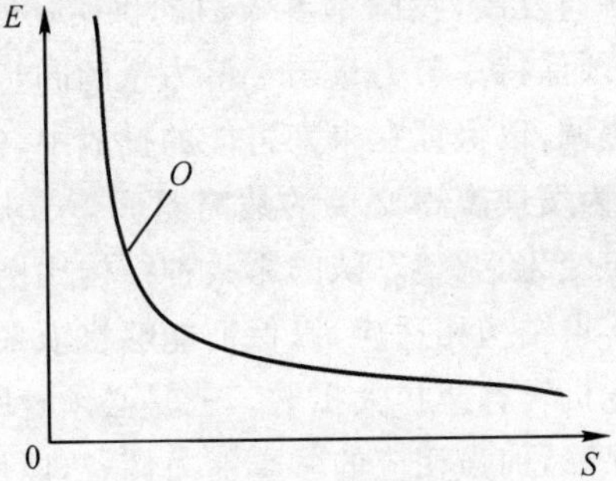

图 5－2　国家安全防御曲线

表 5－1　各期军事人力供给

指标＼时期	世界大战	敌人大规模入侵	敌人局部入侵	边界冲突	和平时期
国家安全度 S/(%)	3	30	50	75	95
动员度 E/(%)	5	0.5	0.3	0.2	0.158
军队人数/万人	6 500	650	390	260	205

经过以上的分析，可以清楚看出，国防军事人力供给的变化是受多种因素制约的。为了达到国防人力的最优化，确定国防军事人力供给的步骤应该是：第一步，考虑国家安全系数，即正确估计国际政治和战争形势；第二步，根据国家安全系数确定国民经济发展战略，考虑国民经济发展的状况和财政收支情况，确定国防经费的拨款和支出；第三步，在国家安全系数和国家国民经济发展大战

略下，确定国家安全防御目标、军事发展战略和国防经济战略；第四步，考虑现有生产技术构成和军队技术构成；第五步，考虑国防人力的分布、构成需要以及质量条件；第六步，根据以上诸因素的分析，综合确定国防军事人力的供给。

要谋求和平与发展，我国军事人力的供给还必须满足以下几个要求：一是必须保持军事力量与经济力量的同步增长，实现经济与军队的规模协调，以保证在未来可能的挑战中，使其军事付出高于其利益收益，为发展赢得必要的战略空间。二是必须根据经济安全利益的分布变化，调整军队的军兵种结构比例，使军事能力结构与安全利益需求结构相适应，以保证能够将未来可能的危机"就地消化"，防止危机转移或扩大扩散。三是必须着眼对国家经济安全命脉的有效保障，加强相应的军事能力储备，以保证经济发展的安全。四是必须把军事能力建设的着眼点由"打赢"强敌向"威慑"强敌转化，同时要重视军事力量的和平运用，敢于在一些敏感与关键的重要战略区域显示存在和威慑，以"能战"之实力达到"避战"之效果。

第三节 国防人力资源的管理

一、国防人力资源的获取

在国防人力资源的获取中，最有争议的问题就是兵员的获取制度。如何筹措军事人力，到底是采用全志愿兵役制度还是采用雇佣兵役制度，20 世纪 60 年代末至 70 年代初期争论尤为激烈。

一方面是反对全志愿兵役制度的。1969 年美国总统尼克松设立了总统全志愿兵役制度（军人职业化）委员会，一般称为大门委员会(Gates Commission)，专门研究这一问题。这个委员会列举了 9 项反对全志愿兵役制的意见，分别为：全志愿兵役制，成本太高；在紧急时期太僵化；不利于树立公民有为国家服务的道德义务的信仰，从而削弱了爱国主义精神；变成一个特权机构，从而可能对民主价值构成威胁；不具有种族代表性；成为雇佣军队；鼓励外部军事冒险主义；因为只有低素质的人员被吸引服役，所以军队的效率会降低；对其他国防开支产生基础效应，因此侵蚀了国防的数量和质量。作为大门委员会委员的米尔顿·弗里德曼(Milton Friedman)曾在1996年12月19日的新闻周刊栏目表示"志愿者服兵役是最具吸引力的选择"。大门委员会的报告为1973年美国放弃征募制度铺平了道路。

另一方面是倡导志愿兵役制度的，包括大多数经济学家，都与大门委员会持相反观点，主张军队实行职业化的理念。早在20世纪40年代中期，当时还正在法国国防部秘书处从事战略研究的戴高乐就指出，随着以坦克为代表的技术兵团的性能的提高及其普遍推广，必须建立一支编制体制和兵役制度与之相适应的职业军队。他认为"现代军事行动的物质条件要求不断提高作战人员的技术水平。武器装备力量无所不在，需要有天赋，有经验，习惯于使用它的人来操纵。这是变革的结果，像蜡烛的最终燃尽，日益走到尽头一样不可避免。精选士兵和各种专业工作人员的时代已经到来"。为此，戴高乐主张采用募兵制度精选兵员，组建一支由志愿兵组成、兼顾后备的职业化常备军，而且这种职业军队应是一支与现代化、社会化的生产方式相适应的兵员高度专业化的军队，是一支整体素质较高的质量效能型军队。并且他还强调："没有一支职业军队，就没有法国的国防"。冷战结束后，鉴于国民厌战和不愿服兵役，以及现代军事高技术对士兵的文化水平及专业技能提出了更高的要求，西方国家军界越来越注重研究并推崇当年戴高乐所倡导的"军队职业化"理论。一些原来实行义务兵役制的国家尤其是法国、德国、奥地利、意大利、比利时和荷兰等欧洲国家，纷纷强调军队要走职业化道路，并且形成了一整套比较系统的军队职业化道路理论。从主张义务兵役制到倡导军队职业化，这不能不说是现代资产阶级军事人口职业观念的一大变革。

目前，在西方各国，普遍实行志愿兵役制。美国是在 1973 年废除义务征兵制度，改为志愿兵役制。英国则是在 1975 年实行志愿兵役制。澳大利亚是在 1945 年终止了征兵制，在 1965 年后的一段时间曾重新采用过，但现在又完全是志愿兵役制了。加拿大军队在其整个历史上，除了第二次世界大战期间，一直都实行志愿兵役制。法国是现代意义上的征兵制的创始国之一，实施征兵制已有两百年的历史。但法国总统希拉克认为传统的征兵制已不能满足一个现代化大国的军队的要求，征兵制如今已变得不合时宜，靠短期服役的义务兵无法组建一支能最大限度利用最先进的技术装备和能立即调用的有作战能力的军队。他于 1996 年 5 月 28 日宣布从 1997 年 1 月 1 日起改行志愿兵役制。只有德国至今仍在继续使用义务征兵和志愿兵役制相混合的兵役制度。目前在德国军队中，征兵制军人数量占军人总数的 43%。

在社会主义国家曾经普遍实行义务征兵制度，这一传统目前仍在延续中，但也有些许改变。例如，朝鲜民主主义人民共和国，实行普遍义务征兵制度。在我国，则较早改为义务兵与志愿兵相结合的制度，其特色在于，志愿兵一般由义务兵超期服役后自动转移过来。我国现行的《兵役法》虽然经过 1998 年的修改，但就目前形势来看，我国军事人力不能适应形势的发展和国防现代化建设的需要。在中国，军人进一步职业化的主张与争论也在进行之中。

我国有关军事学家提出我国应该实行雇佣兵与义务兵结合的兵役制度。使用经济的手段雇人当兵，使军队基本上由高度专业化的职业军人组成，这也是现代化战争的客观需要。当然，这样的武装力量也必须要服从党的绝对领导，具有高度的政治思想觉悟，担负“保卫祖国，抵抗侵略”的神圣职责。

目前，我国已经开始尝试建立一支技术和专业过硬的职业化士官队伍,他们将完全以军人为职业。这支队伍将代替以前义务兵志愿延长服役期的那套系统,旨在补偿人民解放军刚刚作出的将所有兵种的义务兵服役年限减少到 24 个月的决定。其主要内容为:第一,为了支持这项改革,已经出台了相关规定来解决现行士官系统的不足,并制定了一套连贯的、切实可行的管理方案;第二,该项改革涵盖了一些最基本的军队实践,如任职任命、选拔和招募、训练、教育、日常管理、评估、薪水和奖励以及退休,总参谋部将集中管理和核准士官岗位的分配,这主要是通过一套基于重要单位和机构的需要而制定的分配系统;第三,虽然义务兵将可能继续在解放军的整体力量中占很大的比重,但新型士官计划将预示着未来解放军部队可能由一支数量少但更具战斗力的士官队伍组成,他们将成为解放军装备精良、训练有素的精锐部队的核心。

2000 年以来,我国开始试行依托国民教育培养军官的制度,即军队拿出一笔经费,由用人单位与地方大学签订协议,定向培养地方大学生,毕业后到部队来工作。同时部分高校也采取从应届高中生中招收国防生、在低年级学生中选拔国防生和直接选送应届毕业生参军三种模式选拔培养军队干部。

在国防人力资源的获取中,另一个争论的焦点就是军队是否应该吸纳女性。在过去的几十年里,女性在社会中的角色普遍发生了变化。目前,在国防工业的科研和生产中,女性占了很大的比例,但是在军队中,除了护理类、文艺类职位外,传统军队是一个男性的世界,现代军队中的职业,包括战斗类的职业是否应该接纳女性?

反对女性被吸纳进军队职位的人认为,女性的身体不如男性强壮,很多艰苦的、需要体力的工作,女性无法从事;女性生理及怀孕特殊时期,不易调遣,有可能在关键时期影响工作进程和安排;从心理因素上讲,女性较之男性来讲,更偏重感性,不适合残酷的训练和战争,更容易因为战争的残酷和血腥而产生心理压力。

宾金(Binkin)和巴赫(Bach)在研究军队中性别构成问题时提出,要想回答军队中男性和女性应如何组合才符合美国国防的要求,就要了解不同的男性和女性的组合,以及由男性或女性担任某个职务时所需的成本和工作的绩效的差异。

在有关军队中女性对男性的相关成本和效率的研究一般集中在可分析性较强的变量上,如征募、减员和延长服役行为。而有关研究表明女性和男性的行为通常是类似的,都会对许多相同的因素做出反应。霍谢克和彼得森通过对一对青年男女个人服役决定的逻辑斯蒂模型进行估计时发现,男性和女性的征募供给一般来说是以同样的方式,受同样因素的影响,但他们同时也发现女性供给曲线的截距的确较小,这就反映了需求的约束——即结婚的计划对女性的征募来说是个较大的阻碍。

而女性在第一期的减员率要高于男性的主要因素就是怀孕,虽然在不同军种中的情况不同,但是如果排除因怀孕导致的减员的话,随时间的流逝,男女减员的比率就会趋于一致。

因而,有关性别差异造成其生产率的差别的证据并不确凿。美国总统委员会女军人安置机构成立之前,军方曾提供证据说女性在以下两个方面的生产率较差。第一,军方的数据说明女性的调遣率要低于男性,而较低的调遣率会减损团队的战备力。第二,有关证据说明女性在执行需要体力的军事工作时与男性相比处于劣势。然而,事实证明,在过去几十年当中,军队中的许多工作已变得更为依赖技术技能,对体力的依赖已降低了,尤其在空军和海军陆战队中,这些变化减弱了以体力为由反对军队征用女性的观点。而且,弗莱彻等人还提到,在身体的其他特性上,女性可能比男性更有优势,如身体灵敏轻巧,这对受空间限制的军事工作(如飞机、轮船、潜水艇等)更有帮助。

军队强调征募高素质人员,由于需求约束,女军人中高素质的人员的比例超过了男军人中高素质的比例。20 世纪 80 年代,男军人中大约一半属高素质人员，而女军人中高素质的人数则超过了60%。许多相关的比较不是在高素质的女军人和高素质的男军人间进行的，而是在高素质的女军人和低素质的男军人间进行的。从多方面考虑，女性可能才是生产率较高的群体。那么，国防人力资源获取中，又怎能以比例限制男女招募？

我们应该提高女性军人的机会与地位，应重视女性人力资源对于提升国防能力所具有的潜在价值，加强提高女性军官的培育与选拔，并将过去以男性为主的工作领域（如战斗性职务等）开放给女性，使女性成为建构现代化军队的一个重要支柱。

二、国防军事人力的报酬激励

无偿的义务兵役制已与时代精神不符。1984年通过，1998年修订的我国现行《兵役法》规定我国实行“义务兵与志愿兵相结合、民兵与预备役相结合的兵役制度”。在这四种服役形式中，义务兵、民兵、预备役都是无偿的。根据《宪法》第55条规定：“保卫祖国、抵抗侵略是中华人民共和国每一个公民的神圣职责。依照法律服兵役和参加民兵组织是中华人民共和国公民的光荣义务。”由于参加民兵、预备役是比较普遍的社会活动，训练和执勤所占的时间也不多，而且大都为业余时间，因此作为公民无偿的义务是有道理的。但服役两年的义务兵和几乎是终身职业军人的志愿兵，仍然按无偿或低偿的义务对待，就会大大降低人们的积极性。

国防军事人力的劳动作为整个社会劳动的一部分，同国家行政管理部门、公共安全部门等的劳动一样，是社会主义的有用劳动，他们个人消费品的分配也必须遵循按劳分配原则。无论是历史上，还是现代，外国军队（包括比较落后贫穷国家的军队）的生活待遇和劳动报酬都高于一般劳动者的水平。现役军人中军官的基本工资为什么要高于同级别的地方国家机关工作人员的基本工资呢？

从军人的劳动特点来看，包括以下几个方面的原因：

第一，军人劳动的艰苦性。军人劳动的场所是战场和训练场，为了赢得战争的胜利，军人训练要求模拟实战条件，如近战、夜战，在各种恶劣气象条件下摸爬滚打。而战场条件更为恶劣。所以，军人劳动中体力和脑力的支出往往是超常支出，即超过人体正常的支出。国防军事人力的劳动强度超过一般生产性劳动。此外，军人劳动的艰苦性还在于，他们经常处于艰苦的环境中，身体承受的外界刺激和压力，往往大于一般人，前方将士吃的苦，作为后方的同志是很难想象得到的。为此，国防军事人力的身体素质比一般人的要高得多。为了保证军人素质的不断提高，以适应战争的需要，必须提高他们的生活水平。每一个人的生活水平的高低与其劳动报酬紧密联系在一起。劳动报酬高，即收入增加，改善食物构成，提高营养水平，就有了一定的基础。所以，提高军人的身体素质，必须提高他们的劳动报酬，仅从这一点来说，军人的劳动报酬就要高于一般生产劳动者的劳动报酬，就要高于国家机关工作人员的劳动报酬。

第二，军人劳动的危险性。军人的职责意味着牺牲，每个现役军人都有在战场上牺牲的可能。如果在战场上牺牲，生命不存在了，人的体力、脑力也不复存在，等于彻底支出；如果在战场上负伤，体力和脑力不仅极度消耗，而且体力和脑力的再生产能力受到破坏。斯大林讲过，军人劳动是流血的劳动。对这种最高形式的超额劳动支付，无疑应该给予更多的劳动报酬。至于在战场上失去的生命则是任何东西都无法补偿的，从这一点来说，平时给予军事人力的劳动报酬多一点也不过分。

第三，军人劳动的流动性。军人必须毫无保留地跟随部队的行动而行动，由于作战训练需要，部队经常调防，从后方到前线，从山区到海边，从东北到西南，有时几年一次，有时一年几次。军人的劳动流动性强，消耗也大。为补偿劳动消耗，军人劳动力再生产所需要的消费资料，就比一般生产劳动力再生产所需要的消费资料多。况且，在经常性的流动中，在有些艰苦危险的恶劣环境下，货币收入再高，也难以补偿体力和脑力的支出。

第四，军人劳动的提前预付性。国防人力的劳动报酬不仅用于自身体力和脑力支出的补偿，而且还要负担维持其家庭的物质生活和文化生活。现役军人到了结婚年龄成家后，要负担父母家庭的生活，赡养老人，抚养子女。此外，家庭分离，两地分居必然增加额外的经济支付。军官在部队服现役时间正是他一生的黄金时期，而其一旦转业，到地方某行业、某企业工作，要做到非常熟悉以至创造性的工作相当困难。如果跟一直在地方工作相同职务、相同职别的同志比较，在劳动成果的数量与质量上都会有很大差距，按劳动取酬就要拿得少些。尽管国家对军队干部转业在政策上和生活等方面都已有考虑，做出照顾，但转业后的军人生活水平会有一定幅度的下降。一般来说，人们习惯于生活水平逐步提高的境遇，哪怕提高的幅度微乎其微，而不习惯于家庭生活水平由高而骤然下降，这就要求军人在服役期间也必须有一定的储蓄，也就是将以后支付的工资适量地提前支付给军官个人，所以，军官在服现役期间的劳动报酬相应要高一些。

第五，军人劳动具有特殊的社会性。军人劳动特殊的社会性，可以从两方面看。一方面从国防军事人力充当社会劳动的角色来看，倘若全体劳动适龄人口都从事经济建设，没有人从事国家安全保卫活动，可想而知，创造出来的社会财富，可能被外来侵略者掠夺，劳动者就得不到任何劳动报酬。为了保卫国家安全和社会财富，保障社会主义经济建设顺利发展，国家必须将一部分劳动力组织起来专门从事安全防御活动。只有这些军事人力保卫祖国的不受侵犯，才能使一般生产劳动者得到一定的劳动报酬。否则，一般生产劳动者不仅得不到一定的劳动报酬，就连自己的生命安全都难以得到保障。国防军事人力在创造社会财富的劳动中充当了特殊的角色,即从事保卫生产的劳动。如果军事人力的劳动报酬不高于一般生产劳动者的劳动报酬,便不利于稳定军心,从而影响国家安全和经济的发展。另一方面从国防军事人力的社会地位来看,一切社会集团在社会中的地位高低,尽管受政治、传统观念等因素的影响,但起决定作用的还是经济状况。可以想象,在和平时期,如果国防军事人力的劳动报酬低于一般生产劳动者,即经济地位低下,就有许多劳动力不愿意从事这种艰苦、危险而收入低的保卫生产的劳动。提高国防军事人力的劳动报酬,改善其经济生活条件,必然使其社会地位提高;社会地位提高,就能够比较容易地解决仅仅依靠思想教育不能解决的许多实际的社会生活和个人生活问题。这些问题的解决,会消除国防军事人力的后顾之忧,吸引大量符合条件的劳动力自觉自愿地从事国家安全防御活动,为军队建设和国家安全贡献自己的一切。

目前,世界各国现役军队报酬的各个项目一般可以分成三类:第一,基本薪金,根据服役年限和级别而定;第二,食物和住房补贴,根据级别和婚姻状况而定;第三,其他补贴,比如服役和再次服役奖金、飞行津贴、海上津贴、危险任务津贴等等。美国为现役人员支付的费用中基本薪金大约占75%,补助占19%。不少国家的军事人员在服役期满规定年限后,退出现役时可以得到退役年金。

总体上讲,美国军人收入在美国社会属于中产阶层平均收入以上,在世界各国军队中收入是最高的。我国国情不同,所以不可能机械地套用美国或西方模式。但是,随着市场经济的发展,有些方面可以参照一下,比如军人这个职业有很大的特殊性、风险性和危险性,所以应该受人尊敬和让人羡慕。精神因素很重要,经济因素也很关键,军队官兵的待遇高于地方相同级别工作人员,是大多数国家共同遵循的原则。而且用物质奖赏鼓舞士气,是古今中外所有军队的通行做法。只有令人羡慕的待遇,才能吸引社会中的精英人才到部队中来,才能实现国防现代化。改革开放以前和初期，我国军人的工资比地方平均收入高20%以上，有的超过了30%以上，个别国防工业部门超过50%以上。但随着改革开放和市场经济的发展，地方工作人员的收入逐步提高，军队官兵的待遇虽然也有所改善，但其幅度远不及地方。最近，党和国家颁布一系列政策提高军人待遇，充分表现出党和国家对军队建设的重视。

另外，对于退役军人，要实行货币补偿与安置相结合的政策。政府应当按照市场经济的运行机制，在他们退役时应当给予优抚和补偿，对绝大多数的退伍兵应当给予货币补偿，只对有特殊功劳的和因公残疾的退伍兵实行由国家供养或者安排工作。发给退伍兵的补偿费要由中央财政负担，不能转嫁给地方，不能让越穷的地方当兵越多，因而也就负担越多的安置费用这种不合理的现象继续下去。

三、国防后备力量建设

分层次建设国防后备力量是我国的传统做法。目前，我国国防后备力量建设的层次划分大致是，民兵分为基干民兵和普通民兵，预备役部队划分为一、二、三类，还有人防和交战专业分队。随着信息化战争形态和作战样式的出现，我国现行国防后备力量建设层次划分存在着系统性、针对性、互补性不强等弊端。具体有以下四个方面的表现：

第一，层次扁平，重点力量难保障。目前，民兵、预备役部队和其他国防专业队伍要么按照年龄分类（如基干民兵与普通民兵），要么按照专业分类（如步兵与专业技术兵），这种扁平化的分类方式，导致各类国防后备力量规模都非常庞大。

第二，职能交叉，分类建设难展开。由于民兵、预备役部队和其他国防专业队伍建设自成体系，缺乏统一规划，且职能界定不清，给实际工作带来许多矛盾和困难。

第三，编用脱节，造成建非所用。以往的国防后备力量编组方式，偏重于平时开展工作和管理的方便，从战时执行任务和提高兵员素质的角度考虑得不够，加之受传统的大陆军、大步兵建设理念的影响，步兵等技术含量低的部(分)队所占比例较大，未来战争急需的防空、信息、反恐、军兵种等保障力量比重较轻，有的甚至是空白。也就是说，目前我国国防后备力量组织结构存在着重要的较少或没有，次要的数量较大、种类也多，很不适应打赢信息化局部战争的要求。

第四，自编自检，质量水平难提高。国防后备力量的编组、训练、管理和保障等，基本上是在省军区系统内封闭进行，现役部队难以介入。这种省军区系统自编自建的模式，使现役部队需求与国防后备力量的供给不能形成有效对接，现役部队的人才、装备和技术优势得不到充分利用，这样既易带来国防后备力量编组、训练上的盲目性，同时也阻碍其组织和训练质量的提高。

从信息化局部战争和维护国家长期安全稳定的角度，我国国防后备力量建设的层次应该重新划分：

第一，作战力量。由预备役部队和军兵种部队和预编人员组成，战时转服现役配属部队作战，或由现役部队统一指挥就地参加以防空为主的整体防卫作战。组建规模保持在现役力量的1/4左右，退伍军人编入率应达90%以上。基本建制以旅营结构为主，师团结构为辅。现有保障型预备役部队可改建为民兵部(分)队。

第二，战斗支援和保障力量。由各类民兵志愿、保障分队和军兵种民兵对口专业分队组成，主要用于战时为现役部队和担负作战任务的预备役部队提供战斗支援和战场勤务保障。这部分力量经过动员后由现役部队统一指挥，必要时也可转服现役，总量控制在现役力量的1/4左右，主要编建网络信息、防空预警、工程、防化、通信、运输、医疗救护、军械修理等专业分队，建制以旅团结构为主，退伍军人和地方专业对口人员编入率应达90%以上。

第三，维护稳定民防力量。由民兵战备值勤、反恐维稳分队和人民防空、交通战备等国防专业队伍组成，主要用于平时和战时协助公安机关维护社会秩序，打击恐怖行动和敌特破坏活动，守卫边防、海防和重要目标，消除空袭后果和保障战略要道通畅。维稳力量原则上县（市、区）编300人左右，大中城市及重点地区适当多编，主要编组反恐、平暴、警戒及综合保障分队，使之具备独立处置各种突发事件的能力。

第四，待征待编力量。包括未编入民兵组织、预备役部队的35岁以下的退伍军人，以及地方与军事专业对口人员。此类国防后备力量平时分散储备，战时根据需要动员征召。

同时，在国防后备力量建设过程中要特别注意以下四个问题：

第一，要建立管用一致的领导体制。一方面，要建立将国防力量各层次建设融为一体的业务部门。按照整体性、系统性的原则，在总部、战区建立组织、训练、装备等业务部门，统一筹划和指导各层次国防力量的建设。另一方面，要明确国防力量各层次的领导管理关系。通常，作战力量平时以现役部队领导管理为主，省军区系统协助配合，战时由现役部队统一指挥。战斗支援和保障力量平时由以省军区系统领导管理为主，现役部队协助组织训练，战时经动员集结后由现役部队统一指挥。维护稳定民防力量由省军区系统直接领导管理，负责平时训练和战时指挥。待征待编力量由省军区系统负责平时登记、管理和战时动员征召。

第二，构建按需定类的力量布局。国防后备力量建设的四个层次，是侧重于任务的实际需要，从普遍意义上进行划分的。由于不同时期、不同地区，国防后备力量担负的任务不尽相同，因此具体的结构布局要紧密结合、实际论证确定。原则上，重点战略方向的前沿和近前沿地区，应加大作战力量层、战斗支援和保障力量层组建的比重，大中城市、重要战略目标附近以及动、暴乱易发地区，应适当扩大维护稳定和民防力量组建的范围。

第三，分工明确的保障机制。目前，民兵、预备役部队建设所需武器装备主要依靠总部配发，经费由中央和地方财政共同保障，但职责不够明确，标准不够统一，渠道不够畅通。今后要根据各层力量担负的任务和领导管理关系，建立分工明确的保障机制。原则上，作战力量层的武器装备和训练、基本设施建设以及开展活动、执行任务所需经费，统一纳入军费保障范畴，与现役部队同步计划和落实。战斗支援和保障力量层的武器装备，军事专用装备器材由总部配发，军民通用装备器材从地方相关部门(单位)征用；其训练、基本设施建设和执行作战任务所需经费由中央财政负担，平时执行抢险救灾等急、难、险、重任务所需经费由地方政府保障。维护稳定和民防力量待征待编力量所需建设经费由各级地方政府保障。

人才是兴军之本，也是未来战争的制胜之本。加强国防后备力量建设，最根本的是要有一支高素质的专武干部和民兵干部队伍。一是要高度重视专武和民兵干部的选配。专武干部的配备要按照中共中央办公厅有关文件精神，真正把军政素质好、年轻优秀的专武干部充实到武装战线，坚决把热爱武装事业、工作成绩突出的干部用起来，不搞滥竽充数、迁就照顾。村务制度改革后，需要做好广大群众的工作，切实让合格的人选担任民兵营长的工作。二是要加大专武和民兵干部的培训力度。市级干部抓好专武干部的培训力度，县级干部抓好民兵干部的培训，提高广大专武和民兵干部的军事技能和民兵工作本领。三是要建立一套完整、科学、配套的干部评价鼓励机制。对专武和民兵干部的评价、表彰、任用，要通过建立完整、科学、配套的激励机制，使专武和民兵干部把更多的精力放在本职工作上面。

第四节 国外国防人力资源建设的启示

以色列是在第二次世界大战后诞生和发展起来的国家，只有

400多万人口，1万多平方公里国土。从1948年以色列建国开始，巴以围绕巴勒斯坦问题敌对至今，发生大战5次，小战不计其数。然而它却一次又一次转危为安，甚至敢向整个阿拉伯世界叫板。兵力从不足3万人发展为60万人，由单一陆军发展成为军兵种齐全的现代化军队，成为中东地区一支强劲的军事力量。以色列越战越强，阿拉伯国家越战越弱。究其原因，固然离不开美国等一些军事大国的支持，但以色列军民强烈的国防意识和高度的战略观念以及一整套独具特色、适合本国特点的兵役制度无疑也起着关键性作用。以色列是中东地区的军事强国，在一般人的印象中，以色列对邻国的攻击一直是咄咄逼人的。这主要是因为，以色列的军事学说一直是集中于以"强大的遏制力量和第一次攻击能力来对付阿拉伯邻国的即刻威胁"。简言之，用短期的战略进攻来维持其长期的战略防御。也许，从长远来说，以色列的战略是防御性的，但是确保其防御成功就必须进行战略进攻。几十年来世界上恐怕只有以色列的国防军真正称得上"身经百战"。据瑞典斯德哥尔摩国际和平研究所发布的报告显示，海湾战争之后，尽管中东和平进程已经启动，以色列仍然是中东地区最大的武器研发、生产和消费国之一，其每年的军费开支仅次于沙特阿拉伯而居第二位。目前，以色列很多武器系统均是世界上最先进的，比如它的预警机系统等。在西方强国一统天下的世界100家最大军火公司中，以色列至少占据3个席位，足见其军事研发和制造能力。

一、全民皆兵，常备不懈

在以色列人看来，周围的阿拉伯国家充满着敌意，以色列始终处于战争危险之中。为了国家安全、犹太人的生存，以色列不断提升国防实力，以期通过强大的军事力量使阿拉伯国家消灭以色列的企图化为泡影。

以色列建国至今，先后经历了5次大规模的战争和无数次的边境冲突,兵力却从不足3万人发展为60万人,由单一陆军发展成为军兵种齐全的现代化军队,成为中东地区一支强劲的军事力量。究其原因,一个重要方面就是长期以来,以色列注重兵役制度的完善,形成了一整套独具特色、适合本国特点的兵役制度。

以色列国防军以年轻、高素质、善打恶仗而享誉世界。这有赖于其独特的预备役体制,军队的中坚力量是两万名献身军旅的职业军官,统领16万现役军人,危机时总动员可在3天内扩充预备役达60万人。由于预备役制度完善,以色列的预备役部队人数众多、装备精良、反应迅速、战斗力强,成为以军事力量的重要组成部分。

以预备役为主体。以色列长期处于敌对国家包围之中,战事频繁。为适应这种情况,以色列不仅保持了一定数量战备程度高的常备军,而且实行普遍义务兵役制,建立了能及时调遣和立即投入使用的强大的预备力量。早在建国之初,以色列就制定了在建设一支短小精悍的常备军的同时,建设一支强大的预备役部队的建军方针。预备役部队是以色列军队的主体。为了解决国小人少,兵员不足的矛盾,以色列兵役法强化了预备役的地位和作用。以色列适龄青年应征入伍的比例远远高于世界其他国家,通常男子高达85%~90%,女子也高达50%以上。以色列兵役法规定,凡18~29岁的男性公民、18~26岁的女性公民,无特殊情况都要服现役。在服完规定的现役后,除少数自愿服职业兵役外,其他被认为仍适应服兵役的人员即转入预备役。

目前,以色列预备役兵力共有43万人,是现役兵力的2.5倍,约占总兵力的2/3和全国总人口的8.4%。其中陆军预备役36.5万人,海军预备役1万人,空军预备役5.5万人。预备役的来源主要有两类:一是退役人员,这类人员是预备役的主体;另一类是超过服现役年龄的公民,这类人在适龄期间由于种种原因未能应征入伍服现役,但根据兵役法的规定,应征预备役。以色列公民服预备役的最高年限,男子为50周岁,女子为24周岁。在以色列建国

53年的历史中，尽管预备役的服役年限和时间长短随着国内局势有所改变，但基本内容没有变化。

以色列军队从1948年组建以来，曾努力体现以色列新的民族性，参军或进入高级机构只限于犹太青年，特别是阿什肯纳兹人（以色列西方犹太人），除德鲁兹人以外，不征召阿拉伯公民，女兵在军队中没有重要作用。而现在，为了缓解人口少，兵源不足的压力，以色列军事机构正在努力改变这种社会和政治状况，恢复社会各阶层人民和军队之间的正常关系。兵役法规定：以色列的阿拉伯籍公民（包括贝都因人）和信仰伊斯兰教、基督教的公民经申请并审查批准可免服兵役，而对因健康等因素所限不能服兵役的，兵役法要求必须有足够的证据，并经兵役机关批准，否则也必须服役。这样，以色列服兵役者的范围将比过去任何时候更广，其目的是通过爱国教育把社会能量变成和解、宽容、谅解和社会团结。以色列一位高级军官说，以军招募穆斯林和基督教徒参军的新计划具有重要的意义，这将使他们摒弃极端主义，完全融入“大家庭”。另外一些以色列官员认为，阿拉伯人有平等服兵役的权利。

女性公民必须服兵役。以色列兵役法明确规定，凡年满18周岁的女青年均应服义务兵役。对少数因体检不合格、怀孕、基于宗教信仰不愿服兵役和在服役前已经结婚且有子女者，可视情况免除兵役；但已婚无子女者，在免服现役的同时需服预备役。适龄女性公民免服兵役需向专门机构提出申请，并必须有人做担保。女性入伍后，通常要进行3～4周的基础训练，训练结束后，体质好、文化水平高、训练成绩优异者，经严格选拔后送军事院校学习，毕业后充实到各级机关任技术员，其他一律从事一般性事务工作。女性在以色列军队中主要担负辅助性工作，但岗位分布相当广泛，如医生、驾驶员、计算机操作员等，有的甚至还担任部队基本训练的教官，在部队中发挥了不可忽视的作用。

福利待遇制度完善。为了调动应征青年的服役积极性，以色列军队还采取了许多独具吸引力的福利措施。新兵一入伍，就由征兵中心负责在就近的银行为新兵建立个人账号，通过银行个人账户向军人发放军饷，与此同时，还预先发给新兵一笔现金供暂时零用。国家规定，凡应征服兵役者，仍保持原薪金待遇，并由应征者原所在单位支付，其中的 2/3 由政府从专门基金中给予补助。

此外，以军士兵在服役期间还享受其他内容广泛的福利待遇。为保障各项措施的落实，以色列专门成立了士兵福利委员会，负责行使监督职能，主办一些具体福利项目，为士兵提供各种帮助。在以色列，无论是国有单位，还是私营企业，大都支持其员工服兵役，甚至还争先录用持有退伍证的人。

二、重视国防教育

犹太民族历史上长期遭受排斥、驱逐和杀戮，国防在这个国家中具有极为重要的特殊地位。无论是政府还是民众，对“国防”的认识都早已不仅仅局限于为了赢得战争的胜利，而是为了“生存”。

政府为了调动人们从事全民武装活动的积极性，利用多种形式向国民尤其是青少年灌输犹太复国主义和爱国主义，通过展示 2000 年来犹太人流散各地遭受的苦难经历，激发人们的爱国热情和献身精神。在这种宣传的影响下，以色列军人的社会地位备受推崇，民众都把当兵服役作为一生中值得自豪的事。在以色列，一个人的社会地位，常常在很大程度上取决于其从军服役的态度和经历。因此，人们入伍和参加军事训练的热情都非常高。耶路撒冷的一名军医说：“世界上恐怕只有我们这些军医在竭力寻找冒充健康人的病兵，而不是揭穿冒充病人的健康士兵。”

以色列的政府、学校、企业、各种社会团体都承担国防教育的职责和义务。服现役和预备役是每个公民接受国防教育的主要渠道，而这两部分成员包含了以色列 60%以上的人口。以色列的青年一般在中学毕业时入伍，中学毕业生中只有攻读医药、护理、工程、师范等不适于军方需要的专业者，才可延缓应征，直接报考大学。但入学前必须经过军训，毕业后还要到军队服役 3～5 年。除此以外，以色列的“全民武装”体制还包括一些类似“民团”的准军事组织，其成员包括老人和妇女等。政府每年拨出专款并实行社会集资，修建国防教育的基地、场所，更新设施，优化教育内容，改进教育手段，还以此作为衡量国防教育效果的一个重要标志。

以色列的国防教育形式也是比较丰富的。每逢独立日、阵亡将士日、死难犹太人纪念日等，都要举行各种活动，宣扬民族英雄的业绩。同时，以色列还利用“哭墙”、纳粹大屠杀纪念馆等，教育人们不要忘记历史。以色列有一个著名的马萨达古城堡，位于死海之滨的马萨达山顶。公元前 73 年，近千名犹太人拒绝向罗马征服者投降，在这里坚守 3 年后集体自杀。现在这里已被作为犹太民族为自由而死的象征。以色列每年入伍的新兵都要到这里宣誓：“马萨达不会再陷落！”由于国防教育形式的多样化，大大提高了教育的吸引力，增强了教育的效果。

三、高度重视战争动员，有效弥补不足

与周围阿拉伯国家相比，以色列的人口少，资源贫乏，国力有限，地理位置不利，缺少战略纵深。以色列领导人认为，为了弥补这些不足，必须动员犹太人社会的全部战争潜力，在发出战争警报后，依靠快速的动员，迅速扩充军队，并为战争提供充足的物资保障，使其能够在战争爆发后 48 小时内动员近 30 万人迅速投入战场。

为统一领导国防建设和战争动员工作，以色列设立了国防委员会，由总理担任主席，成员主要有总统，国防、外交、内政、财政等部部长，总参谋长，若干特别顾问。战争动员令由国防部通过广播、电视、电报、电话和口头等方式下达。以色列全国划分为北、中、南三个军区，每区设一个前线指挥部，负责本地区部队的动员、

训练和行政管理，以及战时的指挥。

以色列的预备役人员是战时兵员动员的主要对象，其主要来源是退伍军人。以色列实行的是普遍义务兵役制。由于人口少，兵源不足，适龄青年中高达90％的男性和近50％的女性要应征入伍。现役期满后，大多数人转为预备役。陆军所有预备役人员均编入成建制的预备役部队，这些部队编制基本与现役陆军部队的战时编制相一致。海、空军没有预备役部队，预备役人员采取“单个补充形式”编入现役部队。以色列预备役人员中还有很少一部分是已超过服现役年龄的而未服过现役的公民。这些人在服预备役之前，要到现役部队训练中心接受最基本的军事训练。为了使预备役动员有法可依，有章可循，以色列制定了《预备役储备计划》和《预备役动员法》。

为了保证预备役人员在战时能够快速有效地动员起来，以色列采取了多种措施。一是就地征召，就地储备，就地动员。以色列全国共划分为14个动员区，每个动员区设立了若干个征召集结点和应急军用仓库。每区编有1～2个预备役旅，分属北部、中部和南部军区。二是以城镇为中心组建预备役部队。以色列的一级预备役部队，特别是其中的战斗部队，大部分以城镇为中心组建，所用的武器装备也主要储存在城镇。这样，便于预备役部队战时集结，开赴战场。三是预备役部队的建制完整，任务明确，每次集训时，均各就各位进行训练。四是预备役部队编组固定，人员稳定，不是逐年进行新老兵交替，而是在多数成员服役期满时便解散，另行组建，从而便于训练。五是管理规范。以色列士兵入伍时建立的人事档案材料在其退出现役时与本人一起转到预备役部队。为及时掌握人员变动情况，预备役人员每次参加训练时，都要填写有关本人身体、工作、单位和住址等情况变化表。预备役部队的武器、弹药、服装及其他器材，平时都保存在军营内，由专门人员进行管理和维护，确保时刻处于完好状态。大量的油料、弹药、修理零配件，预先储备在作战地区附近，以便战时补充。六是训练严格。以色列对预备役人员的训练要求基本和现役军人一样，以保证一旦被动员起来，便可迅速担负作战任务。

以色列军队编配的运输、医疗、技术维修等人员非常少，战时这些方面的任务大部分依靠动员地方力量去完成。为保障扩编部队迅速开赴战场和动员全国力量为战争服务，以色列各级政府机构中的工业、商业、交通运输部门以及地方的各厂矿企业、医院、学校都制定有详细的动员计划，并落实到每个人、每辆车、每种物资。例如，全国的民用车辆均统一编组、编号，明确任务、归属，动员令下达后可根据电台播发的密码指令立即开往指定地区；地方医院一声令下即可转为军队医院；汽车修理厂工人、设备可以成建制地为军队服务；国家公共工程部和所掌握的仓库、汽车库、工棚、设备、各种专用车辆、工程师和各种专门人才，随时都可以应战争之需；公共卫生部门、电力和自来水公司的人员也能随叫随到。

以色列健全、完善、高效的战争动员体系有效弥补了人力、物力、财力等方面的不足，较好地解决了平战矛盾。在过去的战争中，快速高效的动员体制为以色列的胜利发挥了重要作用。特别是在第四次中东战争中，以色列战争动员发挥的巨大作用受到了世界瞩目。

1973 年 10 月 6 日，以埃及、叙利亚为首的阿拉伯国家及巴勒斯坦游击队向侵占西奈半岛和戈兰高地的以色列军队发动了突然袭击，第四次中东战争爆发。这天恰逢犹太教的赎罪日，以色列的许多官兵不在战斗岗位。因此，战争爆发后，以色列的前线部队一度陷入混乱。阿拉伯军队迅速突破以军防线，取得了战争的初期胜利。

危急时刻，以色列一面组织前线部队尽力迟滞阿拉伯军队的进攻，一面在后方迅速进行战争动员。战争爆发 15 分钟后，以色列电台就宣读了国防部的各项命令，并通过电话、电报和广播等各种手段，通知预备役人员到指定地点报到。仅仅 20 个小时，两个预备役师就到达西奈半岛指定地域。48 小时以内，就动员起预备役人员 30 万人，总兵力由战前的 11.5 万人猛增到了 40 多万人[21]。同时，工业、商业、交通运输部门以及厂矿、医院等也被迅速动员起来。动员令下达 1 小时后，被征用的公共汽车和载重汽车等就投入了军事运输，往前线运送预备役人员和作战物资。汽车和飞机工厂很快为修理军用装备做好了准备，工程技术和维修人员组成维修队迅速开赴战场，跟随部队行动，就地进行战场快速抢修。就坦克而言，以军被击毁的 1 000 多辆坦克，10 天内被修复了 700 多辆，迅速弥补了装备不足，保持了部队的持续作战能力。由于动员工作快速有效，前线得到不断增援，以色列很快扭转战局，取得了战争的最后胜利。事后有西方国家的军事评论家指出："如果称埃及强渡运河是这次战争的第一大胜利，那么以色列的动员则是第二大胜利。"

为了准备战争，2001 年，以色列国防军在全球设兵站，以便一旦巴以冲突扩大为地区战争，能迅速组织预备役犹太人回国参战。首批 9 个兵站设在纽约、洛杉矶、巴黎、伦敦、阿姆斯特丹、法兰克福、曼谷、孟买、约翰内斯堡的犹太社区中心或学校。此外，以军还派遣军官前往驻外使馆，核查当地预备役人数。局势一旦紧张，犹太人会积极回国，兵站将为他们回国服役提供便利。

我们并非要效仿以色列，但以色列军民这种高度的国防观念和战备意识，无论战时或平时都值得借鉴。

参考文献

[1] 哈特利·基斯，桑德勒·托德. 国防经济学手册[M]. 北京：经济科学出版社，2001.

[2] 杨帆. 剑与犁——当代国防经济的理论与实践[M]. 北京：石

油工业出版社,2002.
[3] 姜鲁鸣. 现代国防经济学导论[M]. 北京:国防大学出版社,2002.
[4] 刘义昌,尹希圣. 世界国防经济导论[M]. 北京:中国展望出版社,1987.
[5] 欧阳仑,王军,杨瑞卿. 军队管理心理学[M]. 北京:国防大学出版社,1987.
[6] 通基赦福金. 军队管理心理学[M]. 北京:解放军出版社,1987.
[7] 严防田. 军队管理学[M]. 北京:学林出版社,1986.
[8] 韩生民. 走向21世纪的外国军队考察[M]. 北京:军事科学出版社,1998.
[9] 沈伟光. 论中国军事变革[M]. 北京:新华出版社,2003.
[10] 郭寿航. 邓小平国防现代化思想研究[M]. 北京:国防大学出版社,1988.
[11] 杨启真,钮汉章,等. 当代军人修养[M]. 北京:军事译文出版社,1987.
[12] 秦耀祁. 邓小平新时期军队建设思想[M]. 北京:解放军出版社,1991.
[13] 杨春长. 邓小平新时期建军思想研究[M]. 北京:解放军出版社,1989.
[14] 张召忠. 话说国防[M]. 北京:国防大学出版社,2000.
[15] 徐弃郁. 海权的误区与反思[J]. 战略与管理,2003(5).
[16] 斯蒂芬 豪沃思. 驶向阳光灿烂的海洋——美国海军史 1775—1991:中译本[M]. 北京:世界知识出版社,1997:102.
[17] 王长胜. 中国与世界经济发展报告(2004):全球化下的经济环境治理与市场开放. 北京:社会科学出版社,2003:

216.

[18] 王梦奎. 研究和实践新的发展观[N]. 中国经济时报,2004-02-02.

[19] 杜岗. 论中国和平发展中的军事力量需求[J]. 战略与管理,2004(3):57.

[20] 陈昕晔. 大选竞赛与新政治规则[N]. 中国经济时报,2004-02-02.

[21] 王培安. 战火催化下的以色列兵役制度[N/OL]. 解放军报,2001-07-11(8). http://jczs.sina.com.cn.

第六章　国际军火贸易

国际军火贸易作为国际贸易的一种特殊形式，其产生原因可以用一般国际贸易理论来解释，但究其动机又有特殊之处，这决定了国际军火贸易的特点。考察当今国际军火贸易市场上主要军火出口国与进口国，他们在贸易动机、贸易对象、贸易方式等方面也各有不同之处。军火产品的交易给经济增长与经济发展、地区和平与稳定等方面带来不同且复杂的影响，应引起国际社会的广泛关注以维护民众福祉。我国作为国际军火贸易市场中的一员，在军火贸易结构、军贸管理体制等方面也存在借鉴其他国家经验而加以改进的空间。

第一节　国际贸易理论与国际军火贸易的产生

一、国际贸易理论概述

有关国际贸易理论的学说可以追溯到 16 世纪。伴随着资本主义的发展，国际贸易理论在 18 至 19 世纪日益发展，20 世纪得以完善，形成了在西方经济学分支中占据支配地位的理论。

1. 绝对比较优势理论

亚当·斯密(Adam Smith，1723—1790)在其代表作《国富论》一书中，提出了绝对优势理论(Theory of Absolute Advantage)，认为一国的出口要有竞争力，必须要具备相对最低的生产成本。同时他主张如果外国产品比自己国内生产的便宜，那么最好是输出本国具有有利生产条件的产品与外国交换，而不是自己生产。这样会提高劳动生产率和增加物质财富。

2. 相对比较优势理论

大卫·李嘉图(David Ricardo，1772—1823)发展了亚当·斯密的绝对比较优势理论，提出了比较优势理论(Law of Comparative Advantage)，认为假如只有两种产品的生产，即使一国在两种产品的生产上都具有绝对优势(或劣势)，只要这种优势(或劣势)具有程度上的差异，通过国际贸易，在资本和劳动力不变的情况下，生产总量将增加，贸易双方都将获得利益。

3. 要素禀赋说

20世纪30年代，瑞典经济学家赫克歇尔(Eil Filip Heckscher，1879—1952)和俄林(Beltil Gotthard Ohlin，1899—1979)将比较优势理论进一步发展，提出了"要素禀赋说"(Factor Endowment Theory)，认为在各国生产商品使用的技术相同的情况下，不同国家生产要素的丰缺可以解释国际分工和国际贸易产生的原因和该国进出口商品的结构。

二、基于国际贸易理论的国际军火贸易产生的原因分析

国际军火贸易是国际贸易的一种，其交易内容有广义和狭义之分：广义的军火贸易包括武器装备、弹药、军用零备件、军火生产所需的设备、军事训练及军事生产技术等所有与国家安全有关的商品；狭义的军火贸易主要指飞机、军舰、导弹、坦克、火炮等大型武器系统的国际交易。现代国防经济学研究的军火贸易主要是指后者。

在对有关国际贸易理论概述之后，我们分析国际军火贸易产生的原因。

1. 基于绝对比较优势理论的国际军火贸易产生的原因分析[1]54-55

为了便于分析，假设军火贸易在A，B两国间进行，每一国家

的资源只用于生产两种产品:大炮和黄油。假定A国和B国在贸易前生产大炮和黄油的情况如表6-1(a)所示。

表6-1(a)　绝对比较优势理论举例(分工前)

国家	大炮产量 单位	所需劳动人数 人/年	黄油产量 单位	所需劳动人数 人/年
A国	1	120	1	70
B国	1	80	1	110

由表6-1(a)可知,A国在黄油生产上占据优势,B国在大炮生产上占据优势。如果开展国际贸易,A国在国际分工中将资源集中于黄油的生产,B国将资源集中于大炮的生产,则分工后两国生产大炮和黄油的情况如表6-1(b)所示。

表6-1(b)　绝对比较优势理论举例(分工后)

国家	大炮产量 单位	所需劳动人数 人/年	黄油产量 单位	所需劳动人数 人/年
A国			2.7	190
B国	2.375	190		

现在,为满足国内消费的需要,A国从B国进口1单位大炮,B国从A国进口1单位黄油,则在投入资源不变的情况下国际贸易后的两国可消费产品如表6-1(c)所示。

表6-1(c)　绝对比较优势理论举例(贸易结果)

国家	大炮可消费量/(单位)	黄油可消费量/(单位)
A国	1	1.7
B国	1.375	1

由表 6 - 1(c)可知，经过国际分工和国际贸易，不仅满足了两国对大炮和黄油的需求，而且可消费产品数量得到增加。

2. 基于相对比较优势理论的国际军火贸易产生的原因分析[1]56-57

如表 6 - 2 所示，假定 A，B 两国都从事两种武器 a 和 b 的生产，两国在分工前各自进行两种武器的生产。由表 6 - 2 中数据可知，B 国在两种武器的生产上均具有比较优势，而 A 国生产武器 b 的劣势较小，或具有比较优势。按照相对比较优势理论进行国际分工，A 国将资源集中于武器 b 的生产，B 国将资源集中于武器 a 的生产，则分工后在所投入总资源不变的情况下，两种武器的总产量较分工前都有增长。为满足各国武器消费的需要，两国通过国际贸易交换所需武器。由表 6 - 2 中贸易后数据可知，通过国际分工和国际贸易，不仅满足了两国对两种武器的需求，而且可消费产品数量都有所增加。

表 6 - 2 相对比较优势理论举例

国家		武器 a 产量 单位	所需劳动人数 人/年	武器 b 产量 单位	所需劳动人数 人/年
A 国	分工前	1	120	1	100
B 国	分工前	1	80	1	90
	合计	2	200	2	190
A 国	分工后			2.2	220
B 国	分工后	2.125	170		
		2.125	170	2.2	220
A 国	贸易后	1		1.2	
B 国	贸易后	1.125		1	

3. 新古典贸易模型

假设R国与M国生产技术水平与偏好完全相同，但资源禀赋存在差异，两国的生产可能性曲线如图6－1所示。$(P_w/P_f)_r$ 和 $(P_w/P_f)_m$ 分别表示在封闭经济条件下R国与M国国内武器与食品的价格比，R^* 与 M^* 分别表示此种情况下的均衡点。在贸易条件下，武器与食品的价格比变为(P_w/P_f')，相应的生产均衡点会变为 R' 与 M'，消费均衡点会变为 R_c 与 M_c。此时，R国会进口 $C-B$ 单位食品，出口 $A-B$ 单位武器。同理，可分析得到M国的情况正好相反。

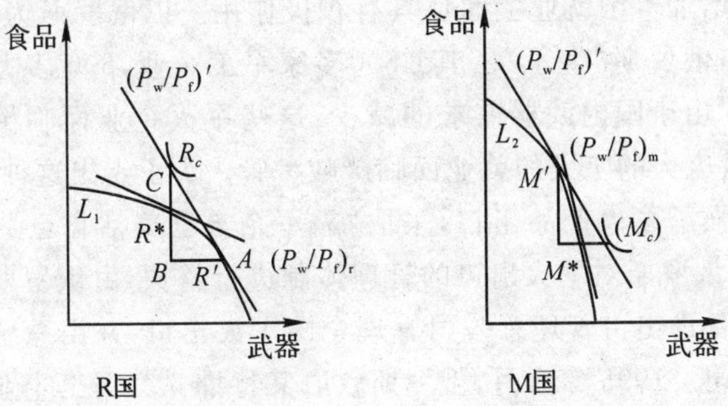

图6－1　新古典贸易模型

三、国际军火贸易动机

以上根据国际贸易理论分析了国际军火贸易产生的原因。作为国际贸易的一种形式，国际军火贸易产生的原因很大程度上可以用国际贸易理论来解释；同时，作为一种特殊的国际贸易形式，国际军火贸易又显示出其特殊性，主要表现在其动机的不同。国际军火贸易的产生动机主要有以下几个方面：

1. 经济利益

这里的经济利益主要指商业利益与国内就业。与一般国际贸易相同，军火贸易也能给一国带来商业上的利益。也正是因为这个原因，在国际军火贸易市场上各主要军火出口国展开了激烈竞争。第二次世界大战后，美国的全球利益把整个国民经济推上了军事化轨道，进而形成了庞大的军事-工业联合体[4]115。这种联合体使得军事与工业利益紧密相连。一些大型的军事工业集团如波音公司、洛克希德-马丁公司在政府的决策过程中历来具有很大的影响，政府中也不乏其利益代言人。出于巨大商业利益的考虑，军事工业集团游说甚至迫使政府制定有利于自身的对外军火贸易政策，扩大军火贸易和军火生产。同时，对于军火出口国而言，军火出口在增加本国就业上面也具有积极作用。以俄罗斯为例，苏联解体后，俄罗斯“继承”了其1 500多家军工企业，500多万生产工人[8]42。由于国内武器需求的减少，这些军火企业面临倒闭的境况，数量庞大的工人的就业面临严峻考验。为了走出这种困境，俄罗斯加强了军火产品出口，采取“靠军企自己养活自己”的对策。1994年俄罗斯对军火出口的管理体制进行整顿，由俄罗斯武器和技术装备进出口管理总公司管理全国军火出口，并由总统直接控制该公司。1995年8月，俄罗斯政府又特批6家军工企业可以直接向世界军火市场销售武器。由此可见，经济利益动机对国际军火贸易影响巨大。

2. 国家战略

这里的国家战略主要指军事战略和外交战略。国际军火贸易一个很重要的特殊性就表现在它与一国的国家战略紧密相连，军火贸易往往作为实现国家战略的一个重要手段。其作用主要表现在：一方面武器出口国可以附加一定的政治条件给武器进口国，以获取额外的政治利益，促进外交战略的实现；另一方面通过武器的进出口可以给第三方形成震慑或威胁，以此作为手段对第三方实施外交影响。如美国为了维护台湾海峡两岸均势，对大陆造成制衡，维持两岸现状，多年来不断向台湾出售军火，以确保台湾军队在武器装备方面能与大陆相抗衡，实现美国在亚太地区的外交战略。2000 年美国售台武器达到 18.7 亿美元，包括 163 枚“鹰式”防空导弹等先进武器装备[4]117。可见，不仅在贸易额上数量颇大，而且从军火出口的产品结构上看，其战略意图也是很明显的。这几年由于“中国威胁论”在美国的沉渣泛起，美国方面在对华军售问题上进行围堵，不仅极力阻挠欧盟解除对华军售禁令，也极力阻挠以色列、乌克兰等国对华的武器出口。这是因为目前美国国防部主要由鹰派人物控制，采取的是从军事上围堵中国的战略，如加强在东亚的军事联盟，把中国作为假想敌进行军事部署。对华的军火贸易政策也是为了配合这种军事战略的实施。目前美国正在灵活地通过军火贸易来平衡与巴基斯坦和印度之间的关系，相关研究认为，这种外交政策除了能给美国带来直接的经济利益外，也显示了美国围堵中国的大战略。与当今一般国际贸易相比较，国际军火贸易在这方面的动机是比较明显的。

3. 战争需要

军火因战争的需要而产生，因此国际军火贸易的历史可以追溯到战争的源头。最早的武器交易产生于原始社会末期和奴隶社会早期。阶级和国家的出现，对于利益的争夺导致了较大规模战争爆发的可能性增大，由此导致了对武器的需求增加。这个时候出现了最早意义上的国际军火贸易。随着国家常备军的组建，军火交易的规模开始扩大并形成了国际军火贸易市场。军火商品的使用价值主要体现在战争或国防上。出于战争或防备的需要，一国会在国际军火市场上购买军火商品。如第二次世界大战期间这种动机表现的很明显。当一国的国内安全受到威胁时，对军火商品的需求会增加；反之，则需求会减少。而这种情况下，价格因素的影响往往不像在一般国际贸易中那样。

一国国际军火贸易的动机往往不是唯一的，而且在不同的时期主要动机也往往不一样。例如，第一次世界大战前主要是为了商业利益,第二次世界大战中主要是为了战争的胜利,冷战期间是为了争夺全球霸权的需要,冷战结束后则主要有商业利益与外交战略上的双重考虑。因此,分析一国国际军火贸易动机时,需要综合考虑该国的经济、政治、军事等因素,才能得出正确的结论。在本文以下分析当前国际军火贸易市场时,将充分考虑到这些贸易动机。

四、国际军火贸易方式

国际贸易方式是指国际贸易中采用的各种方法。随着国际贸易的发展,贸易方式亦日趋多样化。除采用逐笔售定的方式外,还有包销、代理、寄售、拍卖、招标与投标、期货交易、对销贸易等。在国际军火贸易中,随着国际军火贸易的发展,贸易方式也日趋灵活,主要有易货贸易、联合生产、改进旧装备、设立培训中心、转让武器生产技术、补偿贸易、提供政府信贷担保等等。有的贸易还使用赊账或先试用后付款的方式。以下简要介绍几种比较常见的国际军火贸易方式。

(1)易货贸易。指军火进口国用原料、能源等换取进口国的武器装备。这种贸易方式在 20 世纪 80 年代后发展起来,在军火贸易中达到了相当可观的规模。据经济合作与发展组织估计,工业国之间的易货贸易主要集中在军事和航空部门,1983 年贸易达 159 亿美元。1980—1984 年间,美国 188 亿美元的出口协定与易货贸易有关。这种贸易方式在俄罗斯的军火出口与南亚地区的军火进口中比较常见。俄罗斯习惯于用易货贸易方式结算,允许一时拿不出外汇的发展中国家用产品冲抵部分现金[17]。

(2)技术合作。现代许多大型复杂的武器装备研发耗资巨大,研制生产周期长,技术复杂性高,不少国家往往采用技术合作的方式来进行。参与各方分工明确,有利于发挥各自优势,并且在技术上可以互补,从而缩短研制周期,最终通过共同购买还可以扩大销路。德国70%的武器装备研制计划采用国际合作的形式。这种方式也受到第三世界国家欢迎。因为这些国家经济实力有限，没有资金购买大量所需的性能先进武器装备，并且通过合作研制还可提高本国军工企业的技术水平和生产能力。

(3)技术支持。出口武器装备技术含量的逐步提高，也使得相关的售后服务迅速扩展。与出口武器装备有关的人员培训、装备维修、技术指导等服务产业也赢得了利润和市场。如法国就有不少与武器装备出口相关的专业支援、培训咨询公司，与制造商合作，保证对购买方的技术人员、操作人员进行培训，以扩大武器销售。英国曾在沙特驻有300多名雇员负责所采购武器的支持保障、技术培训、机场建设等[18]。现代化武器系统一般价格非常昂贵，而许多发展中国家受经费限制不能大量购进。同时，对许多已经落后但完全淘汰会造成资源浪费的武器装备的处理与保养等也是一个问题。一个两全其美的办法是对旧式武器进行改造，这既可节省大笔经费，也可得到性能先进的武器。因此，这是发展中国家提供给发达军火出口大国的又一个潜力巨大的市场。西方军火出口大国凭借自身雄厚的技术条件，在实现经济利益与国家战略的贸易动机下，也积极进行这种技术贸易。相关资料显示，目前发展中国家有2万辆坦克和8 000架战斗机不能适应战争需要，技术改造市场潜力相当大。仅对T—54和T—55坦克进行改装，今后20年内就有40多亿美元的改装费市场。如埃及曾同英国签订改装埃陆军1 200辆T—54，T—55坦克和600辆T—62坦克的合同。美国也考虑改造M—113装甲车。法国在改装业务方面也有一定优势，目前正在埃及改装苏制坦克和飞机。以色列也在拉美和非洲改装了200余架“幻影”3型和5型飞机。在当今国际军火贸易市场上，随着新式武器系统交易数量的增多，大量而长期的技术服务的需求也随之增多，可以预见这种贸易方式的使用也会增多。

(4)国际军火集团贸易。上面提到了技术合作,现在许多军火出口国还出现了联合生产和销售的机构,西欧的法国、德国、英国、意大利早就开始进行飞机和导弹制造方面的合作生产,目前联合研制和生产的武器有25种。武器的联合生产直接扩大了这些国家的出口,例如,由法国航空航天公司与德国梅伯布公司合营的欧洲导弹集团,1985年实现营业额约80亿法郎,并完成了145亿法郎的订货。这种跨国集团生产和贸易方式,还可以避免一些国家的出口政策限制,从而扩大销售。

五、国际军火贸易的特点

由于军火产品的特殊性,国际军火贸易与一般国际贸易相比也具有自己的特点,主要表现在:

(1)与国家安全相关性大。国际军火贸易的交易对象是武器装备,而武器装备是一国国防中的主要力量之一。国际军火贸易通过改善国家的武器装备从而影响该国的国防力量,进而影响国家安全。

(2)受政治性影响较大。上文关于国际军火贸易动机的分析也提到,国际军贸动机除经济利益驱动外,还与国家战略有很大联系,特别是受政治性影响较大。出于政治性因素的考虑,一些军火出口国家在出口地区的选择上会有所限制。

(3)交易主体的单一性。由于军火产品的特殊性,各国在军贸政策上往往采取比较严格的管制,对交易主体的资格要求严格。一般来说,国际军火贸易中的交易主体一般为国家或代表国家的军事工业集团。

(4)流通环节少。由于交易主体的单一性,决定了在国际军贸中流通环节少的特点。在一般国际贸易中一般存在着中间商,而在国际军火贸易中,交易主体为国家或代表国家的军事工业集团,因此存在中间商的情况很少。

第二节　国际军火贸易市场

一、国际军火贸易市场均衡模型

以下根据新古典贸易模型来分析国际军火贸易市场的均衡。假设军火贸易在两个国家 R 国与 M 国展开，两国的生产可能性曲线如图 6-1 所示，两国的供给与需求函数如下：

R 国：

$$D_r = a - a'P_r \qquad S_r = b + b'P_r \tag{1}$$

M 国：

$$D_m = c - c'P_m \qquad S_m = d + d'P_m \tag{2}$$

式中，D_r 与 S_r 分别表示 R 国对军火商品的需求量与供给量；D_m 与 S_m 分别表示 M 国对军火商品的供给量与需求量；P_r 与 P_m 分别表示封闭经济条件下 R 国与 M 国的军火商品价格；$a, a', b, b', c, c', d, d'$ 均为参数，其中 $a, c, b', d' > 0, a', c' \geqslant 0, b, d \leqslant 0$。在封闭经济条件下，两国的军火生产自给自足，均衡价格与均衡产量由本国的需求函数与供给函数决定，此时的两国均衡价格与均衡产量为

$$P_r^* = (a-b)/(a'+b') \quad D_r = S_r = a - a'(a-b)/(a'+b')$$

$$P_m^* = (c-d)/(c'+d') \quad D_m = S_m = c - c'(c-d)/(c'+d')$$

在开放经济条件下，两国通过国际贸易交换所需军火商品。根据图 6-1 所示新古典贸易模型，国际军火市场上的军火商品价格会发生变化，进而各国的需求与供给会发生相应变化。假设 P 为此时国际军火交易市场上的武器价格，则此时 R 国的军火出口计划为

$$ES = S_r - D_r = (b-a) + (b'+a')P$$

同时根据新古典贸易模型，M 国将进口武器，其进口计划为

$$ID = D_m - S_m = (c-d) - (c'+d')P$$

则此时国际军火贸易市场上的均衡价格和均衡产量分别为

$$P^* = (a-b+c-d)/(a'+b'+c'+d')$$

$$ES = ID = (b-a)+(b'+a')P^*$$

需要说明的是,函数关系式(1)和(2)是简化了的需求函数与供给函数。实际上正如上文所分析,国际军火贸易的动机是多样的,因此其函数关系式中的参数也比较复杂。以上函数关系式借鉴了我国学者姜鲁鸣、卢周来等翻译的英国学者基斯·哈特利与美国学者托德·桑德勒主编的《国防经济学手册》一书第 536 页的内容,并将其与新古典贸易模型相结合进行分析。

二、国际军火贸易市场的需求与供给

国际军火贸易市场上的需求与供给主要是通过对当今国际军火市场上的主要出口国与进口国展开分析的。冷战时期,伴随美苏争霸,世界划分为两大阵营,国际军火市场也相应划分为两大分割的体系。两大体系之间开展军备竞赛,并对对方实行严密的军火贸易封锁。这个时期,国际军火贸易主要在这两个分割的体系内开展。随着苏联解体和华约解散,这种界限逐渐被打破,国际军火市场成为一个统一的市场。美、英等西方国家开始向捷克、波兰、印度等国家出售武器;俄罗斯的军火市场也逐渐扩展到土耳其、以色列等国。

1. 主要军火出口国

冷战结束后,世界军火出口主要来源于美国、俄罗斯、法国、德国等国,这些国家的军火出口份额占据了国际军火市场上的绝大部分。表 6-3 列出了 1990—1996 年西方国家主要常规武器销售情况。美国和俄罗斯是当今世界最大的军火出口国,在向发展中国家供应武器装备的军火市场上占主导地位。相关资料显示,2004 年美国和俄罗斯公司分别与发展中国家签署了价值近 70 亿美元和 60 亿美元的常规武器销售协议,两者加起来占该年度发展中国家军购协议总额(约218亿美元)的近60%。

表6-3　1990—1996年西方国家主要常规武器销售情况

单位:亿美元

国家	1990年	1991年	1992年	1993年	1994年	1995年	1996年
美国	106.48	125.68	141.87	142.70	120.29	109.72	102.28
俄罗斯	104.59	46.57	29.18	37.73	7.63	35.05	45.12
德国	15.56	25.20	15.27	17.27	24.48	15.49	14.64
英国	15.09	11.43	13.15	13.00	13.46	15.68	17.73
法国	22.20	10.71	13.02	13.08	9.71	7.85	21.01
荷兰	2.67	4.53	3.33	3.95	5.81	4.30	4.50
意大利	2.87	3.60	4.34	4.47	3.30	3.77	1.58

数据来源:《斯德哥尔摩国际和平研究所年鉴》(1993—1997年),转引自王逸峰、王中文,《后冷战时期美国军火贸易动态及动机分析和展望》,西北第二民族学院学报[J],2004年第2期,第114页。

(1)美国。冷战期间,美苏两国各自在自己体系内的军火贸易中占有主导地位。早期美国占据优势,后期苏联占据优势。然而冷战结束后,美苏两强只剩下美国一霸,美国一直在国际军火贸易市场上处于控制地位。20世纪90年代以来,美国的对外武器销售一直保持着强劲势头。从1991年起,每年的军火出口额占世界军售的50%以上,其中1993年甚至超过60%。1999年美国军火出口额为184亿美元,占世界武器市场的54%。两次世界大战使美国的国防工业得到了发展,第二次世界大战后,美国更是建立了强大的国防工业体系,并形成决策、咨询服务、执行主体三个层面。在1992—1997年间,美国出现了三个巨型军火公司:洛克希德-马丁公司(同罗斯罗普-格鲁曼公司合并,年军品销售额超过210亿美元)、波音公司(同麦克唐纳-道格拉斯公司合并,年销售额为160亿美元)及雷铁昂公司(年销售额为130亿美元)。2000年美国国务院发表了一份1999年全球军火贸易研究报告，该报告显示，美国1999年武器出口额为118亿美元，占全球军火出口的1/3，居世界第一位。报告还指出了美国军火贸易的特点：一是美国武器出口额呈逐年上升趋势，如美国武器销售1997年为77亿美元，1998年为103亿美元，1999年升至118亿美元，年增幅高达14%；二是世界军火市场竞争激烈，美国凭借其传统军售地盘和技术优势，仍占据优势地位；三是美国军售对象主要为发展中国家，1996年以来，美国与发展中国家达成了价值257亿美元的军火合同，占全球总交易额的1/3以上。美国2004年交付的武器价值近186亿美元，占发展中国家实际交付的军购总额的53.4%，远远超过排名第二的俄罗斯(46亿美元)和排名第三的法国(44亿美元)。

(2)俄罗斯。90年代初，苏联一年出口200亿美元的军火，几乎是美国的两倍。苏联解体后，俄罗斯的军火出口大幅下降，但一直处于世界军火出口国的前列。俄罗斯继承了其大约80%的军事经济能力。经济的不景气也影响到了俄罗斯的军事工业。据统计，1992—1996年间，俄罗斯军品生产几乎减少了5/6，民品生产减少了2/3。为摆脱经济不景气给军工企业带来的困境，俄罗斯自然而然地转向了扩大军火出口贸易。再加上冷战时期军事工业基础，俄罗斯形成了完备的军事工业体系。近几年，俄罗斯凭借新式武器装备和低廉价格，使俄罗斯的军火贸易出口额不断扩大。同时，俄罗斯出口武器的新旧兼容性也使其在国际军火贸易市场上备受青睐。同时，低廉的价格也使俄罗斯在国际军火市场上富有竞争力，如T—72坦克价格只有180万美元，而美国的M1系列坦克价格为300万美元；米格— 29价格只有1 100万美元，而美国F/A—18战斗机价格为3 960万美元；C—300导弹系统则以低于美国“爱国者”导弹一半的价格向以色列出售。在付款方式上，既可全部用硬通货美元结算，也可用软货币结算，此外还可以进行易货贸易。这些灵活的措施大受印度等国家的欢迎，使俄罗斯军火赢得了不小的国际市场。俄罗斯还积极为武器购买国提供人员培训、技术支持、合资建厂、供应零配件等多种优惠。

(3)西欧国家。西欧地区的军火出口大国主要是法国、英国、德国和意大利等国。这些国家都具有比较雄厚的军事工业基础。

法国的军火贸易动机中的经济利益动机比较明显,政治性色彩则比较淡薄。法国历届政府都注重军火出口。例如,戴高乐将军火出口视为补偿武器研究开发费用的一种途径;德斯坦、密特朗和希拉克则把军火出口作为弥补外贸逆差、支付石油账单、解决部分失业问题和部分地控制通货膨胀的重要手段。对丰厚经济利益的追求和对国内工业发展的重视,使法国和新兴工业化国家巴西的军火贸易形成了国际军贸体系中的“法巴贸易模式”,即在承认军火贸易受国家政治军事战略制约的前提下,着眼于经济利益的获取,将军火贸易作为国际贸易的重要组成和立国的支柱。法国可供出口的先进武器包括战机、潜艇和导弹,同时,法国的军事卫星也居世界先进水平。20 世纪 80 年代以来,法国的军火出口一直居世界前三位,并占据世界出口 10%左右的份额。法国军火出口的主要地区是中东、亚洲、拉美和欧洲。

第二次世界大战后英国在军火出口中奉行商业实用主义政策,把武器出口作为扩大本国政治影响,平衡贸易逆差,增加经济收入,减少财政赤字和解决就业问题的重要手段。据 1996 年《简氏防务周刊》统计,1995 年英国开始成为仅次于美国的世界第二大军火出口国。1995 年,英国军火出口总额占世界军火市场的 19%。1996 年,英国军火出口的总额达到 82.6 亿美元,占世界军火市场 25%的份额。英国的先进战机在国际军火市场上具有较强的竞争力,包括英国、德国、意大利合作研制的“狂风”(tornado)战斗机,英国和法国联合研制的“美洲虎”攻击机及“鹞”式战斗机。目前,英国武器出口的重点转向南亚地区。据英国卫报报道,英国政府批准的对印度军售额在 2001 年后增加了一倍,2002 年达到

1.1 亿英镑。英国政府批准的对印度尼西亚的军售金额已由 2000 年的 200 万英镑上升到 2002 年的4 000万英镑。

由于历史和外交政策等方面的原因,德国对军火出口历来持比较审慎的态度,军火产品的 80%以上主要销售于国内市场。1997 年至 2002 年,德国军火出口量减少了 55%。根据德国政府 2002 年 12 月通过的《2002 年武器出口报告》,德国坦克、导弹等作战武器的出口量为 3.184 亿欧元,较前年减少了 13%。受这种军火出口政策的影响,德国的军工企业也有不同程度的萎缩,仅坦克制造工业雇员就从 1989 年的 4.4 万人下降到 2004 年的 1 万多人。近几年来,德国政府松动军火出口政策,受到了军工企业的欢迎。2003 年,德国的武器出口增加了两倍,达到 15.5 亿美元,在世界军火市场中的份额也由先前的 3.5%提高到 8%以上[14]。德国军火出口的主要对象国是欧盟成员国。近几年来,德国对南亚的武器出口大幅增长。德国军火产品中的运输机、直升机和战舰受到各国青睐,潜艇和坦克在国际军火贸易市场上也具有较强的竞争力,其中“豹Ⅱ”坦克目前已经装备到奥地利、丹麦、荷兰、挪威、西班牙、瑞典和瑞士等国的陆军。

意大利老牌的军用电子技术在世界上享有较高声誉,部分电子装备的技术水平居世界首位,甚至连美军都采购部分意大利电子装备。

值得注意的是,美国与西欧国家在对华军售问题上的分歧。最近 10 年,美国的军火出口数额巨大,西欧国家与之相比军火出口额则显得很少,例如,2001 年法国军火出口仅 4 亿美元,德、英、意等军工大国几乎没有军火出口。恢复对华军售,是欧盟经济利益的需要。

(4)以色列。在 2004 年的军火出口市场上,以色列首次成为世界五大武器出口国之一,当年的军火出口额达到 12 亿美元。以色列的军火商有 600 多家,其中不乏大型的军事工业集团,如索尔·艾森伯格公司(后改名为以色列联合发展公司)、拉斐尔公司、贝塔·提克瓦公司、阿维公司、西叶公司等。此外,以色列还在世界主要城市设有国防部的办事处,代理国防部的军贸业务。

(5)日本。日本并不是国际军火贸易市场上的一个出口大国,但是其军事工业实力雄厚,此处也加以简要的介绍。日本军事工业是亚洲技术水平最高的[6]27,但其军事工业对于国际军火贸易市场而言具有相对独立性。作为第二次世界大战战败国,根据战后安排,日本不得向其他国家出口武器、军事技术或武器制造能力。1967年起,日本就限制出口军事技术。1976年起,日本政府一直宣称"日本不会推动武器出口,无论目的地是哪里"。日本政府大臣和官员无论在国内和国际舞台也始终坚持这一立场,强调日本不会参与全球军火交易。例如,在2000年,日本副首相杉浦正健在联合国大会上就曾表示:"日本一直在积极寻求军备控制和裁军。我们不允许向任何国家出口武器。"但是,由于军民两用技术在武器生产中的广泛使用使得日本在军火出口方面有隙可乘。因此,日本并没有被限制在国际军火贸易市场之外。日本的军民两用高技术覆盖微电子、光电、材料等各个领域,其中许多技术如图像寻的器、光纤通信和精细陶瓷技术等已被美国等国家广泛应用于研发各类战斗机、战略轰炸机等先进武器系统。在未来智能化与信息化的时代背景下,日本在这个领域占有的优势与潜力是十分明显的。实际上,日本通过军民两用的名义在国际军火贸易市场上仍占据了一定的份额。海湾战争后美国军用电子工业协会的一份研究报告指出,"在美国军用电子产品中60%至70%使用了日本芯片。没有日本产品,美国就无法打海湾战争。"相关研究也显示,日本一旦完全解除军火出口限制,其厂商将可以控制世界舰船建造业的60%、军用电子市场的40%、汽车市场的46%和航空航天业市场的30%左右[3]316。

2. 主要军火进口国

一般来说,主要武器装备进口国或地区,主要集中在战争或具有潜在不安定因素的区域,因为这些区域具有比较大的军火产品需求。目前世界上最大的10个军火进口国主要集中于亚洲。美国国会研究处军事专家理查德·格里梅特撰写的一份报告表明,从1997年到2004年的8年间,印度以157亿美元的军购额成为发展中国家里最大的武器买主,接下来分别是阿联酋(150亿美元)、埃及(128亿美元)、沙特阿拉伯(105亿美元)、以色列(98亿美元)和韩国(8 2亿美元)。

(1)印度。印度是南亚地区最大的军火进口国。自1947年独立后,印度一直在追求跻身世界大国的目标。印度开国总理尼赫鲁曾经说过:"印度是不能在世界上扮演二等角色的,要么做一个有声有色的大国,要么就销声匿迹,我不相信中间地位"。同时,由于与巴基斯坦之间的军事对峙,克什米尔地区陈兵百万。为了保持与加强在南亚次大陆的绝对军事优势,印度不惜重金进口国外先进武器装备以提高军队的现代化水平。据统计,1998年至2001年间,印度的军火进口额为72亿美元。2000年印度的军火贸易进口额达到48亿美元[12]12,仅次于阿联酋(74亿美元),位居世界第二。其所欠外债也大多源自军火进口。这一巨大的市场也引起了各个军火出口大国之间的争夺。历史上,苏联、西欧与美国是印度军火进口的主要来源。俄罗斯与以色列是目前印度的主要军火贸易伙伴。随着印度成为美国在南亚的重要反恐伙伴,同时也为了实现进口多元化和改善美印关系的目标,美国也逐渐成为印度尖端武器装备的重要来源之一。俄罗斯垄断印度军火市场的局面逐渐被打破。

(2)巴基斯坦。巴基斯坦是南亚第二大国,也是南亚六国中仅次于印度的第二大武器进口国。巴基斯坦大量进口军火的动机很大程度上是为了抗衡印度。20世纪50年代中期以前,巴基斯坦的武器进口主要来源于其以前的宗主国英国。1954 年,美巴签订军事援助协定,美国取代英国成为巴基斯坦武器进口的主要供应国。1965 年美国对印巴实施武器禁运时,巴基斯坦开始从苏联、中国、西欧等国家进口武器。1977 年武器禁运解除后,美国重新成为巴基斯坦主要武器供应国之一。1973—1977 年,巴基斯坦主要武器进口额为 6.22 亿美元,占南亚进口总额的 27%,为印度进口额的 51%。1978—1982 年,巴基斯坦武器进口额比 70 年代中期增加了 242%,达到 16 亿美元。20 世纪 90 年代以来,巴基斯坦每年的武器进口额都保持在 5 亿美元以上[13]。

(3)海湾六国。海湾六国指"海湾合作委员会"六个成员国,包括沙特、阿联酋、科威特、卡塔尔、阿曼及巴林。海湾战争结束后,为实现富国强兵,海湾六国不惜巨资进口先进的武器装备。相关研究显示,20 世纪 90 年代是海湾国家采购武器的高峰期,开支曾一度达到世界武器销售额的 43%[11]64。海湾地区成为军火消费较大的地区有其复杂的历史背景。中东地区石油资源丰富,战略位置重要。第二次世界大战后,在美苏争霸的背景下英法等国在这一地区的势力遭受排挤。美苏争霸使得这一地区民族矛盾、宗教矛盾、领土矛盾不断,冲突频繁,战乱不止;周边国家伊朗和伊拉克与六国间也存在矛盾,如伊朗与阿联酋在南波斯湾的阿布·穆萨和大、小通布岛的归属问题上的争端由来已久,伊拉克在 1979 年萨达姆执政后提出建立一个"统一、公正、均富"的阿拉伯社会和一个横跨亚非两洲的泛阿拉伯统一国家,并于 1990 年出兵占领科威特,这些都令海湾六国不得不加强防卫能力。此外,海湾六国内部也矛盾重重,如卡塔尔与巴林在哈瓦尔群岛的争端等。出于提高自身防卫能力的动机,海湾六国大量进口武器装备。仅从 1997 年到 2001 年,海湾六国的武器装备计划采购费用就高达 750 亿美元[11]66。美国、英国和法国是海湾六国进口武器装备的主要来源国家。

(4)韩国。韩国建国初,由于朝鲜半岛的局势一直很紧张,出于自身安全的考虑，每年都要进口大量的武器装备。随着冷战的结束，东西方局势的缓和，朝鲜半岛的局势也趋于缓和，但韩国武器装备的进口量却并无明显减少。这是因为虽然冷战结束后的南北关系有一定的改善，但两国的军事对峙却并没有结束。20 世纪 90 年代以前，美国凭借其在韩国的特权几乎垄断了韩国的国际军火贸易市场。如整个 80 年代，韩国的军火进口几乎全部来源于美国。进入 90 年代，韩国的武器进口呈现多元化趋势，武器进口来源国主要是美国、德国、荷兰、英国、以色列等国。据瑞典斯德哥尔摩国际和平研究所透露，1992 年韩国签订的军火订单主要有荷兰产 STTR 火控雷达 6 部，美国产 RIM—7P“海麻雀”舰空导弹 45 枚，RGM—84 舰舰导弹系统 3 部；1994 年的军火进口合同有德国产 209/100 型潜艇 3 艘，美国产 AN/SPS—49 监视雷达 3 部，S—70A/UH—60P 直升机 57 架，K—1A1/88 型主战坦克 57 辆等；而 1997 年订购的武器有法国产 F—406“大篷车”—2 轻型运输机 5 架，“西北风”便携式地空导弹1 294枚，德国产 B0—105CB 直升机 12 架，印度尼西亚产 CN—235—220 运输机 8 架，以色列产“哈佩”反雷达导弹 101 枚，英国产“超山猫”反潜直升机 13 架，美国产 MGM—140A 地对地导弹 111 枚[10]36。

作为一个军事进口大国，韩国也进行军火出口活动，主要是轻武器、弹药和不太先进的重武器这些发达的军火出口大国已经放弃或将要放弃的市场。目前，韩国与以色列、南非及新加坡四国已成为北约标准弹药的供应国，连美国都想把韩国打压下去[10]37。

第三节 国际军火贸易的外部效应

国际军火贸易的主观动机是多重性的，其所带来的客观影响也是多重性的。

一、国际军火贸易对经济增长与经济发展的影响

经济增长与经济发展是两个不同的概念。经济增长指的是单纯的国内生产总值的增长以及人均产出的增加，而经济发展则涵义广泛，不仅包括产出的增加，还包括产业结构、就业结构、人口结构、消费结构、收入分配、人民福利的改善等。战后美国历届政府都或多或少地重视军售对国内经济的影响。美国参谋长联席会议在美国克林顿政府 1995 年 2 月 17 日颁布的《关于常规武器转让政策的总统令》将国内经济因素的重要性提到一个比以往历届政府的规定都要高的程度[9]260。1984 财政年度的军事形势报告中明确指出，“促进工业发展、降低装备生产成本、保持和增加就业、改进美国国际收支平衡”是美国安全援助（军火输出）的一大战略目标。第一部分的国际军火贸易模型可以很好地说明国际军火贸易对经济的影响，即通过国际军火贸易，一国将资源投入到本国具有比较优势的产业，互通有无，既可以提高经济效率，又可以增加人民福利。国际军火贸易对经济的影响主要体现在其对国防工业的影响上。而国防工业在现代工业体系中处于重要的地位。分析国际军火贸易对一国经济的影响可以从进口与出口两个方面来说。就出口而言，投资、消费、出口是拉动经济增长的三驾马车，军火产品的出口可以带动国防工业的发展，进而带动上、下游产业的发展，从而带动 GDP 的增长及就业增加。对于进口国而言，通过军火产品的进口替代政策，不但可以缩小与先进国家的“代差”，还可以缩减在军事工业领域的投资，将资金投入到本国具有比较优势的产业，从而使本国人民福利增加。但是，军火贸易对于经济增长的影响是有限的。总体来说，为军事工业和军火贸易所进行的过多的资金投入会影响到社会其他部门的投资，进而影响到人民的福利。2002 年，全球 90％的军火物资都是向亚洲、中东拉美和非洲出口的，而这些国家恰恰是一些落后的发展中国家，需要更多

的资金来进行国内经济的发展。发展中国家将过多的资金用于进口武器装备,将原本应该投入到教育、医疗卫生等领域的资金用于军火交易,很大程度上会影响到本国人民福利的改善。1999 年,南非耗资 60 亿美元购买飞机、直升机和潜水艇。如果这些资金用于医疗卫生的话,那么可以连续两年对南非 500 万艾滋病患者进行医药治疗。

二、国际军火贸易对战争与冲突的影响

在国际军火贸易对战争与冲突的影响上,主要存在以下几种不同的观点:一种认为国际军火贸易可以平衡国家与地区之间的军事力量,从而限制了战争爆发的可能性;另一种观点则认为,国际军火贸易增加了国家与地区之间的紧张局势,并使他们的军事力量大大增强,从而使爆发大规模、高技术战争的可能性加大。以下借鉴兰彻斯特模型来分析国际军火贸易对战争与冲突的影响,如图 6-2 所示。

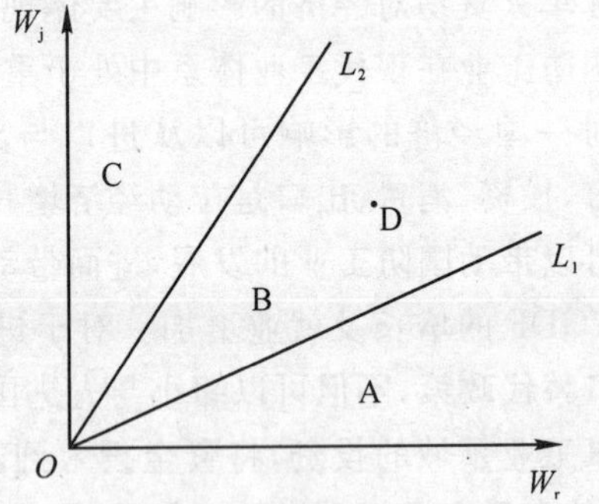

图 6-2 国际军火贸易对战争与冲突影响的兰彻斯特模型分析

模型假设战争有可能在两个国家 R 国与 J 国爆发。如图6-2所示,横轴 W_r 表示 R 国武器存量,纵轴 W_j 表示 J 国武器存量。

L_1 与 L_2 之间的区域 B 区表示 R 国与 J 国在武器存量上大致相当，两国之间爆发战争的可能性不大；C 区表示 J 国在武器装备上优于 R 国，J 国对 R 国发动战争的可能性较大；A 区表示 R 国在武器装备上优于 J 国，因此 R 国对 J 国发动战争的可能性较大。假设点 D 表示两国之间的武器装备情况，国际军火贸易就是通过影响点 D 的位置影响两国之间的战争与冲突情况。

三、非法国际军火贸易给地区安全带来隐患

与一般国际贸易一样，国际军火贸易中也存在非法贸易形态。一般非法国际贸易形式对正常经济秩序造成了破坏，但非法的国际军火贸易带来的更多的是安全的威胁以及地区冲突。非法的国际军火贸易主要表现在小型武器的交易上。根据联合国给出的定义，小型武器一般又具体分为小武器和轻武器。小武器是个人使用的手枪、步枪、冲锋枪等；轻武器是数人一组使用的重型自动步枪、迫击炮、手榴弹及发射架、轻便防空和反坦克炮、轻便导弹发射架等。小型武器和轻武器的非法交易影响到某些地区冲突，给这些地区人民的安全带来了威胁，并且这也是恐怖组织武器来源的一个重要方面。非法国际军火交易主要在国际军火黑市进行。国际军火黑市是指除国家间正常军火贸易外的其他非法军火交易，主要是一些国家或军火商向受联合国武器禁运制裁的地区与国家出售军火。因此，国际社会应采取统一的行动制止非法国际军火贸易。小型武器的危害，引起了国际社会的广泛关注。近几年国际社会在这方面也做出了努力。1995 年以来，联合国多次举行活动，提高各国政府和人民对小型武器的非法交易危害性的认识。为了遏止小型武器的非法交易，联合国裁军事务部还特别制定了关于小型武器的协调行动计划。此外，联合国有关机构还启动了一系列监控、回收和销毁小型武器的计划。2001 年 7 月 9 日，联合国首次就消除小型武器召开全球会议，商讨如何铲除这一人类

发展的毒瘤，并且也出现了全球或区域性质的倡议，如《从各个方面防止、打击和消除小武器和轻武器非法贸易行动纲领》《联合国打击跨国有组织犯罪公约关于打击非法制造和贩运枪支及其零部件和弹药的补充议定书》、欧洲安全与合作组织（欧安组织）通过的《关于小武器和轻武器问题的文件》、欧洲联盟部长理事会关于小武器问题的决议、《关于小武器和轻武器非法扩散、流通和贩运的非洲共同立场的巴马科宣言》以及西非国家经济共同体（西非经共体）延长《关于暂停小武器和轻武器的生产和贸易的声明》等。有关国家与地区的紧张与冲突是非法国际军火贸易产生的根源。遏制非法国际军火贸易，就应从这一根源着手。同时，各国和各地区在打击非法国际军火贸易的过程中应加强协调和配合，特别是海关、边防等部门的协调与配合。

四、地区军备竞赛

军备竞赛，是指国家间争相获得相对于对方的武器装备优势的互动过程。本文以南亚地区为例说明国际军火贸易对军备竞赛的影响。印度与巴基斯坦是南亚地区的两个大国。由于历史上的原因，两国积怨较深，长期处于军事对峙状态。由于两国都拥有核武器，而且两国发生大规模战争势必影响到周边及其他大国的利益，因此两国之间爆发大规模战争的可能性不大，军备竞赛成为两国间军事斗争的一个手段。两国各向军火出口大国进口能使自己占据军事优势的武器装备。2005 年 6 月，巴基斯坦曾向美国提出要求，希望能购买多达 75 架全新的 F—16C/D 战斗机。该种战机配备了 AN/APG—68(V)9 火控雷达，不仅能在 140 公里的最大搜索范围内引导各种制导武器对地面和海上目标实施有效打击，还能凭借其地形地貌追踪能力来保证战斗机的低空高速突袭。该战机最大作战半径达1 500公里，超过了印度空军米格—29 战斗机，具备对印度境内纵深目标进行突击的能力。如果再配备中程空空导弹，它甚至能和印度空军最先进的苏—30MKI 战斗机抗衡。与此同时，印度方面也准备从美国进口达到美军最新技术发展水平的 APG—79 型有源电扫描阵列雷达系统。该系统能探测到 90 公里以外的小型巡航导弹和隐形飞机，并具备同时跟踪 20 个以上目标，以及制导多枚中距空空导弹实施攻击的性能。在对地攻击方面，雷达可以提供高分辨率的地面图像，使战机执行精确打击任务。此外，该型雷达的 X 波段系统还具有窄波干扰能力，这些特点都大大增强了雷达的功能和可靠性，提升了战机的打击和生存能力。由此可见，印度方面的意图很明显，这是对巴基斯坦军购的一个竞争性的回应。据《环球时报》报道，2004 年 12 月 4 日美国总统布什与巴基斯坦总统穆沙拉夫在白宫举行会晤。几乎是同一天，访问印度的俄罗斯总统普京与印度总理辛格也在举行会晤。两个会晤有一个相同的议题——军火。美国方面考虑向巴基斯坦提供 8 架 P—3C 反潜侦察机、2 000枚“陶 2A”型反坦克导弹和 6 套军舰使用的速射炮系统，3 项军售交易总额近 10 亿美元，其中相当一部分军火将以援助形式提供给巴方；而据印度媒体披露，在普京访印期间，俄印达成了 3 项防务合作议定书，包括“龙卷风”多管火箭炮、“克利瓦克”隐形护卫舰和 S—300V 远程防空导弹的交易，两国军火交易的总金额将超过 50 亿美元。南亚地区的局势也蕴含了一个巨大的军火贸易市场。各军火出口大国基于自身利益，大量向该地区出售军火产品，不惜引发该地区新一轮军备竞赛。有关资料显示，美国布什政府 2006 年可能将分别向印度和巴基斯坦两国出售大宗军火。有分析家指出，美国向互为战略对手的印巴两国大量出售军事装备，是在玩一场危险的走钢丝游戏，一招不慎就有可能引发南亚地区新一轮军备竞赛，严重威胁到该地区的安全。

第四节 中国的国际军火贸易

一、中国国际军火贸易概述

1. 中国军火进口

由于西方在1989年后对中国实行武器出口限制，与俄罗斯的军事技术合作就成为中国加强国防的重要外部来源。俄罗斯是中国购买武器装备的主要来源。中俄两国的战略利益冲突比较少，并且两国在对美战略态度上有不少相同之处。20世纪90年代，随着中国与俄罗斯的军事技术合作日益加深，中国成为俄罗斯武器的主要进口国。2002年，俄罗斯的武器出口达到创纪录的48亿美元。当年公开报道的俄罗斯销售给中国的武器金额为11亿美元左右。从90年代初到2002年末，飞机、军舰和防空系统是中国从俄罗斯进口的主要军火产品。在两国军火交易中，采用了比较灵活的支付方式，中国或者用硬通货来付款，或用中国的商品抵账，或减少俄罗斯未偿付的债务。不过，易货交易已逐渐减少，硬通货交易比例越来越大，这对俄罗斯有利。

苏联解体后，在乌克兰境内留下了许多世界一流的军事科研机构以及军工生产制造企业。凭借这些基础，乌克兰目前在国际军火市场正在扮演越来越重要的角色。俄罗斯目前向中国大陆出口武器时，仍然担心中国大陆会对其构成威胁，因此故意特别设置各种限制，不想出售最先进的武器，但乌克兰在这方面完全没有这种顾虑，乌克兰一切从市场经济考虑。乌克兰《国防快讯》杂志主编巴德拉克分析说，不同于世界其他主要军火巨头们，乌克兰在军火生意上展示出了自己独特的微妙之处，在进行武器出口交易时，不提出政治要求或者是政治条件。

近期以来，“中国威胁论”在美国沉渣泛起。美国国际评估战略中心的副主任理查德·费希尔称，在未来10年内，解放军将从一支防御部队转变成为一支先进的军队，操控能力可以从太空战到全球无核化巡航导弹攻击。他同时还警告美军说："冷战已经结束了，我们现在已经开始了与新超级强权的竞赛，他们可以牵制甚至赶超美国。我们必须在他们超越美国之前给他们以打击。"正是基于这种论调，美国政府不但极力反对欧盟解除对华武器禁售，还极力阻挠以色列和乌克兰等向中国出售武器。美国国防部目前由"鹰派"控制，采取的是完全从军事上围堵中国的策略，如加强东亚军事同盟，加强在东亚驻军和把中国作为假想敌进行军事部署等。目前美国方面在阻挠对华军售问题上呈现出三个特点：一是美国比过去更加主动和积极；二是这一问题以前都是美国政府操作，但现在国会也开始介入，而且比以往的力度都要大；三是美国一有机会就会干预和介入对华武器销售。迫于美国的压力，欧盟与以色列等国在对华军售问题上态度都比较谨慎，并且虽经各方努力，产生于冷战时期并维持了长达16年之久的欧盟对华军售的禁令还没有解除。2005年美国《国防周刊》曾载文说，由于美国的不断施压和以色列企业界本身的诸多疑虑，以色列的军火工业正逐渐告别中国大陆市场。近几年，中以间正常的军火贸易遭到美国的封堵和制约。美国在军贸上围堵中国由来已久。除对以施压外，2005年6月份美国还阻挠欧盟通过对华军贸解禁案。此外，在中国与乌克兰、捷克等东欧国家军贸合作中，美国也频频干预（如美国方面也曾设置障碍阻止乌克兰将有关光荣级巡洋舰的制造技术和相关部件交给中国），虽然如此，以色列在对华军火出口问题上也还有一定的空间。第一，高端产品外的以中普通军贸仍可照常进行，如部分陆军武器和防空武器等。第二，部分军民两用产品在美以协议规定的框架内仍可交易。第三，以方从事军品研究与生产的几百家企业，分成国营、私人及合资三大类。其中以色列飞机工业公司、以色列军事工业公司等国营企业在对华贸易上受政府限制较大，而一些私人及合资企业自由性则较大，可以绕过一些政策壁垒。因此，中以之间的军火贸易仍有一定的发展空间。

2. 中国军火出口

1949年以来，中国曾经向一些国家输出过武器。中国的国际军火贸易动机按历史顺序可分为三种类型：一是基于国家战略，即支持邻国的正义战争，保护国家战略安全。例如在朝鲜战争、越南战争和柬埔寨战争中，向其中一方的武器输出是基于政治和战略考虑，目的是为了消除或减少霸权主义对中国周边的威胁。二是基于意识形态，如在文革期间，中国的武器输出在很大程度上受意识形态所左右，武器输出对象主要为亚、非国家的革命组织，输出的目的是支援"世界革命"。三是基于经济利益，即以实现经济利益为主的军品贸易，主要指改革开放以后，随着国际局势的缓和，中国国防资源出现了大量闲置，军转民以及军工企业的改制改革，中国的军火产品开始进军国际军火贸易市场，赚取外汇[8]44。

同美国、俄罗斯这样的军火出口大国相比，中国的军售贸易极为有限，而且出口的是防御性武器。

二、中国国际军火贸易存在的问题

1. 市场结构与产品结构不合理

据以色列媒体称，中国出口的大部分是"低端"武器。中国陆军的59式、69式、85式坦克，85，122，130毫米加农炮、榴弹炮，37，57毫米高射炮，122毫米火箭炮和"红箭"反坦克导弹；空军的歼—6、歼—7、强—5等型飞机；海军的各型导弹艇、护卫艇和油船，在国际市场上都很受发展中国家欢迎[15]。我国军火产品的出口国家一般为发展中国家，而且军火产品的技术水平和技术含量一般较低。虽然凭借低廉的价格在第三世界国家占有了一定的份额，但是很难进入发达国家的市场。发达国家通过军火贸易（一般是军事技术合作）可以促进本国军事技术水平的发展，进而提高本国军事工业水平，从而使本国国防力量得到加强。我国长期游离于发达国家的军火市场之外，会失去许多提升我国军事工业的机会。

2. 军贸管理体制

我国在军火贸易上有严格的管理制度。中国对武器装备及其技术转让实行严格管制，建立了相应的管理机构和运行机制。国家军品贸易管理委员会是负责武器装备及其技术转让的统管机构，它的主要职能是制定转让的法规和政策。国家军品贸易局是国家军品贸易管理委员会的办事机构，负责处理日常事务。中国对外经营武器装备及其技术转让的部门和公司必须得到政府授权和注册批准，严格按照批准的经营范围从事活动。武器装备及其技术转让合同须经批准才能有效，重大的转让项目、合同必须经国家军品贸易管理委员会审查，国务院、中央军委批准[16]。

2002 年 10 月，中国根据形势发展需要，修订了 1997 年 10 月颁布的《军品出口管理条例》，并出台了配套的《军品出口管理清单》，对包括小武器在内的常规武器出口进行更加明确的管理。该条例重申了中国在包括小武器在内的常规武器出口方面奉行的三项原则，即有助于接受国的正当自卫能力；不损害有关地区和世界的和平、安全与稳定；不干涉接受国的内政。根据该条例，中国对军品出口实行许可证制度，出口项目和出口合同须由国家有关主管部门审查批准；军贸公司在申请时须提供接受国的有效证明文件，包括最终用户证明。军贸公司在军品出口前，应当凭军品出口合同批准文件，向国家有关主管部门申请领取军品出口许可证；海关凭军品出口许可证接受申报，并按照国家有关规定验放。条例还对违反该条例的行为规定了严格的处罚措施。

但是我国军贸的宏观管理体制没有理顺，常常存在多家军工企业对外互抢生意的情况，并且在分配收益上也存在问题，这些问题的存在影响到我国军贸效益的提高。

三、对策建议

1. 与发达国家开展军事技术合作

越来越多的国家积极鼓励军工国际合作，促进军工科研生产的国际化。随着中国军事工业科研能力和制造水平的不断提高，在中国出口的武器中，也出现了越来越多的高新技术武器装备。如泰国海军选购的4艘“江湖”级导弹护卫舰，每舰可配备8枚C—801反舰导弹和较为完善的电子战系统，可配载直升机，并有很大的附加载荷和改装潜力，从中显示出中国军工生产和科研的新水平。孟加拉国、埃及等国也装备这种护卫舰。中国新近研制的K—8飞机、85式主战坦克、85式装甲输送车、FM—80防空导弹等，目前已在许多国家军队中列装[15]。

1947年巴基斯坦独立时，由于英国在殖民统治时期建设的军工厂都集中在印度境内，因此巴基斯坦的军工制造业近乎为零。为摆脱这种局面，巴基斯坦大力发展国际合作，其军工产品由最初全部采用英国生产技术和工艺标准，到大量引进美国、德国等先进生产技术和标准，使巴基斯坦兵器制造业在工艺和质量上都有了较大提升。如从1990年起，巴方与美国FMC公司合资，特许生产M113A2装甲人员输送车。早在2000年底，巴基斯坦就与土耳其FNSS公司签署了出口211辆战车的合同，并已向西亚、中东、北非的一些国家转让技术。目前，巴基斯坦军工厂生产的各种武器装备，不仅供应本国军队而且大量出口。其年产值约5亿美元，相当巴基斯坦全国制造业年产值的10%。在第三世界武器出口国中，巴基斯坦位居第15位左右。如今，在薄弱的国家工业基础上起步的巴基斯坦军事工业足以令人刮目相看。

借鉴其他国家的经验，我们应当积极与各军事强国进行技术合作，采取灵活的国际军火贸易方式，以提升我国军火产品的国际竞争力及国防实力。

2. 军贸体制改革

从前面的分析可以看出,有必要对我国的军火贸易管理体制进行改革。冷战结束后,军品订货减少,为摆脱困境,减少政府开支,许多国家军工企业开始走向市场。在保持军工关键技术及核心生产能力的前提下,不同程度地对部分国有军工企业实行股份制或私有化,以扩大企业的自主权,增强发展活力。例如,俄罗斯在苏联解体后,很快开始了军事工业管理体制改革,其基本方向是从计划经济向市场经济转变,建立多种所有制混合经济,国防科研院所和企业实行自主经营,参照西方体制实行军方主导的武器装备采购制度。俄罗斯的军工管理体制一直在集中管理和分散管理当中徘徊,在每一次政府改组中都有变化。在这一次改组前,军工管理体制处于相对分散的状态之中。政府中有 10 多个部门对军工企业行使政府管理职能:原经济发展与贸易部负责编制国防订货的主体部分(国防订货计划的 75%由它编制),财政部负责国防订货的拨款,联邦资产关系部和司法部充当军工国有资产和科研知识产权的国家所有人和保护人,工业与科技部以及 5 个国防工业署(常规武器署、弹药署、指挥系统署、造船署、航空航天署)负责国防工业企业的行政管理和行业管理,原子能部负责核国防工业的管理,国防部负责提出本部的装备需求和其他强力部门通用装备的需求以及军事技术合作。可以说,没有一个相对集中的行政机构负责军工。目前,俄军事工业的所有制形式分为国家所有制、国有制与股份制相结合、股份制三种形式。其中主要是以国家控制其大部分股权为基本形式的股份制企业。大多数发展中国家的军事工业是国家所有制或受国家控制,但一些发展较快的国家也开始推进私有化[7]。2000 年 11 月 4 日普京总统发布命令,将“俄罗斯国家武器装备和军事技术进出口公司”和“俄罗斯工业品出口公司”合并,重新组建“俄罗斯国防产品出口公司”。两家军贸公司合并有利于遏制恶性竞争。原“俄罗斯国家武器装备和军事技术进出口公司"主要负责出口新式武器装备,而"俄罗斯工业品出口公司"则侧重销售原苏联的旧武器系统及其改进型。但长期以来,在实践中由于职能难以界定,两家公司之间一直存在竞相压价推销产品的现象,严重损害了俄罗斯国家利益,削弱了俄罗斯在国际军贸市场上的地位。新的"俄罗斯国防产品出口公司"的成立,将从根本上杜绝这类现象再度发生。此次调整,构成了由总统、政府、军贸公司组成的三级军贸管理体制,实现了总统对军品出口的"垂直领导",表明普京总统将进一步加大对军品出口的管控力度。

俄罗斯在对待军火贸易的管理体制上有不少值得借鉴的地方。由于军火产品的特殊性质,国家在宏观管理上不仅要严格,还应该理顺管理体制,协调好军贸企业的利益关系。

参考文献

[1] 陈同仇,薛荣久.国际贸易:新编本[M].北京:对外经济贸易大学出版社,1997.

[2] 姜鲁鸣.现代国防经济学导论[M].北京:国防大学出版社,2002.

[3] 李霖.国际军火贸易[M].北京:解放军出版社,1998.

[4] 王逸峰,王中文.后冷战时期美国军火贸易动态及动机分析和展望[J].西北第二民族学院学报,2004(2).

[5] 朱启超.为什么我们出售死亡?——当代国际军火贸易动机的演变分析[J].国际展望,2002(10).

[6] 续建宜.世界军火贸易现状及其发展前景[J].世界经济研究,2000(10).

[7] 任海平.世界军事工业竞争格局与产业政策新变化[J].中国社会科学院院报,2003(10).

[8] 朱启超.当代国际军火贸易动机的演变分析[J].国际展望,

2002.
[9] 马库森·安,科斯蒂冈·肖恩.武装未来[M].北京:新华出版社,2000.
[10] 孔祥富.冷战后韩国的军火贸易[J].东北亚论坛,2002(2).
[11] 王宏伟.海湾六国的军火贸易[J].西非亚洲:双月刊,2002(2).
[12] 王宏伟.印度的国防工业与军火贸易[J].国际资料信息,2002(4).
[13] 孔祥富.巴基斯坦的军火贸易[J].国际资料信息,2002(6).
[14] 黄龄.武器市场最新统计依旧是俄欧美三足鼎立[N/OL].航船知识网络版,2004-05-04. http://jczs.sina.com.cn/2004-05-04/0850196361/html.
[15] 李宣良.中国卖武器合理合法[N].环球时报,2003-06-09(16).
[16] 中华人民共和国国务院新闻办公室.中国的军备控制与裁军[M/OL].[2006-05-15]. http://news.xinhuanet.com/zhengfu/2002-11/15/content_6309 30.html.
[17] 汪嘉波.做大军火生产 俄罗斯日子才好过[N].光明日报,2001-01-30.
[18] 天平.全球军火热销[N].华南新闻,2002-10-08(2).

第七章 裁军经济学

在一定的收入水平下，政府开支如果大量用于国防，必然会导致机会成本的上升。因此，在和平时期，国家必须考虑维持较低的军费开支与保证国家安全之间的平衡关系。这就要求政府确定一个军费开支的临界点，这个军费开支的数量应该恰好能够保证短期内国家的安全需要，从而保持国防力量的正常发展，同时，又不会影响国家财富的增长。

裁军有三个主要的原因：第一，限制武器装备的过度储备；第二，国家经济环境恶化迫使国家进行裁军，即“大炮和黄油”的两难选择；第三，减少武装冲突的风险，增进国家安全。

裁军经济学的任务就是从经济学的角度来剖析裁军的经济原理、裁军所面临的紧急问题以及所产生的经济影响。

第一节 裁军经济学及其研究对象

一、裁军经济学研究的主要内容

裁军经济学是从经济学角度运用经济学方法研究裁军问题的一门学科。裁军包括多种形式：削减军费开支，减少或销毁某些特定的武器储备，禁止或限制某些型号的军事装备的生产，减少军事人员及军事驻地的数量，限制武器交易，控制用于军事目的的研究与发展经费，建立裁军的监督核查机制，等等。上述裁军活动中所产生的经济方面的问题，构成了裁军经济学研究的主要内容。

裁军经济学研究的主要内容包括裁军的经济学定义、对军备竞赛经济原因的分析、对经济的决定因素与军费开支的分析、裁军与经济发展的关系、裁军带来的“和平红利”、裁军决策的经济分析等。

二、裁军的经济学定义

从经济学角度分析，一般将裁军分为以下三种不同的形式：

1. 通过削减或限制有形军事力量的方式裁军

通过削减或限制有形军事力量的方式裁军是传统的裁军方式。它主要是通过单方意愿或是多方协定，在保持自身国防安全的军备水平的情况下，减少武器装备的数量，相应减少军费开支。表面看来，这种传统的军备控制方式的运用能够迅速节约大量军费开支，有助于国家确定一个比较低的军费开支水平，但事实上销毁军事储备的耗资却非常巨大，在运用的初期会增加国防的经济负担。学者比沙科(Bischak)、奥登(Oden)于1989年把减少军事采购、军事运营和维持费用、人员开支与销毁武器所造成的财政负担以及签订《中程核力量核查条约(INF)》要求的资金承诺进行比较，结果表明，销毁武器需要的开支是最大的。根据俄军的大致估价，为了履行《削减战略武器条约(START)》需要耗费900～950亿卢布，按照1992年的价格约折合600万美元。而为了将核武器运抵俄罗斯进行拆除，乌克兰需要耗费28亿美元的资金。美国陆军化学原料销毁机构的经费也在逐年递增。以上种种情况表明，削减或限制军事力量这种传统的裁军方式耗费的成本是巨大的。

实际上，仅仅限制武器装备的数量是不足以达到裁军的真正目的——和平发展。因为在不减少军费开支的情况下，限制武器装备的数量必然集中于削减目前正在使用的武器系统，从而将释放出来的资源用于研制新型武器系统，而新型武器系统通常不在任何条约的限制之列，制定新的条约又需要高额的成本。所以，如果没有裁军的诚意以及完善的裁军协议及监督机制，传统的削减或限制有形军事力量的裁军方式根本达不到裁军的目的。

2. 通过削减军费开支的方式裁军

一方面，军费一直被视为衡量一国军事力量的主要指标，削减军费开支往往是裁军的主要内容。减少军费开支的裁军方式显然可以减少用于军事部门的资金，起到节约国家财政支出的目的。但是要实现削减军费开支的裁军，必须有前提条件：双方或多方可以相互信任，但实际上往往很难实现。苏联领导曾经认为，要保持超级大国的地位，就需要有一支规模庞大的军事力量，而使美国及其盟国无法长期保持其军事优势。相反，美国政府则认为，苏联的军事重负最终会给其经济以致命的打击。这样便导致了一场"理性"的军备竞赛，由此军费开支竞相攀长。然而技术的发展和高技术的广泛应用使武器成本人大降低。随着技术的发展，某些新型的武器（如核武器）比传统武器更有威力，而且从战略、军事、政治优势几个角度上看，其成本也相对较低。军费开支水平表明了保卫国家安全付出的代价，但经济因素似乎并不是最可信的安全指标。因此，军费的降低并不意味着军事力量的下降。此外，各国间军事力量的削减幅度通常以限额来表示，这样对每个国家来说，等量的军费削减未必导致先前所维持的军事力量平衡，因为每个国家原先的军事力量就有很大的差别。基数不同，削减等量的军费开支，结果当然不同。

另一方面，通过减少国防预算进行裁军也必须考虑军费的结构及其近期内对经济造成的冲击。因为削减国防开支会减少军事部门的人力和资金需求，对于团体、地区、行业来说，转轨的成本可能是非常重要的而且对经济的影响将持续相当长的时间。

基于节约成本观念的裁军把提高效率作为保持军事力量的主要手段。通过解决军事生产中的浪费、管理不善等问题，往往会寻求到更好的方法，力争在预算减少的情况下生产出同等水平的武器。为了降低产品的成本或生产出性能更高的武器装备，可能采取规模经济的生产方式；为了节约成本，政府把国防生产集中于那些具有最大经济优势的地区；等等。因而，仅对用于军事目的的资源进行限制，并不足以确保裁军活动的正常进行。

3. 通过全面削减军备的方式裁军

全面削减军备也称全面裁军，当军费更多地成为一个内生变量而不是政府的真实工具变量时就会出现。在国际形势出现好转，或者出现国际格局的大的变动时也会出现全面裁军。全面裁军的直接经济后果是国防经济在国民经济中所占的比例相应缩小，因而国家将面临经济转轨以及随之而来的经济结构调整、产业布局调整、劳动力重新就业等诸多经济问题。这些转轨成本的大小将决定裁军活动的经济后果，在某种意义上甚至还决定着裁军活动究竟是促进经济发展还是阻碍经济发展。

为了将全面裁军对经济发展的负面影响降至最低，国家会相应采取很多措施，包括降低成本、对国防基本原则的更多了解、寻求国际合作、对外国公司开放某些市场、国有企业私有化、国家限制性产业政策和寻求规模经济。在全面裁军的情况下，将大幅度削减现有军事装备，减少军事订货。同时，为了保持武器生产的规模效益，寻求新的国际合作成为许多国家的政策目标。当国际合作正常进行时，共同承担费用和共同采购，使生产经营成本下降。但是，国际合作还必须考虑到国家安全问题，这样，武器装备的国际合作的规模、范围和方式就会受到一定的限制。

裁军不仅仅是一项公共决策，在不考虑内部和外部形式的情况下，它取决于能改变其内容和重要性的经济和社会变量。

三、裁军经济学的前沿问题

在裁军经济学中有待深入研究的问题还很多，主要包括：运用多学科分析战争的原因，建立军备竞赛和裁军（军备控制、裁军、转轨）模型；军费的准确界定及国际比较；决定军费的主要因素的分析;军事联盟在经济和政治上的作用的研究;军事需求和供给的微观经济学研究;民防成本研究等。裁军不仅仅是一项经济活动,更主要的还是和平的保证,如果没有全面的裁军,也就不会有持久的和平。只有在这种前提下,研究裁军经济学才会有更加深远的意义。

第二节 裁军经济学的理论回顾

如果将国内生产总值的大部分用于非生产性的军事开支,将使国家经济竞争力受到影响。于是裁军就成为促进经济发展的有效方式。一般来说,裁军的经济效果可以通过四种渠道产生:增加有效投资;对劳动力的替代作用;减少不符合经济收益规律的军事技术的应用;限制公共有效需求。

作为社会科学重要分支的裁军学,具有与一般社会科学共同的特征:如果在某一研究领域中没有重复出现过一种现象,那么就不能使用实验方法。因此在裁军经济学中最经常使用的分析方法是理论分析方法,所使用的模型通常也是经济学中最基本的分析模型。

一、新古典主义经济学分析模型

一般而言,分析裁军的经济问题通常都要涉及新古典经济学理论,把军费开支作为有效总需求的一部分来进行研究。新古典经济学关于裁军经济学的研究,主要从供给与有效需求理论出发,着重分析减少军费开支对宏观经济的影响。

新古典经济学对机会成本与市场调整做了较为深入的分析。新古典经济学家认为,机会成本存在的原因就在于资源是稀缺的;从资源有效配置角度分析,资源用于国防方面就意味着用于其他方面的减少。最经典的例子就是“大炮与黄油”的两难选择,如

图 7－1所示。

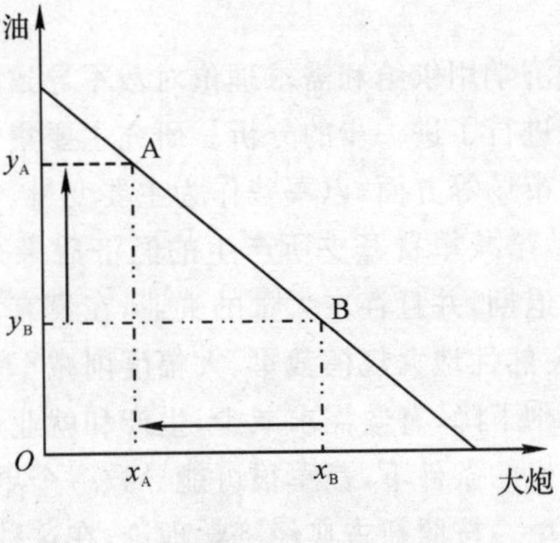

图 7－1 裁军的新古典主义分析

根据新古典经济学的基本假设前提，假定一个国家的可用资源是一定的。在经济资源处于充分就业的条件下，如果用于生产大炮的资源数量从 x_A 增加到 x_B，那么可以用于生产黄油的资源数量则从 y_B 减少至 y_A。相反，如果实行裁军，减少用于军事方面的资源，则大炮从 x_B 减少到 x_A，这样用于民用方面的资源就相应地增加了，黄油从 y_A 增加为 y_B。这就是新古典经济学提出的资源分配在军用与民用之间存在的此消彼长的关系。

可以看出，在充分就业的情况下，军用资源对于民用资源存在着挤出效应，因此，裁军的后果必然促进民用部门的发展。但是，资源在军用和民用之间的转换存在一个调整的过程，而且这个过程并不能总是及时顺利地完成。在实际情况中，经济调整需要耗费大量的调整成本、资金和其他资源。裁军包括削减国防费用并最终增加民用经济部门的产出。从图 7－1 可以明显地看出，裁军是资源配置从点 B 移动到点 A，反映了资源在民用与军用之间的分配达到一个新的水平。事实上，裁军中的资源重新配置是非常复杂的，由于受其他因素的影响，裁军并不一定能够顺利地完成资源从军事部门向民用部门的转移，AB 不一定是直线，可能还存在拐点。

新古典经济学用供给和需求理论对裁军导致的资源重新配置所产生的结果进行了进一步的分析。研究主要集中在资源分配以及劳动力就业市场等方面，以军费作为主要变量。实际上，在不同的经济环境中，增减军费开支所产生的经济后果是不同的。如果经济正处于衰退期，并且存在大量的失业，在没有采取任何弥补措施的情况下，突然性地大规模裁军、大幅度削减军费将引起失业增加和产量的急剧下降，有效需求减少，生产和就业形式将进一步恶化。在经济危机的条件下，裁军很可能导致一个更不稳定、更危险的全球安全环境。按照新古典经济学理论，在这种情况下，国家一般会增加军费来拉动经济的增长。相反，如果在一个充分就业、处于成长期的经济中，减少军费开支会导致稀缺资源从军用转为民用，促进经济的进一步发展；如果在这种情况下增加军费的话，则可能引起通货膨胀，甚至出现财政收支失衡。

二、裁军的博弈论模型

博弈论已经广泛应用于经济分析中，特别是在产业组织、市场竞争等领域。在裁军经济学中，博弈论主要研究裁军与军备竞赛的原因和结果。也就是为什么会产生军备竞赛？在什么情况下会进行裁军？例如，在冷战期间，两大军事集团进行了 40 多年的军备竞赛，双方都投入了大量的人力、物力，单纯从经济发展和国内福利的角度来看，如果不进行军备竞赛，而是将资源用于发展经济，双方都会获得福利。但是，为什么双方都会选择进行军备竞赛呢？博弈论认为，问题在于双方都认为如果单方面削减军费进行裁军，那么如果对方增加军费，加快军备步伐，对己方造成的威胁会增加。在这种情况下双方都会选择增加军费。裁军也是同样的道理，单方面的裁军会引起军事上的劣势，因而一般情况下，任何一方都不肯主动单方面裁军，由此便引发了进一步的军备竞赛。当然，运用博弈论也是有局限性的，因为简单的零和博弈模型运用于战术层次的分析可能比较恰当，但是在战略层次上情况就会大不相同。比如，危机管理、冲突管理等就不仅仅是零和博弈，这一层次的模型是极其复杂的。但是运用“囚徒困境”理论来分析就会有新的问题出现，必须考虑谁是参与者，他们共有的信息是什么，他们各自的偏好是什么，他们如何确定其潜在对手。可以看出，由于各国各时期对外政策取向的风险观念、价值观念不同，对相互间的博弈规则及战略文化的了解程度也各有差异，因而构建复杂的国家行为模型是很困难的。这些因素都增加了运用博弈模型分析军备与裁军的困难。

三、裁军的计量经济学模型

裁军经济学中，计量经济学方法运用得最多的是在裁军对经济的影响、裁军的“和平红利”等经验分析中。被解释变量是由几个相关的解释变量决定的，通过对经验中的这几个变量的数量关系的分析，可以得出解释变量与被解释变量间的关系。典型的研究裁军经济影响的计量模型如下：

$$QGR = C + IQ + LGR + U$$

式中，QGR —— 经济增长率；

C —— 常数项；

IQ —— 投资率（实际投资与 GNP 的比率）；

LGR —— 就业增长率；

U —— 残差项。

这个模型就是典型的用投资率、就业增长率来解释经济增长率的经济模型。这是一个较为典型的用于分析裁军经济影响的简化模型，其中投资率与就业增长率是与裁军密切相关的变量。

实际上，国家安全是一个非经济概念，它通常由经济因素之外的其他变量所决定，在研究裁军问题上，计量经济学模型通常有两种决定性的变量：经济内生变量和其他部分内生变量。经济内生变量包括国家民用预算、军事资源分配的官方程序、可获得的公共资金、人均收入、公民的物质福利和社会开支、经济的周期性、经济的惯性作用、军事工业联合体、国家武器生产等。其他部分内生变量包括社会的军事化、统治阶级的力量斗争和设想的威胁、军事联盟、国家安全、战争和军备竞赛、城市化、军备竞赛战略、政府的意识形态主导权、地理环境、国内政治等。这些变量中有许多是难以量化的，计量经济分析方法的原则是简化问题，找出关键变量，因而在分析裁军问题中存在着将复杂问题简单化的方法，但这样就有可能忽略关键的变量。因此，在裁军经济分析中，由于对变量和模型设置的不同，所得出的结论并不总是具有一致性和普遍性。特别应该注意的是：用计量经济学分析方法分析裁军问题，对数据必须进行合理的解释。

第三节 裁军的经济效益分析

裁军作为一种投资的过程，既有成本，也有收益。如何实现裁军成本的最小化、收益的最大化，是衡量裁军在经济领域成功与否，即经济效益如何的重要指标。

一、裁军的成本分析

裁军既然可以看做是资源配置的调整过程，那么其成本则可以分为转轨成本与机会成本。

1. 转轨成本

在裁军的过程中，从军事部门释放出来的资源将重新配置，转向民用产品的生产以及服务部门。然而这个转变要经历很长时间的磨合,而且会带来一系列的问题。在裁军过程中,公共政策是保证裁军和相应的资源调整顺利进行的必要条件。裁军中的经济调整可能要求劳动力和资本都具有较好的流动性。而相应的公共政策就是不可少的,如对工业提供低利率贷款或为研究与发展提供资助以及相应的出口、失业、再培训和地区发展政策,这些因素都是促进裁军中经济调整顺利进行的必要措施。公共政策也是推动裁军经济转轨的重要因素。旧有的文化习俗是极力抵制变革的,而通过对裁军的妥善管理会对民用研究与发展、国民经济实际生产率以及国际贸易关系中的信用产生长期的积极影响,这种信用是无法用计量方法进行量化分析的。政府的经济政策要帮助企业解决技术转轨问题。军用技术和民用技术既有共同之处,也存在着差异。军事部门的技术可以广泛应用于民用部门中。但是军工企业的核心能力在于国防生产,并不一定完全适合于民用生产服务活动,因而在转轨方面是存在一定困难的。这个转变期间所产生的成本就成为转轨成本。

如上所述,转轨的过程包括人员的转轨和装备设施的转轨。相应地,转轨成本分为三部分:转轨过程中的协调成本,人员的安置成本,以及装备设施拆除、销毁的成本和装备设施民用功能的开发和改造成本。

第一,协调成本。裁军过程不仅仅是表面看到的资源在军用和民用生产服务领域的重新调整配置的过程,更是利益结构的调整。这样,裁军就势必会触及到某些集团或个人的利益,受到诸多阻力。这就要求付出一定的协调成本。

一方面,裁军的阻力来自军队内部。裁军过程必然会使一部分人的利益受损,也会影响一部分军品生产单位的利益。在一些传统的军事部门和军工企业中,一直存在着强大的抵制裁军的势力,这些人可能会成为裁军的障碍因素,从而使裁军产生较大的交易成本。在那些依赖于国防工业解决就业问题的地区,反对裁军的社会群体将从各个方面游说政府,反对政府的某些裁军政策,并要求对那些受影响最大的地区提供补贴。为了排除阻力赢得更多的支持,需要做大量的说服和安抚工作,这样会使政府开支增加。另一方面,双边或多边裁军往往需要长时间艰苦的谈判与磋商,需要成立专门的协调机构,配备大批专职的谈判人员,投入巨额的保障经费。

第二,人员安置成本。裁军时裁减员额少则数十万,有时甚至上百万,在如此大规模的裁军过程中,首当其冲的问题就是就业问题。在裁军过程中,军事及其相关部门的大批人员面临着重新选择职业的问题,主要包括两个方面:一方面,军队员额的裁减,使许多从事军事职业的职业军人转到民事部门就业,这就要求调整相应的政策,增加就业机会,解决转业人员的安置问题;另一方面,在转产过程中,军事生产企业中大批劳动力需要转换工作岗位和再就业。裁军对军工企业人员的影响普遍较大,但由于所从事的行业不同,影响的程度也不同。一般来说,对民用通用领域的就业人员的影响相对较小,而对专门的军品生产企业的就业人员的影响比较大。

对从事专业型军工生产的企业来说,就业调整的问题尤为复杂。裁军及随之而来的订货的锐减使这部分企业往往受到较大冲击。由于这些企业对军事订货的依赖程度比较大,从事专业军工生产的工程师和人员要转到民用部门,就要进行大幅度的技术转换,这就意味着他们要付出很大的努力以适应民用生产。

裁军对于军事部门和军工企业中从事管理的人员来说,要适应民用部门的企业文化存在着较大的困难。从管理方式上看,民用生产部门主要以利润为主,而军品生产部门更关注的是产品的性能和质量,生产成本往往处于附属地位。作为军事生产企业的管理者，这些人员长期从事与民用生产无关的职业，缺少民用市场和企业的经验，且其管理经验对于其从事民用生产的帮助也很有限。因而，在民用市场上找到报酬理想的工作机会相对较少。这主要表现在：这些人员的成本意识相对薄弱，不能很好地适应民品市场节约成本的管理思想和高产量、低成本的生产管理经验。国防部门的管理人员需要了解的主要是管理规则、如何与政府采购员建立关系以及游说政治家，但他们缺少民用部门所需要的技能，如广告宣传、对公众的偏好的了解以及市场价格等。

军人退出现役需要进行资金补偿。这些补偿可分为维持类与发展类两部分。维持类补偿主要包括工资福利费、安家补助费、住房补助费、医药卫生补助费及其他补助费；发展类补偿主要包括回乡生产补助费、再就业培训费等。

第三，装备设施拆除、销毁的成本和装备设施民用功能的开发和改造成本。军工企业向民品的转产一般很难进行，因为生产军品的生产设备和生产民品的生产设备不尽一致，转产中的首要问题就是如何对生产设备和相关设施进行调整，以适合生产民品的需要。需要转产的装备设施有些经过研发、改造可以用于民品的生产，而有些则是不能用于民品生产的。对装备设施进行研发、改造的费用以及对于不能改造的装备设施拆除、销毁的费用都是转轨成本的一部分。

转轨成本是裁军实践中最棘手的问题。转轨成本的有效控制在很大程度上决定了一项裁军计划能否有效地实施。如图 7－2 所示，曲线 S 表示一项有效率的裁军，在较短的时间里以较小的转轨成本获得了较大的裁军收益和较高的裁军社会回报率；曲线 F 反映的是低效率的裁军，即在较长的时间里，花费较大的转轨成本，而最终得到的却是较低的裁军收益，且具有较低的甚至是负值的社会回报率。

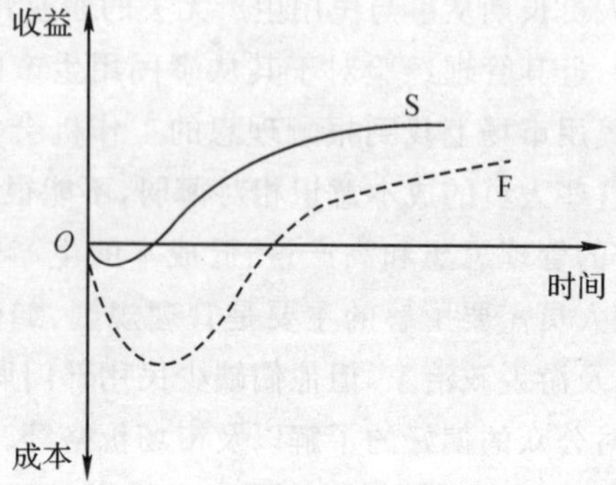

图 7-2 裁军的成本分析

2. 机会成本

机会成本是经济学最常见的概念之一，是指为进行一项活动而放弃的从事其他活动所带来的收益。在资源具有稀缺性这一基本的经济学假设下，资源用于国防就意味着不能被用于教育、环境、卫生等民用领域。“大炮与黄油”就是说明这个问题的最常见的例子。

裁军的机会成本指如果不裁军或者扩张军备所能获得的收益，主要包括以下几个方面：

第一，军备是一种可以提供安全和保护的保险措施，国家需要保持必要的军备以应付他国现实的和潜在的威胁，裁减军备很可能会危及到国家的安全利益。

第二，国防开支可以增加对人员的培训、提供就业机会、平衡收入分配、提供高技术，这一切都可能对民用部门产生溢出。裁军可能造成国家福利的损失。

第三，在有效需求不足的情况下，扩张军备可以增加总需求，从而增加国民经济的总产出水平，进而提高就业率；裁军可能使总需求减少，影响就业。

第四，军备扩张有利于军工企业的迅速发展，从而拉动区域经济的发展；裁军使军工企业发展萎缩，可能会使某些对军事工业有很大依赖的地区经济陷入困境。

二、裁军的收益分析

裁军是一种复杂的政治、军事、经济活动，其带来的好处是多方面的，例如，通过积极的裁军可以在国际政治舞台上取得主动，裁减员额、优化军队结构可以提高部队的战斗力，裁军可以使稀缺的战略资源得到更有效的利用，等等。

从经济学的角度出发，裁军的收益是指从军事部门或军备竞赛中释放出来的资源，重新配置于民用部门和服务部门所获得的收益。裁军经济学分析裁军的收益主要从裁军的"和平红利"入手。

"和平红利"简单地说就是裁军后的资源转向民用部门带来的社会、经济发展及福利、效率的提高。对这个问题，西方学者主要形成了以下几个方面的认识：和平红利是预算资源从国防部门向其他部门的转移支付；在国防部门与民用部门间存在着资源的可代替性；裁军过程中，大量的资源要进行重新配置，但重新配置也会产生成本。

"和平红利"是如何产生的呢？通常情况下，裁军会促进和平，和平环境下用于军事部门的开支相应减少，从而裁军就会向经济中的投资一样产生"和平红利"。通过裁军，从军事部门中释放出的资源可用于其他部门，如社会生产、健康、教育、环境或其他的经济用途。"和平红利"的取得是通过公共开支从国防预算转移到其他预算项目的再分配实现的。

资源从军事部门转向民用部门，可能会对经济发展和国际贸易产生促进作用。围绕"和平红利"主要有三种观点：

第一种观点认为，裁军的"和平红利"数量很大，而且可以轻而易举地获得，这样就能够从根本上解决社会和经济问题。通过裁军，“和平红利”会在社会经济生活的各个方面体现出来，例如减税、偿还国债、建立公共设施、发展社会服务或者资助发展中国家等等。根据这种观点，裁军可以使“和平红利”向其他民用部门转移，就好像钱从一个口袋转向另一个口袋一样，轻而易举。但是，这种看法忽略了一个事实，那就是裁军中的“和平红利”是由资源在军品和民品部门重新分配带来的，并且还会由此产生相应的调整成本和资本运用、产业结构调整以及土地使用等一系列的问题。

第二种观点认为，裁军确实可以使国家的经济有所发展，并使社会福利相应提高，但是其幅度取决于“和平红利”的大小、表现形式以及运用的方式方法。例如，“和平红利”是立竿见影还是经过一定时期才能表现出来？“和平红利”适用于私有制企业还是公有制企业？等等。从简单的计量分析可以看出，在裁军和经济绩效之间存在着很复杂的关系。起初，国防开支的削减可能会产生一些积极的财政效应，卫生和教育等社会福利开支可能会相应增加，或者削减下来的开支以降低税收的形式返还给居民。这些财政的调整可能会导致土地、劳动、资本和企业的调整。具有不同技能的劳动力从军队和国防工业流出，资本也以一定的形式从所裁减的军队、军事基地、国防生产设施等方面释放出来。在大多数情况下，资源起初会处于一种闲置状态，然后才会投入到其他部门。“和平红利”的大小确实会影响国家的经济绩效（就业、经济增长和通货膨胀），这主要取决于“和平红利”如何在公、私营两种企业之间分配，以及如何在投资和消费之间进行分配。

第三种观点认为，裁军中的调整成本可能非常大，而且对于退役军人、军工企业的失业工人来说，裁军的影响可能会长期存在。特别是在经济衰退时期，如果没有适当的调整政策，裁军就会给经济带来较大的冲击。

分析裁军的“和平红利”是一项非常复杂的工作。不同时期、不同国家以及不同的裁军方式,所产生的“和平红利”各不相同,分析“和平红利”要结合具体的情况,并考虑到可能会出现的困难。

三、裁军效益最大化的分析

基于以上分析,在进行裁军决策的时候,关键要最小化裁军的转轨成本,最大化裁军所带来的收益。

第一,合理地选择裁军时机。合理的裁军时机有助于降低转轨成本。在劳动力相对缺乏时,裁军可以增加经济增长所需要的人力资源;相反,在就业率不高而且总需求没有增加的宏观经济状态下,裁军很可能会使就业率更低,带来更大量的失业。我国的几次裁军时机把握得都很好。建国之初,国家经济发展急需大量的人力投入,我国在此期间多次裁减军队员额以参加社会主义经济建设。如 1952 年 1 月,我军有 4 个整师、11 个整团,共 46.5 万官兵集体转业,变成了铁路、水利、建筑、林业 4 个屯垦大军。1954 年,解放军 1 兵团、22 兵团和第 5 军 9.3 万人集体转业,组成了新疆生产建设兵团,屯垦戍边,开发中国大西北。1958 年,人民解放军 5 个预备师和 2 个预备医院共 10 万官兵集体转业,开进密山垦区和合江垦区。

第二,有效分担裁军成本。裁军成本的多方分担,有助于减少裁军阻力。国家应构建国家、军队、地方政府、个人四方共同分担裁军成本的机制。国家应将退役军人的安置费用纳入财政预算,并督促地方政府切实做好军转安置工作;军队应建立军转安置基金,帮助官兵解决实际困难;地方政府要出台优惠政策接收军转人员,做好再就业培训工作,并为军转人员创造就业机会;军转人员自己也要自力更生,利用已有技能寻找适合自己的工作,或者学习新的技能,自主创业。

第三,调整产业结构。军备的缩减必然带来国防工业的缩小,为了尽量减少裁军的成本,国家应加大产业结构调整的力度,出台政策支持国防工业的军转民，军工企业也应实行生产多元化，开发军民两用技术，实施生产转轨。

四、裁军与经济发展

裁军在很大程度上是经济发展的必然结果。长期的军备竞赛导致国家将很大一部分资源用于军事领域，长期的军费负担使生产率下降，甚至留下沉重的债务负担，具体表现为投资不足、基础设施水准下降。从机会成本角度看高水平的军费开支有碍于工业化。实证分析发现在军费和经济增长之间存在明显的此消彼长的关系。从长期看，军备扩张必将降低经济增长和国家福利。在安全环境好转和军事战略相应调整的情况下，裁军是增进社会福利、促进经济发展的必然之路。

一般情况下，裁军会促进经济发展。军备竞赛的结果往往是削弱竞赛各方的发展潜力，而竭尽国力进行军备竞赛通常会造成一国经济的崩溃，第二次世界大战时期苏联就为此付出了沉重的代价。从长远来看，生产、收入的增加与军事力量之间存在非常强的相关性。历史上一些大国由于军备竞赛先盛后衰就是证明。从政府财政支出方面看，政府通过裁军将节余下来的资金用于教育、职业培训、基础设施等方面，这将对国家经济发展起到积极的促进作用。比如，投资教育将通过对劳动力技术水平的间接影响来促进非政府部门的效率和生产率的提高，从而使国民经济得到发展。

但是，削减军费、裁减军事力量或关闭军事基地会使依赖军事采购或军事消费的地区经济遭受打击，从而引起区域经济增长放缓甚至出现负增长，区域失业人数增加，居民收入减少。军事基地通过在驻地区域进行物资采购、购买军需品和劳务以及军人和文职人员的日常生活消费，给区域注入了经济发展所需要的资金，而这些资金对当地的生产、消费和就业会产生直接的影响。例如，20世纪80年代，在德意志联邦驻有40万北约军队和军人家庭，这些军队和军人家庭产生了210亿马克的经济支出和消费，创造的直接和间接就业机会近23万个。又如，美国利亚桑那州驻有5个军事基地和4个国民警卫队，这些基地的军费支出已成为该州相关区域经济发展、就业、政府收入增长的重要推动力。2000年的15.89亿美元的军事消费最终为该州相关区域创造了56.64亿美元的产值收入，83 506个就业机会，以及2.34亿美元的各种税收收入。在全州各产业中，基地军事消费创造的就业机会是最高的[8]10。

因此，裁减军事力量、关闭军事基地将使区域经济发展中的资金链出现中断，对驻地区域经济产生负面的影响。

第一，军事基地的关闭在短期内会使区域中依赖军事基地就业的人员失去工作，基地再利用的经济复苏率①不高。裁军将使驻地区域失业人数增加，这是军事基地关闭的副产品，是不可避免的。美国国防部估计，在1988—2001年间的军事基地关闭中，驻地区域有近13.5万人失去了在军事基地的文职职位。尽管为了振兴区域经济，许多关闭的军事基地会适时转为民用，但是，军事基地重新利用的经济复苏程度并不高。以就业指标表示的复苏率为例，美国1988年、1991年和1993年因基地关闭和重组而失去的文职型就业机会为8.84万个，而基地重新创造的就业机会仅为1.83万个，复苏率仅为20.73%[8]11。

第二，军事基地的关闭会造成区域中某些依赖军事基地收入和消费的产业出现结构性行业萎缩。在基地关闭之后，区域中依赖军事基地的零售、餐饮等服务行业最先受到冲击，而出租给基地军事人员居住的区域房地产业也会因为基地人员的撤离而衰落。美国国会技术评估办公室曾对冷战结束后国防支出削减对美国区

① 以就业为指标反映的经济复苏率可表示为：

$$经济复苏率=\frac{军事基地重新利用新创就业人数}{军事基地关闭后的直接失业人数}$$

域经济的影响进行过评估。结果认为，一个区域会因为军事基地的关、迁而遭受一个突然的经济断层，将导致区域的住房、厂房和办公用房的空置；公共基础设施利用率不高；地方银行、储蓄及贷款机构投资收益不佳。同时，区域经济的下降将引起区域居民社会的、心理的和生理上的痛苦以及增加经济成本。而且，区域福利也会因为这个经济断层而受到损害。

第三，军事基地的关闭使原来基地的就业者在寻找新的就业机会中出现就业障碍，就业成本增加。他们由于年龄、知识结构、技能等方面的原因，在基地关闭之后就会出现就业障碍，或者丧失就业的机会。同军事基地相类似，国防工业也会发生这样的状况。1994年，英国国防工业委员会对冷战后英国国防工业被裁人员的就业情况进行了调查，在向国会下议院国防委员会提交的备忘录中指出：有33%的人员在被裁3年后仍未找到工作，34%的工人仅找到半技术性或非技术性工作，只有29%的人员在制造业找到工作，而在制造业找到工作的人员中，有40%的人员工资收入比他们3年前水平更低。

当然，不同形式的驻军对区域经济的影响程度是不同的，它取决于区域对军事基地活动的依赖程度。区域经济对军事基地活动的依赖程度越高，军事基地对区域经济的影响就越大，也就是说，军事基地对区域社会、经济的嵌入度越高，其对区域的经济发展影响也就越大。军事基地对区域社会、经济的嵌入度和影响程度可以通过以下几方面进行衡量：

(1)军事基地保障的社会化程度。基地日常伙食、军需品供应的保障、军人的就医等，在多大程度上由所在区域提供，是军事基地影响区域经济发展的重要因素之一。军事基地保障的社会化程度越高，基地为区域创造的就业机会也就越多，区域相关产业从军事基地得到的购买和消费的资金投入也就越多，从而带动区域经济发展的程度就越大。

(2)军人在区域消费的比重。军人的薪金收入根据需要分为储蓄和消费,而军人消费又分为在基地内部消费和区域消费。军人在区域消费的比重越高,军事基地对区域经济发展的影响就越大,反之,则越小。

(3)军人两地分居比例及军人配偶在区域工作的数量。军人两地分居比例越高,在当地区域消费的比重就越小,军人收入中储蓄及寄往异地的收入越多,从而对当地区域经济的影响就越小。此外,军人配偶在基地就业或者在区域就业的不同,在军事基地关闭的情况下对区域的影响也不同。如果军人配偶在基地就业,随着军事基地的关闭,这部分就业者大部分将随军人的迁移而迁居,不会对区域的就业造成过大的压力。如果军人配偶在区域就业,在军事基地关闭的情况下,军人配偶随军人的迁移而迁居,会为区域腾出更多的就业岗位。也就是说,军人配偶在区域工作的数量越多,在军事基地关闭的状态下对区域的就业影响就越有正效应。

(4)区域人口在基地就业的比重。为提高军事运作效率,在国外,军事基地对一些非军事性或后勤保障岗位会雇用文职人员,主要是从当地居民中选择。因此,军事基地雇用驻地文职人员人数占军人人数的比重越高,军事基地为区域解决的就业人数也就越多。然而,如果发生军事基地关闭,该比例越高,该区域的失业率就会越高。

(5)军事设施的军民两用程度。军事基地的许多军事设施,如军用机场、公路、码头,向当地区域开放的程度越高,即军民两用程度越高,对区域经济发展的贡献也就越大。

(6)军事退休人口在区域居民中的数量。随着年龄的增加,军事退休人员对保健和医疗的服务性消费需求将会不断提高,如果这部分人员的医疗和保健需求在当地区域都可以得到满足,则军事退休人员在区域中的数量越多,对区域的医疗消费和零售业的需求也就越大，从而对区域经济发展的促进作用也就越大。

裁军过程比较复杂，裁军对经济发展究竟产生了什么影响，还没有公认的看法。有的经济学家认为，德国和日本在1930—1940年的经济增长是因为投资于武器工业，拉动了经济增长；但是在解释这两个国家在第二次世界大战后经济起飞时，有人认为这两个国家在1945年后创造经济奇迹是因为他们的军费开支相对较低，从而能将大部分资源配置于民用部门，促进了经济增长。总之，在由主权国家组成的世界里国家安全既是一种福利又是一种制约，二者缺一不可。关于国防与经济发展之间的关系长期以来众说纷纭，从不同的角度分析可能得出不同甚至相反的结论。

第四节 裁军的经验分析

一、美国

美国是世界上军事力量最强大的国家，军费支出特别是在冷战时期非常庞大。美国与苏联之间曾经进行的长期的军备竞赛，对其国民经济产生了巨大的影响。对裁军与美国经济的关系，学者们进行了多角度的研究分析，也得出了不同的结论。

有的学者认为裁军会给美国经济带来福音。保尔·肯尼迪(Paul Kennedy)认为，美国经济实力下降归因于高额的军费支出，而从裁军中获得的“和平红利”会给社会福利项目和生产力带来好处。因为军事部门在技术上的溢出效应被认为是没有效率和成本高昂的，所以军费的减少确实能够提高企业的竞争力。

阿泰什奥卢(Atesoglu)和米勒(Mueller)对美国军费开支1952—1988年有关数据的计量分析表明，在军费和经济增长之间存在着正相关关系，但相关系数非常小，与政府的民用开支相比，美国军费对国民生产力的贡献率是降低的。军费的减少、军费比例的降低和国防部门的相对规模下降对经济增长率都具有正面的影响,都会有利于经济增长。

克莱因从军费和投资之间存在的挤出效应出发研究了裁军问题。他认为,裁军中民用资本品生产代替了军品生产,对国民经济的发展是非常有益的。因为民用资本品创造了新的收入流,而后者确实用于破坏性的目的,不带来任何经济收益。例如,一条公路的试用期将远远超过其成本回收期,并将促进其他效用的发挥。

但也有一些学者认为裁军并不一定会给美国经济带来实质性的影响。战后美国工业生产率降低不能仅仅归因于国防投入过大,其计量分析表明在军费与价格、失业与利率之间不存在任何实质性的因果关系。虽然军费的增加和国家产出的增加间存在一定的正相关关系,但这只是短期效应,从长期看二者之间并没有明显的相关性。

二、法国

法国是北约的重要成员国之一,历来主张发展独立的防务力量,军费开支也一直居于世界前列。法国学者丰塔内尔运用一个非常简单的、集中分析年度时间序列的模型表明,渐进的裁军对法国的国内生产总值具有较小的正面作用。这种影响主要是因为减少了扩充军备引起的通货膨胀的压力,并使国家投资明显的增长。这个分析考虑了军费的双重本质:作为公共开支,它对总需求发挥了重要的影响,能够发挥凯恩斯乘数的作用;作为严格意义上的军费,必须将其与其他形式的公共和私人开支进行比较、分析、明确区分。在这些条件下,军费具有非常高的机会成本,尤其是军费支出相应减少了投资。裁军减少了通货膨胀和竞争的压力,因而能够非常迅速地促进经济增长。

阿本(Aben)则利用投入-产出模型，分析了削减40%的军费对几个主要部门和就业的影响。得出如下结论：减少军费后如果没有可代替的民用支出来弥补政府支出减少的话，就会导致国民生产力水平的明显下降(武器制造部门、造船业和航空业的产出下降了34%)，并且将减少400 000个就业机会；当军费被民用支出代替时，在短期内也无法避免由于国防转轨而造成的就业形势的恶化(减少大约140 000到213 000个就业机会)，因而会给经济带来一定程度的冲击。阿本和多尔(Daures)用投入-产出模型分析了预算从国防部门转到教育部门的经济影响。在初步增长假设的基础上表明，从严格的经济角度看，如果粉笔意味着教育设施的话，那么拥有粉笔比拥有枪支要好。

三、英国

邓恩和史密斯认为，裁军与其说是一个经济难题不如说是一次机遇。利用剑桥大学发展项目模型，他们对英国裁军对经济的影响作了几种模拟分析。分析表明，在存在补偿时，裁军对下列方面会产生微弱的促进作用：支付平衡、对通货膨胀压力的限制、创造新的就业机会以及其他方面的增长。在没有政府补偿时，裁军将会导致国内生产总值减少、价格指数降低、就业形势恶化。这种情况更主要是由通货膨胀政策引起的，而不是由实际削减军费引起的。这些结果与英国的历史经验是一致的，与强调军事研究与发展的替代作用对民用生产的不利影响、军事技术的应用面较窄和投资挤出效应等的研究结论也是一致的。具体情况如表7-1所示。

表7-1　英国国防支出的削减：存在补偿和不存在补偿时的模拟结果[1]587

变量	1993年		1996年		2000年	
	存在	不存在	存在	不存在	存在	不存在
消费支出	0.22	−0.31	1.73	−1.97	5.39	−4.41
政府消费	0.21	1.87	1.31	6.99	2.79	
投资	0.25	0.3	1.58	1.77	4.27	3.64
出口	−0.02	−0.01	−0.25	0.06	−0.79	0.69
进口	0.09	−0.53	0.99	−2.34	3.21	−4.39
要素成本GDP	0.10	−0.45	0.63	−2.03	1.84	−3.64
支付平衡	−0.04	0.16	−0.40	0.93	−1.36	2.17
失业	−0.05	0.06	−0.22	0.25	−0.52	0.46

贝克、邓恩和史密斯利用多部门宏观经济模型来估计削减英国国防开支的影响。所研究的方案之一是英国的军费一年实际减少8.5%(始于1993年)，到2000年起军费削减至约占GDP的2%。假设军费的各主要部分大致成比例地削减，并且在人员、设备和其他开支间的平衡保持不变和没有补偿时，裁军在初期会产生负面的经济效果，但是到2000年，减少的军费相当于1992年军费开支水平的一半时，随着所释放的“和平红利”被分配到政府的其他部门和资本支出上，裁军使失业人数减少52万人，国内生产总值的要素成本超过原来的1.84%(见表7-1)。这说明，机制的转变要依赖于所采取的宏观经济政策。市场化的发展，为国防工业结构的大规模调整和迅速实现多样化提供了有利条件。

四、中国

早在20世纪80年代初，我军为支援国家经济建设，维护世界和平，开始大幅度削减军事力量，减少军费支出。20多年间，我军共进行了三次大规模的裁军，减少军队员额170余万人。1985年到1990年的5年间，我军共裁减员额103.9万人。大军区由11个撤并为7个，全军共有110个飞机场、29座军用港口向社会开放，部分军事设施改为民用。1997年，我国继续裁减军队员额50万人，到1999年底裁军任务圆满完成[9]。2005年我国又完成了裁减员额20万人的承诺。裁军之后一些军事基地的关闭必然使驻地区域依赖军人购买和消费的商业、零售业发展受到影响，相关人员失去就业机会，然而，从我国兵役制的特点和军人消费性质来看，与西方国家军事基地关闭对区域经济造成的影响相比较，我国的这一裁军行为对当地区域的影响较小。

第一，我国军事基地都有开展农、副业生产，实行自我保障的传统，与西方国家军事基地供应普遍实行社会化保障不同。建国后的不同时期，根据历史的需要，我军投入了大量的兵力开展以保障基层部队供给的农、副业生产活动。1962—1963年，我军生产的粮食，按照供给标准计算，可供8个步兵师达到全自给，17个步兵师达到半自给。军队大规模开展的农、副业生产，不仅保障了部队日常的副食品供应，而且部分剩余产品和加工产品开始向地方供应。从建国后的经济发展史看，20世纪90年代前期我国基本处于供给不足的经济环境下，军事基地的存在会给当地区域造成供给压力，加剧当地区域的供给短缺，但由于我军各部队大力发展农、副业生产，能基本满足日常的副食品需要。20世纪90年代以后，我国经济从供给不足转向需求不足，但同样由于上述原因，也很难期望军事基地驻军的日常副食品消费会大幅促进区域的相关产业的增长。

第二，我国兵役制的特点使得我国军人的薪金收入总额以及消费总额占当地区域的比重都不会很大。与西方国家军队兵员实行征募制不同，我国实行的主要是义务兵役制。军事基地的义务兵仅发给少量的维持日常使用的津贴，义务兵们通常用这些津贴在军事基地内部的军人服务社购买日常用品，与当地区域很少有经济交易关系。我国军事基地的军官是军事基地与区域联系较紧密的一个群体，军官家庭可能在驻地区域安置，军官的各种消费以及个人经济活动在驻地实现，但也是很有限的。据有关资料，我国军队各级军官中，八成左右的军官已婚，但是已婚军官有近三成两地分居，这就势必造成了分居军官将薪金收入的大部分留作储蓄，或寄往异地的配偶，以及将部分收入消费在探亲路途中，因此，就减少了军官在驻地区域的消费。与西方国家军事基地对区域经济影响主要是军人薪金发挥重要作用相比，我国军事基地军人的薪金收入对区域经济的影响不会很大。

第三，军事基地内部吸纳的区域居民就业极少。由于我国军队的运行特点，多数军事基地未实行社会化保障，基地的许多维护性或勤杂性保障工作都由士兵来完成。即使某些工作由非军事人员完成，也基本以安排随军家属、解决随军家属的就业为主。

第四，离退休军人的医疗保障由军队医院负责，与区域有很少的联系。与西方国家军队退休人员的医疗保健由区域提供保障不同，我国军队离退休军事人员的医疗、保健仍由辖区的军队医院负责，因此，很难影响区域医疗、保健产业的发展。

参考文献

［1］ 阿罗 K J，英特里盖特 M D. 国防经济学手册［M］. 姜鲁鸣，等译. 北京：经济科学出版社，2001.

［2］ 姜鲁鸣. 现代国防经济学导论［M］. 北京：国防大学出版社，2002.

［3］ 宋振铎. 国防经济学导论［M］. 长沙：湖南人民出版社，1986.

［4］ 中国国防经济学研究会筹备组. 国防经济学论文集［M］. 北

京:解放军出版社,1986.

[5] 刘大军.中国社会主义国防经济学[M].北京:解放军出版社,1987.

[6] 何善昌.国防经济学[M].武汉:湖北人民出版社,1988.

[7] 刘义银,伟海.裁军的成本收益分析[J].军事经济学院报,2004(2).

[8] 赵黎明,陈炳福.裁军对区域经济发展的影响[J].贵州社会科学,2005(5).

[9] 国务院新闻办公室. 2000 年中国的国防[EB/OL].[2006-06-01]. http://www.china.cry.cn/ch－book/2000guo/2000guo.htm.

第八章　对恐怖主义的经济学分析

经济学已经成为社会的显学，各种社会现象用经济学的视角进行解释才会有更加理性的认识，恐怖主义也不例外。经济学分析能够以更加深邃的视角去解释恐怖主义产生的根源，以定量的方式阐述恐怖主义对社会经济的影响，并且通过建立博弈论模型来指导政府之间如何合作打击恐怖主义、政府如何在与恐怖主义对决中取得主动等。在现实的博弈中，政府有效地阻截恐怖分子的资金来源是很重要的举措。博弈论模型采取理性行为人的假设，将恐怖主义分子、政府视为在一定约束下的净收益最大化追求者，并考虑到可置信威胁因素。

第一节　当代恐怖主义理论

一、恐怖主义的界定

恐怖主义问题在“9·11”事件后已广为世人所关注，尤其是在这个经济政治秩序不平衡、民族与宗教矛盾日益尖锐的时代。虽然自20世纪60年代以来，包括联合国在内的国际组织、各国政府、研究机构与知名学者进行了大量的研究和讨论，但是由于研究方法和意识形态的不同，迄今为止对恐怖主义的定义还没有完全一致。甚至有些学者提出“是否该给恐怖主义下定义”“一个被普遍接受的全面的恐怖主义概念现在不存在，而且将来也不会存在”。虽然如此，值得欣慰的是，随着国际社会共同反恐的需要，各国政府和专家学者对恐怖主义的概念界定越来越客观、达成的共识越来越多,不仅可以为各国公民全面客观地认识恐怖主义提供帮助,更重要的是为有效地打击恐怖主义、开展反恐怖主义的国际合作提供了更广泛的基础。所以,作者认为科学界定恐怖主义概念有意义而且势在必行,它是研究恐怖主义的逻辑起点,也是对待恐怖主义问题基本立场的前提。

先来看一下目前学界比较流行的恐怖主义定义,恐怖主义较早的历史和渊源这里不再介绍。由于现在的恐怖主义越来越多地跨越国界,将罪恶的双手伸向世界的各个角落,所以在本文将不再对恐怖主义进行国际与国内之分。对恐怖主义进行专题研究的学者施密特(Schmidt)和杨曼(Jongman)在《政治恐怖主义》一书中引用了109条不同的恐怖主义定义。这些定义是他们在考察1960至1980期间的专著后获得的,从这些定义里,作者将下列的关键词剥离出来,并按它们在定义中出现的频率高低作了排序:暴力占83%;政治占65%;恐惧、强调恐怖占51%;威胁占47%;心理影响和预期出现的反应占41.5%;受害者与打击目标分别占37.5%;有目的的、有计划的、系统化的、有组织的行为占32%;非常性、违背社会普遍接受的规则、不受人性约束占30%;强迫、强求、使对方屈服占28%;等等。同时,他们定义恐怖主义是在A,B双方或多方的冲突中,针对攻击性目标C的蓄意地和系统化地使用或威胁使用暴力的行为,在这里直接的受害者C(可能甚至不是冲突方的成员)不可能通过态度或行为的变化而使自己从冲突中分离出来。

兰德公司的定义是:旨在制造恐惧或惊恐气氛,使人们夸大恐怖分子的力量和他们事业的重要性,而使用实际的或威胁性的暴力。

《不列颠百科全书》对恐怖主义的定义是:对政府、公众或个人蓄意使用恐怖手段或令人莫测的暴力,以达到某种政治目的。

知名学者布鲁斯·霍夫曼(Bruce Hoffman)认为:恐怖主义

是指人的一种有目的的政治活动，它旨在通过制造恐怖气氛，达到按照（事件）领导者的意愿对其他人施加影响，以及通过他们对事件的发展施加影响的目的。

美国反恐专家玛莎·克伦沙（Martha Crenshaw）教授的定义是：小规模的秘密组织在争取政治权利的斗争中系统化地使用的一种有预谋有目的的异常暴力，恐怖分子的暴力是心理性的和象征性的。

中国学者赵英的定义是：恐怖主义活动是某些国家、组织或个人，出于政治目的，而使用非战争手段进行的活动。

李少军认为：恐怖主义是暴力实施者基于政治目的对非武装人员（包括军队非战斗人员）有组织地使用暴力或以暴力相威胁的行为，其目的是以特殊的手段把一定的对象置于恐怖之中，逼迫其做原本不会做的事情。

胡联合认为当代世界及未来社会的恐怖主义概念应该界定如下：恐怖主义是指一种旨在通过制造恐怖气氛、引起社会注意以威胁有关政府或社会，为达到某种政治目的或社会目的服务的，无论弱者或强者都可以采用的，针对非战斗目标（特别是无辜平民目标）的暗杀、爆炸、绑架与劫持人质、劫持交通工具、施毒、危害计算机系统以及其他形式的违法或刑事犯罪性质的暴力、暴力威胁或非暴力破坏活动。

外国学者的定义虽然数量很多且比较有针对性，但由于他们对恐怖主义的理解由于个人的侧重点和特色而有所不同，绝大多数的定义陈述了恐怖主义的暴力性质，但是现在的不少恐怖主义事件并非表现为暴力形式，而是采用了生化武器可以造成大规模杀伤的恐惧活动以及计算机系统的袭击。另外，多数的外国学者的定义是站在国家和政府的立场上去定义恐怖主义的特性和内涵，因此其缺陷是将所有的恐怖主义看做是国家机器的对立物以及国家与恐怖主义相排斥而不是相联系，所以他们的观点缺乏辩证性。而国内的学者在借鉴国外学者理论的基础上，对恐怖主义的定义比较全面而且更具客观性。作者更认同胡联合博士的观点，并且强调自“9·11”事件以来，恐怖活动中的施毒（即生化武器的应用）和对网络系统的袭击两种形式变得更为普遍和频繁。此外，恐怖分子和政府或平民处于信息不完全对称的地位，往往拥有信息优势。他们多是面目不明的组织群体或个人，即使知道恐怖分子属于什么组织，更具体的信息和情报也无从所知。

二、恐怖主义的类型

恐怖主义类型多种多样，产生的背景不相同，表现出的危害性在不同历史时期也不相同。从当前来看，对人类危害较大、主体状态表现突出的恐怖主义主要包括以下几种类型（重点强调新恐怖主义）：

(1)民族主义的恐怖主义。这一恐怖主义的特点是奉行排外政策，或鼓吹民族分离主义并要求实现自治。在欧洲，左翼恐怖主义疯狂地鼓吹法西斯主义、鼓吹种族主义、军国主义、崇尚暴力文化，主张对内实行独裁恐怖统治，对外奉行侵略扩张政策，煽动民族仇恨，则是这一特点恐怖主义的典型代表。

(2)宗教恐怖主义，也被称为宗教极端型恐怖主义。它主要是指以宗教极端主义为主体的恐怖主义。宗教极端主义是把某一宗教或某一宗教教派的利益推向极端的一种思潮，宗教极端主义的不同之处在于，宗教信仰高于一切，驱使他们从事恐怖活动的是精神而非世俗因素。当代宗教极端主义的典型代表是宗教原教旨主义。宗教原教旨主义强调原教义的纯洁性，竭力把自己的传统与其他的传统分开，这种方式不顾历史发展的必然，形而上学地维护自己的原教义，是逆历史潮流而动。目前，全世界有25%的恐怖主义起源于宗教原教旨主义，他们已经成为一种具有国际影响的恐怖势力，典型的代表是本·拉登的“基地组织”。仅在2003年5

月10—16日发生在世界各地的8次恐怖袭击爆炸事件全由“基地组织”所为。足可见其恐怖活动的疯狂性。宗教恐怖主义由于有宗教的虔诚和狂热为支撑，因而更富于攻击性和残忍性。这一类恐怖主义分子视死如归，在时间、地点、对象上毫无规则性地制造恐怖事件，给人类生存与安全带来极大的危害。

(3)黑社会组织、国际贩毒集团、极“左”革命恐怖组织等其他国际恐怖主义。黑社会恐怖主义，是指以特定的黑社会意识形态为支撑的恐怖主义。黑社会不是恐怖主义，黑社会组织不是恐怖主义组织，但这并不排除黑社会组织在一定条件下实施恐怖主义。在一定的条件下，黑社会组织发动恐怖袭击，黑社会组织有目的的政治、社会恐怖活动则将黑社会组织转变为恐怖主义。另外，国际贩毒集团、极“左”革命恐怖组织、邪教恐怖主义组织等恐怖主义组织都带有很强的时代特点。

(4)新恐怖主义。即主要是鉴于“9·11”事件后，国际恐怖主义出现了组织框架虚拟化、联系协调网络化、袭击目标“软性”化等新的特点。这一类型的恐怖主义利用先进的技术手段，通过制造和散布恐怖来打击目标，主要包括经济恐怖主义和电脑网络恐怖主义。高科技的发展大大地推动了人类社会的进步，但同时，高科技被恐怖主义所掌握，用来对人类社会的和平与安全进行攻击。所以新恐怖主义又可以称为高技术恐怖主义。据美国一家信息公司调查：近10年来，恐怖分子袭击企业的经济恐怖事件年增长率为12%～15%；水上航线、输油管道、雷达站、甚至原子能送电塔，都成了恐怖分子袭击的目标，实业大亨商界名流不断被恐怖分子绑架，仅在南美洲就有近1 000人遭此厄运。网络恐怖主义，即以电脑黑客技术实施的恐怖袭击。电脑黑客袭击，可以在短时间内使网络系统混乱、瘫痪，进而使基于网络系统运作的社会经济、政治、军事、文化系统混乱、瘫痪，从而引发社会混乱，造成政府危机。

三、当代恐怖主义发展的趋势

当代恐怖主义的发展趋势其实主要也就是新恐怖主义发展的趋势。本文根据国内外学者的研究，认为最主要的发展趋势有以下三点：

一是目标模糊化。恐怖分子的伤害对象是任意的，在公共场所制造爆炸事件，只要造成伤亡，其目的就达到了，至于受害者是谁，他们并不考虑。这种任意性攻击使全民处于恐怖气氛中，这正是恐怖分子所要达到的目标。普通无辜平民成为恐怖分子袭击的目标，一方面是由于各国对政府、军事、外交等官方目标的完全保护加大力度，另一方面是由于打击普通的无辜平民目标所具有的恐怖性和象征性，它能使芸芸众生感到不安，担心自己成为恐怖分子袭击的下一个目标，攻击目标的象征价值越大，所造成的恐怖气氛也就越大。恐怖主义打击的目标与恐怖分子不满的真正原因的相关性越少，其行为就越具有恐怖主义性质，恐怖效果就越大。从近来日益猖獗的恐怖活动可以看出，恐怖分子滥杀无辜，使得恐怖分子能够以最低的风险获得最大的成功，造成社会政治、经济的混乱。2004 年 9 月发生在俄罗斯别斯兰市第一中学的劫持人质事件就是一个很典型的例子。

二是高科技技术的应用。现代通信手段、信息与技术(包括核武器和生化技术等)的飞速发展，使得社会越来越依赖这些高新技术。同时它也给恐怖主义提供了利好的工具和平台，随着恐怖分子的文化素质提高，破坏力惊人的高新技术手段将会给世界带来更深重的灾难，造福民生的技术应用于恐怖破坏的几率大增。最近世界各大国加强合作的基础是“四反”，其中一条是反扩散，主要是核武器、生化武器及相关技术，可见高科技的重要性。而恐怖主义应用因特网发动恐怖袭击更加普遍和有效。随着能源、通信基础设施方面综合性和相互关联性的增强，恐怖分子在关键网络的关键结上发动的一次攻击就将造成一个地区甚至整个系统的运行中断，所攻击的目标将是国家的电信网络以及电力系统、金融系统等基础设施和政府运营系统。

三是组织架构虚拟化。恐怖分子可以不费周折、隐蔽地将自己的人员、金融资产和技术手段自由转移到目标国和地区进行备战，在打击的目标国内部进行各项准备活动。随着卫星电话、因特网等新型通信技术的出现和迅猛发展，恐怖组织可以在全球范围内优化资源配置，开展协同行动，共享武器知识、秘密资金跨国流动的信息。网络成了恐怖分子最主要的宣扬活动、招募成员甚至是筹集资金的渠道，也成了恐怖分子制造政治阴谋、发动心理战的有效手段。网络的分散性使调查人员很难追踪和阻止恐怖分子在网上相互联系和发布信息；网络的快捷性可以使一个视频片断在网上出现后立即传播到各地，伊拉克人质遭斩首的事件反复在网上出现，就是恐怖分子发动心理战的实例；网络的隐蔽性又可以使恐怖分子通过不断更换域名隐蔽自身，而政府部门难以应对。

第二节　当代恐怖主义的经济根源

恐怖主义的起源与国际社会的发展状况息息相关，是各种矛盾、冲突激化的一种极端反应，并随着国际形势的发展而不断演变。西方文化价值与东方文化价值的冲突、现代化因素引起的伊斯兰世界面临的政治和社会危机成为恐怖主义的催化剂，还有国家间竞争与冲突、高科技的普及与先进武器技术的扩散、新闻媒介的负效应等等，都成为恐怖主义肆虐的根源，同时宗教矛盾是恐怖主义产生的一个主要根源。政治、宗教等是经济的集中体现，政治总是要体现占统治地位的生产关系的需要，并为这一生产关系服务的。因此，战争与恐怖主义背后最根本的是经济的原因。恩格斯指出：“暴力仅仅是手段，相反的，经济利益是目的。”恐怖活动的起因离不开经济方面的因素，因为暴力是为一定阶级的经济利益服务的，暴力往往是由经济原因引起的，因此在本书主要探析恐怖主义产生的经济根源。

一、理论综述

挫折-攻击理论是由约翰·达莱德首先提出并逐步完善的。该理论的基本思想是：有意识的攻击总是来源于人们追求目标过程中遇到的挫折。当然并不是一切挫折都会引起公然的攻击行为，在社会文化和社会控制机制足够强制的情况下，攻击性为可能因为实施者考虑到招致惩罚或其他不好的后果而有所抑制。按照这一思路，恐怖主义之所以产生，是源自恐怖分子心理上的挫折感，而挫折感来自何处呢？该理论认为：由于社会经济的发展，人们对自身经济状况的改善有较高、较好的预期，但是与参照群体的境况相比，有一部分人认为自己并没有得到应得的东西，从而产生受挫感。它强调社会、政治的不平等是导致受挫感的根源，特别是日益严重的贫富差距，社会上的不平等地位及社会地位的日趋边缘化发展都是引发人们心理上的受挫感的诱因。

实力理论是由赖特思和拉奎尔等人提出的一种有关社会造反行动的理论观点。该理论认为挫折感只是社会、经济和政治制度变迁的产物或附带现象，而不是造反行动的原因。造反行动是由制度变迁诱发的，对于恐怖分子来说，他们可以称得上理性行动者，由于制度的变迁会为他们的经济和政治实力的改善带来可能和信心的支持，从而增加了造反成功的可能性。

失范理论是由著名的美国结构功能主义大师罗伯特·默顿提出的。他指出：社会成员接受了正统的社会教育并认知现有社会的正统目标，并以正统的手段去实现正统目标时，他们就处于平衡状态；而当社会不能兑现他们要求的东西时，没有接受过正统的社会化教育的社会成员就可能以失范的越轨行动去表达自己的不满。

亚文化理论认为一个社会存在一种主流文化，也存在着各种不同的属于不同群体的亚文化。这种边缘化的文化同样是群体成员长期的实践和历史的沉淀而形成的成果，是其成员实践行动的价值观和理论指导。如果一个社会存在多元化的文化，并且不能解决好文化的融合时，再加之一个群体具有诉诸或热衷于恐怖主义活动的亚文化特性时，恐怖主义活动就很容易滋生。这种亚文化可能是贫困亚文化，可能是宗教亚文化，也可能是民族亚文化，更可能是直接的暴力亚文化，或者这些亚文化的混合物[2]164—166。

文明冲突理论：按照亨廷顿的观点，当今世界大致存在八种文明，即西方文明、儒家文明、日本文明、伊斯兰文明、印度文明、斯拉夫-东正教文明、拉美文明、非洲文明等。未来世界的基本格局和发展状况将取决于这些文明之间的互动。其中，相邻的文明集团将不断发生暴力冲突，争夺对领土的控制权。在宏观上，所有这些文明集团都在竞相争夺经济权力，争夺对国际组织的控制权，推广自己特有的政治和宗教价值观，扩大自己的文化影响。发生文明冲突大致有六大原因：①与政治意识形态相比，文明的差别更为基本；②世界变小，互动增加，强化了人们的文明意识，激发了文明的差别和敌意；③现代化过程既削弱了国家认同，又超越了本土认同，使宗教原教旨主义乘虚而入，世界出现了非世俗化；④在西方权力达到顶峰的同时，非西方文明发生了归根现象；⑤与经济和政治相比，文化特性更少变化，文化差别更难消除；⑥经济区域主义方兴未艾，当它植根于同一文明时才能成功，而其成功又将强化文明意识。“9·11”之后，亨廷顿多次谈到文明冲突论的适用性，认为文明冲突论并没有过时。

二、恐怖主义的经济根源

上述理论从不同的角度揭示了恐怖主义产生的根源。政治、经济、宗教和文化等因素中，作者根据马克思主义的物质决定精神、经济是政治的基础的观点，主要探讨恐怖主义的经济根源——全球贫富分化。

贫困不是罪恶，却是产生社会动乱和仇恨的根源，而不满和仇恨正是恐怖主义得以产生、发展的温床。1999 年联合国开发计划署发表的《人类发展报告》就已经指出，全球贫富差距越来越大。最富裕国家的 1/5 人口控制了全球国内生产总值的 86%，全球出口额的 68%；而近些年来，世界上最富的 1/5 人口与最穷的 1/5 人口收入之比从 30∶1 上升到 74∶1；全球最富有的 3 个人占有的财富相当于最穷的 48 个国家财富的总和。

2005 年 9 月，世界银行专家对世界 120 个国家财富分配情况进行全面调查，并在其官方网站公布了题为《国家财富在何处?》的调查报告。结果表明，世界上最富裕的国家瑞士与最贫穷的国家埃塞俄比亚的人均财富相差甚远，世界贫富差距继续拉大。

世界银行在进行专项调查时，不仅考虑国民生产总值水平、人均收入等传统因素，还非常重视自然资源的利用程度、环境损害规模、劳动力价值等。世界银行专家此次调查依据的是 2000 年人均物质财富分配水平，先算出 120 个国家和地区的物质财富总和以及人口总和，得出 90 210 美元的世界人均财富指标，然后以此为标准，判断世界各国人均财富情况。

结果表明，瑞士高居世界富国榜首，人均 648 241 美元，之后是丹麦（575 138）、瑞典（513 424）、美国（512 612）、德国（496 447）、日本（493 241）、奥地利（493 080）、挪威（473 708）、法国（468 024）、比利时和卢森堡（各 451 714）。世界上最贫穷的国家是埃塞俄比亚，人均1 965美元，其次是布隆迪（2 859）、尼日尔（3 695）、尼泊尔（3 802）、几内亚比绍（3 974）。

世界银行专家指出，调查结果表明富国和穷国的差距进一步拉大，瑞士人均财富 648 241 美元，几乎是埃塞俄比亚人均财富

1 965美元的330倍。今后这一趋势还将得到延续,主要是穷国将更穷。穷国贫穷的根源在于资源衰竭,这些国家经济状况非常糟糕,矿产资源少得可怜,土地资源继续衰竭,森林被砍伐。联合国提出的在2015年前减少贫穷饥饿国家数量的千年发展目标未必能实现。

目前,在经济全球化迅速推进,人们认识到全球化所带来的好处的同时,反全球化运动也在不断发展,经济全球化的负面影响受到世人关注。经济全球化是世界经济发展的要求,但在现实中体现的是资本在全球的扩张。资本运动的全球化冲破了民族国家的经济界限,在一定程度上削弱了民族国家的调整职能。资本运动的全球化已成为当前世界经济最明显的特点之一。但同时,经济全球化与两极分化同行并进也成为当今世界经济活动中一个非常突出的趋势。在经济全球化条件下,世界上发展中国家与发达国家之间的南北两极分化日趋突出。国外学者布尔巴赫(Burbach)、努尼茨(Nunez)和卡伽黎斯基(Kagarlistsky)把全球化看做是"人类灾难的根源"[31]。鲍荻奥(Bourdieu)认为全球化是打着私有企业和全球性竞争旗号的市场暴政。在国内,詹武认为:"经济全球化,本质上就是近代资本主义对外扩张并统治全球的过程,就是以美国为首的西方金融资本利用其资本和技术的优势,进行资本的国际扩张,获取全球利润,对全球财富进行再分配。"[32]

全球一体化实际上是为发展中国家所设的陷阱。经济全球化反映了资本贪婪增值与无限扩张的本性。迄今的经济全球化使资本流向全球,利润却流向西方。近些年来,发达国家吸引的外国直接投资额要占总量的近3/4,美国和英国是世界上对外投资最多的国家也是吸引外资最多的国家;美欧之间的投资活动异常活跃。虽然发展中国家吸引的外国直接投资有所增加,但仍不能同发达国家相比,并且发达国家在发展中国家的投资利润要远远高于投资于其他发达国家。在发展中国家掠夺的利润又投资于这些国家,可谓是“羊毛出在羊身上”。经济全球化对发达国家来说是利大于弊,而发展中国家并不能像发达国家那样受惠。由于穷国的资本有机构成低于世界平均资本有机构成,其创造的剩余价值则源源不断地流向富国,进一步破坏了其积累和增长的手段。这种价值从穷国向富国转移的机制使贫困者更加贫困。瑞典著名经济学家缪尔达尔(1991)从“回流效应”和“传播效应”方面论证了不发达国家在国际经济关系中的不利地位。

发达国家与发展中国家处于不同的经济发展阶段,但在当今全球化的国际竞争中,二者必须遵守相同的国际经济规则,而一系列的国际规则是由西方国家主导制定的,这些规则与发达国家的经济水平相适应,反映着发达国家自身经济发展利益的要求,并维护着发达国家的经济利益。而发展中国家在这些国际规则的要求下,承受的更多的是不公平与不公正。

欧洲和美国并不愿意在自己的国家实现自由化。与此形成鲜明对比的是,它们狂热主张发展中国家实现完全的自由化。如美国,不管它自己的农业补贴有多大,坚持认为发展中国家必须迅速开放其农业市场。美国等发达国家希望世贸组织取消允许发展中国家以较慢步伐使其制造品市场自由化的条例。而许多发展中国家担心,迅速开放市场,尤其是农业市场,将破坏经济增长前景,使失业率居高不下,并造成社会混乱。这是使欧盟、美国与发展中国家陷入谈判僵局的核心问题。经济全球化近些年的发展已经证明,发达国家的繁荣是建立在牺牲发展中国家的利益基础上的。发达国家凭借其强势地位,掠夺发展中国家。跨国公司在新自由主义的自由竞争的大旗下,向发展中国家扩张,它们获得的是比原来更大的垄断范围与权力。大垄断资本在向全球扩张的过程中,不可避免地要把其自身内在的“两极分化”这一本质特征,扩散到它所到之处。经济全球化条件下的世界范围的南北两极分化,正是资本主义生产关系内在的资本与劳动两极的对立与分化在当今世界的鲜明体现。

发达国家处于中心而发展中国家处于外围的全球经济结构造成了发展中国家对发达国家的依附。这种依附有人概括为三个方面:第一,依赖发达国家的市场。第二,依赖发达国家的资金。从第二次世界大战后到20世纪80年代起,相当一部分发展中国家的资金90%以上来源于发达国家的支持。特别是20世纪80年代以来,相当一部分发展中国家陷入了债务危机,资金筹措更加困难。第三,依赖发达国家的技术。发展中国家没有雄厚的资金实力和人力资源独立开发高新技术,要想参与全球化的贸易只能引进发达国家的技术,付出的不只是高昂的费用,还有国内的市场和平等地位的丧失。以发展中国家对发达国家的资金依赖来说,国际金融垄断资本很善于利用这种依赖来掠夺发展中国家。众所周知,国际资本市场主要为发达国家所垄断,世界金融中心主要集中在纽约、伦敦、法兰克福、东京等发达国家的大都市。20世纪90年代以来,国际资本市场出现了大量的虚拟资本新产品,在众多金融衍生工具的帮助下,国际资本市场融资总数逐年攀升,其中发达国家的融资额占了总额的91%以上。它们以强大的垄断地位为依托,在全球范围内寻找机会,力图通过金融资本的投机经营控制发展中国家的经济命脉。不仅如此,它们通过造市、撤资、引发抛售等手段扰乱发展中国家正常的经济秩序。据保守估计,截至1998年11月,亚洲金融危机的国家和地区的资产缩水50%以上,其中有7 000多亿美元流入美国。在非洲,一些国家的国民经济支柱产业(金融、能源、电信和交通等部门)大多廉价地落入西方国家的手中。中国在1998年实行了经常项目自由化,但资本项目一直没有开放。这大概是1997年金融危机没有波及到中国的一个重要因素。对于资本项目自由化,一个基本的逻辑观点是:金融市场的自由化越早越能更多地吸引外资。不过,如果一个国家的政治制度、法律、产权结构、税收和资本市场的发展,银行体系的健全,以及市场规制等方面还没有做好准备，那么这种开放的风险成本就会很高。在现在的中国，由于体制上的漏洞，即使保持着资本管制，仍然会有漏洞使得资本外流在政府控制之外。例如，在中国享受特别待遇的外资企业没有承担起其应尽之责，很多外资企业在中国赚得盆满钵溢，却通过转移定价的手段逃避纳税义务。2004年，外资企业就涉嫌转移数百亿元人民币税金。

发达国家为缓解国内的矛盾，利用剥削全世界获取的超额利润的一部分在国内推行福利政策，缓和劳资矛盾，提高工人工资，从而造成国内劳动力成本居高不下。这种情况下，发达国家更愿意把企业搬到劳动力价格低廉和能源丰富的发展中国家中去。发达国家工人中技术熟练的工人居多，而发展中国家的非熟练工人只能得到十几分之一甚至几十分之一的报酬。

西方发达国家对全球能源的掠夺也是导致南北贫富差距扩大的重要原因。资本主义诞生以来，资本主义国家从来就没有停止过对原材料的巧取豪夺，反而变本加厉。近些年来，美国在全球的石油能源争夺大战就可见一斑。当然能源不仅仅是石油，在中东和西南亚的许多地方，水资源供应不足，并引起很多问题。争夺木材和矿藏的局部冲突中，在亚、非、拉各大洲也很常见。发达国家往往参与其中，以不正当手段获得巨大的能源和经济利益。下面谈谈中东的能源之争，中东地区也是恐怖主义的集中地。

中东问题一般指阿拉伯与以色列之间的争端，中东地区重要的战略地位和战略资源牵动着许多国家的利益。近些年来，中东地区牵动着全球人民的关注。美国发动的伊拉克战争，实际上是对中东巨大储量的石油资源的觊觎。

显然，在领土产权归属和石油收益权划分上的缺陷，正是中东问题的核心所在。阿拉伯世界与美国的一个重要矛盾是“石油问题”。美国的石油蕴藏量只占世界总量的 4%，但其消耗量却占全球的 1/4。美国石油大量依赖进口，特别是来自中东石油输出国的进口。为了保护美国的石油利益，美国在中东石油输出国驻军，同时在其所主导的经济全球化进程中，借助金融资本的力量，使石油资源的收益权为少数人所占用，导致阿拉伯国家贫富不均，失业上升，社会矛盾增多。阿拉伯国家的民众，当然不愿意看到本地区的财富流入美国等西方国家的腰包，流入少数亲西方的富翁和统治者阶层手中。他们普遍怨恨美国等西方国家的政策，这种怨恨与极端的宗教或民族主义结合在一起，是造成这个地区恐怖主义活动的重要原因。

第三节　当代恐怖主义对世界经济的影响

恐怖主义发展的新趋势以及“9・11”事件后发生的一系列恐怖主义袭击事件表明，恐怖主义不仅对地区局势乃至国际和平与安全构成严重的威胁，而且正日益成为影响世界经济稳定和增长的重大因素。

一、直接经济损失

在“9・11”事件中，仅纽约世贸中心损失就达 400 亿美元，预计整个大楼及周围被毁建筑的清理和重建工作需要花费 390 亿美元，仅是清理大楼倒塌后留下的 120 万吨废墟估计就要花费 70 亿美元[13]。“9・11”事件对美国的保险业和航空旅游业打击尤为沉重。标准普尔公司指出，恐怖袭击事件使美国保险业至少损失 175 亿美元，鉴于安全考虑，旅游业首当其冲，饭店内人心涣散，航空业损失数十亿美元，营运量减少两成，数万名员工遭到裁减。英国经济及商业研究中心的调查报告显示，2005 年伦敦发生的恐怖袭击爆炸案使英国经济蒙受了 20 亿英镑的损失。据俄罗斯纽带新闻网 7 月 18 日报道，该调查报告显示，伦敦发生的爆炸案对首都大型商贸及娱乐业公司冲击最大，它们的营业收入已经开始明显下降。受伦敦恐怖袭击爆炸案的影响，伦敦市的经济增长率将下降 0.5%；英国国内生产总值将减少 0.1%。由于恐怖袭击导致的民众购物积极性降低，因此国内经济增长自然会放缓，英国著名的调查机构 SPSL 公司的市场调查也显示，7 月 7 日(伦敦恐怖袭击爆炸案当天)英国商店的来访率比一个星期前下降了 77%，比 2004 年 7 月 7 日下降了 74%。英国高级百货公司 John Lewis 在 7 月 8 日的销售额下降了 15%。

二、动荡的世界经济

“9·11”使本正处于低迷的美国经济雪上加霜，同时也给全球经济的缓慢恢复加重了负面效应和更大变数。美国航空运输业遭受巨大损失，保险业遭遇前所未有的重创，旅游业迅速滑入低谷，投资萎缩，失业率急剧上升，全球股市、汇市更是一片动荡。世界股票总资产到当年 9 月底比上年的股市高峰时至少减少 10 万亿美元，这个数字相当于去年全世界国内生产总值的 1/3，仅美国的纽约证券交易所和纳斯达克股市就比去年高峰时期减少了约 1 万亿美元。美国这个全球经济巨人的“大吐血”产生的巨大冲击波给世界经济带来了多米诺骨牌效应。

2005 年英国伦敦市区发生连环爆炸后，世界经济波动巨大，汇市、股市、油价及期货市场表现明显。汇市不同币种涨跌明显。爆炸消息传出，英镑在抛压下急剧下跌，欧元显示触底反弹迹象，瑞士法郎作为避险币种受到追捧，其中英镑兑美元跌至 19 个月来新低，兑欧元跌至 1 个月来低点，瑞士法郎兑英镑上涨至 1 个月来高点。油价变化惊心动魄。受伦敦恐怖爆炸事件影响，国际油价 7 月 7 日在创造历史高价以后大幅震荡回落。纽约商业交易所 8 月原油合约在到达 62.10 美元纪录高点以后大幅回落，在短时间内跌至 57.20 美元，较高点大幅下跌 7.89%，之后，油价又迅速反弹至 60.61 美元。由于市场普遍担心伦敦恐怖爆炸事件将导致全球经济增长放慢，当天，布伦特原油期货最大跌幅也曾一度超过4美元。除油价易受政治性因素影响出现波动外，期货市场也出现震荡行情。如芝加哥期货交易所大豆期货周四在亚洲交易时段下跌，伦敦爆炸事件是导致下跌的主要原因。

从“9・11”事件和近来的恐怖事件不难看出恐怖分子一直把西方经济强国作为头号的敌人。由于其经济的优势地位，在全球相互依赖日益加深的情况下，西方国家尤其是美国经济的态势对世界经济有重要的影响。

三、不断上升的国际供应链成本

供应链中发生的物流费用包括运输费用、仓储保管费、信息处理费、各种保险费、物流管理费、人工费等。恐怖主义活动突发性和任意性加大了货物贸易的风险，“9・11”事件造成的物流费用上升，首先是由于国际运输保险费和运输费用的上升。由于恐怖主义对保险业造成的巨大损失和潜在影响，保险业为了发展不得不增加国际贸易的保险金额。航空运输与远洋船运是国际货运的主要形式，保险费的增加，开征安全保险附加费、战时附加费等，导致运输费用上升。中国国际航空公司开征每公斤1.2元人民币的货物安全保险附加费。印度自“9・11”事件以来海运货物的保险费已上升了80%。各承运人还对到中东和欧洲港口的货物征收每箱20～150美元的战时附加费。

其次是商品的仓储保管费用增加。物流过程中仓储的作用通过以下几个方面来体现：在商品的生产期运输期内保证供给，在供应以及市场需求量波动的情况下保证供给，对可能发生短缺的商品事先储备。“9・11”事件以后，出于安全考虑各国加强了过境运输甚至国内运输的安全检查，直接导致运输过程的时间明显延长，原来从加拿大到美国几个小时就能完成的汽车货运现在需要30多小时。另外，“9・11”事件导致供应链的不确定性因素增加，为了达到需要的服务水平，运输时间延长和不确定性增加必然要求增加商品的库存量。另外，消费者的信心受到打击，导致市场萎缩，全球商品流动速度放慢，商品滞留在仓库的时间更长。9月份美国耐用品订货比8月份下降了8.5%，商品零售额下降了2.4%。库存量增加、库存商品滞留时间长造成商品仓储保管费用增加[16]。

四、失业和通货膨胀

在国际恐怖主义活动泛滥的情况下，不少国家出于安全考虑，纷纷加大在反恐方面的投入，用于军事和安全方面的公共开支大增。“9·11”事件后，美国很快把反恐和加强本土防御放在外交与安全政策的首位，设立了“国土安全委员会”和“国土安全部”，加大了反恐投入，很快设立了400亿美元的基金用于打击恐怖活动、救援和灾后重建。其他国家也纷纷加大了在反恐和安全方面的投入。然而，如果把这些钱用到劳动力密集型并且能源消费较少的就业上，就能够提供更多的就业机会。杰里米·里夫金和特德·霍华德合著的《熵：一种新的世界观》一书中就指出，国防开支的增加是导致通货膨胀的罪魁祸首。虽然军工企业的工人拿到了工资，但是他们能够购买的商品供应却没有增加，而导弹之类的用户市场又在某种程度上受到了限制，这使得汽车、电冰箱和机械器具等货物价格猛烈上涨。军工部门除了消耗掉大量的非再生矿物资源外，还要消耗全国能源总使用量的6%，能源供应更加紧张，进一步为通货膨胀火上浇油。

五、不断受挫的世界旅游业

随着旅游业的不断壮大和上升为各国家和地区的支柱产业，人们也更加关注恐怖主义给旅游业所带来的危害。下面具体谈一下恐怖主义对旅游经济所造成的危害。

旅游活动产生的根本动因有客观和主观两方面。客观方面包括可自由支配收入、余暇时间以及旅游目的地的可通达性；主观方面则包括人们内心寻求新异、刺激、知识、探亲访友、陶冶情操等各式各样的动机。旅游产品的生产和消费具有同一性，即生产和消费同时进行并且空间不可位移。旅游业极易受到危机影响的另外一个重要原因就是旅游各个环节之间是高度依赖的，极易产生连锁反应。随着经济的发展和国际旅游业的不断壮大，一旦危机事件突发，对旅游业的影响是首当其冲并且是很严重的。

早在 20 世纪 80 年代，旅游业界的学者们就注意到由恐怖主义和政治动乱引发的旅游业危机。里特(Richter)是早期进行研究的学者之一，他认为旅行者很容易成为恐怖分子的袭击目标，因为他们往往会被当成是代表其母国的"外交大使"。同时，广泛的媒体报道和多国政府针对恐怖分子的政策，促使了恐怖分子更多地拿旅游者作为袭击目标。索迈兹(Sonmez)分析了旅游、恐怖活动和政治动荡三者之间的相互关系，他通过对 1980 年到 1998 年的 36 篇相关文献分析总结，发现研究的主题主要包括恐怖主义和政治动荡对游客需求的影响、恐怖分子袭击游客的动机、利用旅游作为政治的工具、政治暴乱对目的地形象的影响、危机管理和恢复营销的效果等。其中阿茨尔兹(Azlz·H)在分析埃及旅游和穆斯林组织发动的恐怖袭击之间的深层关系时指出，旅游业入侵了伊斯兰教文化价值和传统，正是这种把当地人的利益排除在外的豪华型旅游的发展引发了穆斯林组织的暴力行动。

由于旅游地区对恐怖袭击的安全防范不到位，国外旅游者比较集中同时也比较杂乱，恐怖分子往往喜欢从此下手。恐怖分子通过劫机、胁持人质(尤其是国外旅游者)来向政府勒索钱财，有时通过更极端的恐怖行为如击毙国外旅游者、炸机等形式，以取得轰动世界的效应，并营造恐怖主义氛围，达到对政府甚至整个人类的报复。

恐怖主义在向政府示威报复达到政治目的的同时，又给旅游业造成了恶劣的影响，这种影响通过很多方式：①人们由于担心自身的安全问题而取消或是延迟旅游计划；②世界传媒的宣传报道，一定程度上加深了人们对受袭击旅游区的不良印象，心理上的阴影会使人们长时间对旅游产生抵触感；③民航业和其他旅游服务部门由于恐怖事件而丧失大量的客源；④国际会议可能因恐怖事件的发生而取消，潜在的经济损失巨大；⑤妨碍了国际资本投向旅游行业；⑥国际恐怖活动严重时，可能影响或改变全球的国际旅游格局；等等。

上面已经提及“9·11”事件对美国旅游业所造成的影响，让我们看看其他的例子：意大利首都罗马是美国游客很爱光顾的地方，然而，“9·11”事件以来，到这里观光旅游的美国人越来越少，在西欧其他国家也很少见到美国游客的身影。由于对遭受恐怖袭击的担心，美国人出境旅游的热情大大降低了。对于已经习惯接待大把花钱的美国游客的欧洲国家，旅游业受到的影响最为突出。美国旅行商学会驻希腊代表巴拉卡基斯(Andreas Balakakis)说，希腊入境旅游出现大幅下降。伊拉克战争使美国市场的预订受到很大影响，特别是游船旅游。

由于美国人对安全非常敏感，美国游客2003年3月份比去年同期减少22%。对恐怖袭击的担心以及对乘飞机旅行的恐惧也是主要的原因。

美联社在2003年5月中旬进行的一次调查显示，大多数美国人不会因为恐怖主义或者经济原因而取消旅行计划，只是很少有人愿意乘飞机。只有5%的被调查者计划取消休假旅行，但是有27%的人表示不会乘飞机旅行。这比1年前的调查结果下降了30%。

据俄《消息报》报道，在连续发生客机坠毁、莫斯科地铁爆炸及北奥塞梯人质事件后，已有三分之一的外国人取消了原定的俄罗斯之行。有人称这是10多年来最为严重的旅游危机。俄罗斯最近一段时间连续发生一系列恐怖袭击事件,所导致的结果之一就是境外旅行者由于害怕而拒绝去俄罗斯旅游。根据俄联邦旅游局专家的估算,在2004年9月境外旅游者将比预计的要减少30%,2005年客流量还会锐减。这首先对莫斯科及圣彼得堡的财政是一个打击。

外国人拒绝前往俄罗斯,在2004年8月24日两架客机坠毁后就已经开始了。那时,有旅行社就被迫取消了一些赴俄罗斯的旅行团。三个日本团取消了从伊尔库斯克飞往莫斯科的行程,之后是香港游客也拒绝了前往俄罗斯的行程。而在发生莫斯科地铁站爆炸和北奥塞梯学校劫持人质事件后,就有更多的人不愿意前往俄罗斯了。拒绝去俄罗斯旅游的不仅是日本人,还有德国人、法国人、以色列人及希腊人。旅游局的工作人员承认,将会有很多人拒绝去俄罗斯旅游。由于临时取消合同,旅行社将承担巨大的损失。

旅游业是印度尼西亚仅次于纺织和成衣业的第二大外汇收入来源。在高峰期的2000年曾创下接待外国游客560万人次、旅游外汇收入近58亿美元的纪录。由于2002年10月巴厘岛爆炸事件、2003年8月雅加达万豪饭店爆炸事件等一系列恐怖袭击事件的发生,印度尼西亚的外国游客曾一度剧减。比如,在有"人间天堂"美誉的巴厘岛,750多家星级饭店在正常情况下可保持70%以上的入住率,但在恐怖爆炸造成的旅游低潮时,这些饭店的入住率曾直落到10%以下,一时呈现出门可罗雀的凋零景象。

旅游业是一个极其脆弱的产业,受突发事件特别是政治事件、经济事件、局部冲突等影响较大。旅游业应建立应急处理机制,以尽快适应和调整突发事件带来的负面影响,有效利用其带来的正面影响。目前我国已加入WTO,中国经济已经融入世界经济,受世界性突发事件的影响很大,旅游行业要加强内部结构调整,克服

“弱、软、散、差”的弱点，有效提高抗风险能力。突发事件有些是不可避免的必然事件，而相当一些事件是可防范和减弱的，旅游业要建立预测、防范和减灾研究机构，以便能自如应对突发事件的影响。

第四节 关于恐怖主义的博弈论分析

博弈论是从人类社会的政治、经济和军事等活动中抽象出来的一种数学模型。而将这种模型应用在对恐怖主义的研究领域会是很有意义的一种尝试。在博弈活动中，首先要有参与的单位或人，通常称之为参与人或是局中人。参与人对于某些行动的选择行为体现在对于该活动的参与。参与人的活动要涉及自己和其他人的某些利益。这种利益一般不仅与自己的行动有关，也与其他参与人的行动选择有关。本节将探讨政府之间应对恐怖主义的博弈论分析、政府与恐怖分子之间的博弈论分析和恐怖主义选择攻击目标的博弈论分析。

一、政府间应对恐怖主义的博弈论分析

在现实的政府反恐博弈中，采取有力的保障措施使局中人能够进行协商、谈判、联合采取行动和共同分享利益，是政府维护全球和平、保护国民必要的战略。但恐怖主义对各个国家所采取的不同的袭击程度及国家对恐怖主义的不同立场，会导致不同的国家在国际反恐合作中所付出的成本和获得的私人收益有高有低。所以，不同的政府作为收益最大化的假设代理人会根据其他政府的选择采取行动。

下面探讨两个国家政府间的博弈问题。假设两国政府签订了一个反恐的双边协议。另外需要强调的是反恐支出属于国防支出，即属于公共产品的供给，自然就存在非竞争性和非排他性，所以假设每个国家的反恐支出给其他国家带来的收益和自己的收益等同，都为 5，假设单个国家的反恐成本为 8。

当两国政府各有打算，意见不完全统一时，两国的博弈如下：如果联合反恐，每国的成本为8，获得的收益为10（即5×2=10），最后的净收益各为2；如果一国投入成本支持反恐，另一国只是坐享其成，反恐的一国付出8而得到5，坐享其成的一国付出为0却得到5单位的净收益；如果两国都不采取行动反恐，那么两国净收益都为0。归纳起来，就是图8-1所示的博弈矩阵。这是一个典型的囚徒困境。博弈矩阵给出了四种战略组合的支付：①两国都反恐；②国家1反恐，国家2不反恐；③国家2反恐而国家1不反恐；④两国都不反恐。

		国家2 反恐	国家2 不反恐
国家	反恐	2（左下）；2（右上）	−3（左下）；5（右上）
	不反恐	5（左下）；3（右上）	0（左下）；0（右上）

图8-1　两国之间的囚徒困境模型

在这个博弈中，对于国家1来说，如果国家2选择反恐，国家1的最优选择是不反恐，因为选择反恐是2个单位的收益，而不参加反恐就可以获得5个单位的净收益；如果国家2选择不反恐，国家1的最优选择仍然是不反恐，因为国家1选择反恐，那么它的净收益就为−3，选择不反恐的净收益为0。因此，对于国家1来说，无论国家2做何种抉择，国家1的最佳选择都是不反恐。同理，对于国家2来说不反恐同样是最佳选择。在这里，反恐是两个国家共同的严格劣势策略。依据国家政府的假设代理人特征，两国都会趋向于选择不反恐，这样就得到了严格优势策略的均衡矩阵支付④，净收益为0，无所作为也无所损失。如果每个国家都从自己短期的利益出发选择不反恐，那么恐怖主义更加猖獗，世界将变得更加动荡和不太平。所以国家之间应该加强磋商协调，互相支持，为共同打击恐怖主义采取切实可行的措施。

下面把两国之间的反恐博弈推广到多国之间的反恐博弈。假设有四个国家共同面对反恐与否的选择，由于公共产品的外部性，每个国家选择反恐不仅自己获得5单位的收益同时也使其他三个国家各自受益5个单位，而采取反恐就要付出8单位的成本。如果所有的国家都选择反恐，每个国家都会得到12单位的净收益，即总收益5×4=20减去每个国家因执行反恐而付出的8单位成本。在图8-2中，列出了国家1同其他三国之间的战略支付。对于四个国家，同两国之间的博弈相同，选择不反恐是占优策略。图8-2中下面一行的净收益分别大于上面一行的净收益就体现了反恐是严格劣势策略。因为所有其他的国家都同国家1一样会选择不反恐，所以最后的结果是没有一个国家会执行反恐。

		其他三国反恐	其他两国反恐	其他一国反恐	其他国家都不反恐
国家1	反恐	12	7	2	−3
	不反恐	15	10	5	0

图8-2 四个国家的囚徒困境模型

上面的讨论是基于一次回合的博弈。现在讨论重复博弈，假设一共博弈10次。用倒推论证法来分析：现在是最后一次博弈，没有后效，不必为将来打算，各个国家都只追求这次博弈的利益，于是为了各自的利益都实行不反恐，结果和一次博弈一样。现在考虑第九次即倒数第二次博弈。局中人已经清楚，最后一次博弈对方肯定要实施不反恐，自己如果实施反恐也不会使自己在下次博弈中获得好处，所以既然如此，也同样选择不反恐。双方都这样想，于是第九次的博弈结果，也和一次博弈一样，只追求当时的私利。接着考虑第八次、第七次……倒推下去，可以推断，只要囚徒困境的重复次数是预先确定的，那么在理性人假设之下，重复博弈的结果一定还是各人在每次博弈中只追求当时的私利。

但是，如果囚徒困境是无限重复下去，结果就不一样了。每个国家的个体理性就表现为长期利益的最大化，每个国家就会在短期利益和长期利益之间进行权衡，即在重复博弈为无限次时，国家的长期利益的实现就表现为反恐战略的选择，但每个国家的个体理性的实现需要长期依赖对方的战略选择为反恐，即若双方均长期选择反恐战略，则双方长期利益最大化实现。在实现长期利益的过程中，双方均不存在改变反恐战略为不反恐战略的动机，因为若在对方选择反恐的条件下，自己选择不反恐，短期利益虽然增加更多，但却损害了对方利益，会受到对方的惩罚，从而使自己的长期利益最大化目标无法实现。

二、可置信威胁与政府间的反恐博弈

威胁的可信性是博弈的重要因素，尤其是在现实中具体的利益集团之间的博弈中。“可置信威胁”概念提出的根源是信息不完全或是不对称。一方局中人不知道另一方对各种可能结局的真实价值判断，即不知道对方在这些可能结局的真实成本和收益。

如何避免政府的个体理性行为结果的发生，保证每个主体的行为选择以自身和集体利益最大化为目标并且能够实现，即实现个体理性与集体理性的统一。博弈理论认为，在博弈过程中实现个体理性与集体理性的统一，可通过两种方式完成：一是通过承诺行动建立可置信威胁，二是进行重复博弈（上已述及）。

仍以囚犯困境为例进行分析，我们为方便问题的研究改变一下图 8-1 中具体的支付，见图 8-3。很清楚，国家 1 和国家 2 的纳什均衡策略为（不反恐，不反恐）。在国家 1 和国家 2 的博弈仅为一次的情况下，要改变上述的纳什均衡结果，可以借助承诺行动，建立可置信威胁来完成。具体方法为假如国家 1 为了谋求（反恐，反恐）能成为纳什均衡，在国家 2 公开表示其立场之前，同国家 2 进行外交斡旋并告知国家 2，如果他们采取不作为，他们国家将受到严厉的经济制裁。在这里，国家 1 告知国家 2 如不合作就制裁的行为就是承诺行动，承诺行动的发生使国家 1 对国家 2 谋求选择反恐战略的威胁变成可置信威胁，使国家 2 放弃不反恐战略而选择反恐战略，这将引起博弈结果的改变。承诺行动的发生，带来了可置信威胁，之所以能改变（不反恐，不反恐）这个纳什均衡为（反恐，反恐），是因为可置信威胁加大了国家 2 选择不反恐的成本，也就是说降低了收益。假定国家 1 的行为使国家 2 选择不反恐的成本为 6，国家 1 由于可置信威胁付出的成本为 4，则该种情况下的博弈战略选择及收益的表述详见图 8－4。

国家 1 \ 国家 2	反恐	不反恐
反恐	4 4	6 －5
不反恐	－5 6	－3 －3

图 8－3　两国间的囚徒困境模型 Ⅱ

国家 1 \ 国家 2	反恐	不反恐
反恐	4 4	0 －5
不反恐	－5 2	－3 －3

图 8－4　可置信威胁下的两国间的囚徒困境模型

在国家1对国家2实施可置信威胁后，国家2不反恐的收益为0（如果不反恐，国家1将对国家2实施经济制裁，经济损失为6），而反恐的收益为4，国家2从自身利益最大化的原则出发，其最优战略选择是反恐。同时国家1也有实施可置信威胁的动力，因为如果不实施承诺行动，在国家1选择反恐的条件下，国家2的最优战略选择为不反恐，国家1的收益为－5，而通过可置信威胁的实施使国家2选择了反恐战略，国家1的收益为4，即收益增加了9。另外，由于国家1实施承诺行动也要进行成本支出，假设成本为4（图8－3中，国家2反恐国家1不反恐时，国家1的净收益6，与图8－4中同样选择下国家1的净收益2的差额），因此，国家1从理性原则出发，不可能在国家2在承诺行动产生的可置信威胁的影响下选择战略为反恐后却偷换战略为不反恐。因为如果偷换战略为不反恐，其收益反而减少，即由4减少为2。同时，国家1的承诺行动的成本发生也使国家2坚信反恐是国家1的最优战略。因此，可置信威胁的设置改变了博弈结果，即由（不反恐，不反恐）变成（反恐，反恐），实现了个体理性与集体理性的统一。

上述分析表明，承诺行动要能够带来可置信威胁，改变纳什均衡，需要具备两个条件：一是国家2选择不反恐战略的机会成本大于其收益；二是国家1选择不反恐战略的机会成本大于其收益。

上述分析表明，个体理性的实现必须依靠承诺行动建立起来的可置信威胁完成。之所以如此，是因为通过承诺行动建立可置信威胁改变了博弈参与人收益，博弈参与人在自利动机的驱使下，必然会选择有利于自己的战略，从而改变了纳什均衡。同时承诺行动的发生对博弈参与人均构成强约束力，使博弈由非合作博弈演化为合作博弈，从而为实现个体理性与集体理性的统一创造了条件。但在上述囚犯困境的博弈分析中，是否能寻找到单个囚犯建立可置信威胁的动机以及可置信威胁的特征呢？笔者发现，国家1实施承诺行动建立可置信威胁的动机是存在的。只要其实施承诺行动的成本小于承诺行动给其带来的利益增进，国家 1 就会实施承诺行动。

以上是基于理论上的分析，回到现实中来，美国的反恐战略就是一个很贴切的例子。只不过是具体的支付矩阵有些差别而已。美国对不采取反恐措施的国家采取的制裁可能更严厉，美国所付出的反恐成本会很巨大，但是在可置信威胁作用下美国政府所期望的收益可能也会更加可观（包括国民的安全、对国际政治事务的主导权等等）。

2004 年 5 月，美国白宫发表声明宣布，布什当天签署法令，对叙利亚实施经济制裁。鉴于叙利亚继续支持恐怖主义，继续占领黎巴嫩，开发大规模杀伤性武器和导弹计划，以及损害美国和其他方面为稳定和重建伊拉克所做的努力，因此，美国决定对叙利亚实施经济制裁。制裁内容包括：禁止向叙利亚出口除食品和药品之外的商品，冻结叙利亚在美国的资产，禁止叙利亚民航飞机进入美国领空，以及限制美国与叙利亚的银行业务往来。此间分析人士认为，叙利亚和美国的经贸额每年只有大约 3 亿美元，因此，美国对叙利亚经济制裁的实际效果十分有限，但制裁的政治影响要大于经济效果。布什对叙利亚提出了打击恐怖主义和与美国一起打击恐怖主义的要求，但叙利亚方面对此没有做出回应。

国家 1 实施承诺行动的成本为 4，而利益增进为 $4-(-3)=7$。由于 $7>4$，因此国家 1 会实施承诺行动，但承诺行动的实施在使自己最优战略由不反恐改变为反恐的同时，也使国家 2 的最优战略由不反恐变为反恐，国家 2 的利益也由 -3 增进到 4，即利益增进值为 7。国家 1 为此付出的成本为 4，利益的增进值为 $7-4=3$，而国家 2 却未付出成本，获取了利益的增进值 7。这说明国家 2 产生了搭便车行为。这表明可置信威胁具有公共产品的特征。因而，可置信威胁由国家 1 提供往往是低效率的。从国家 1，2 之间的有限多次或无限次重复博弈来看，例如，国家 1 从实现其长期利益最大化的目标出发,实施承诺行动建立可置信威胁的动机比一次性博弈将会更强烈。但同样存在一次性博弈过程中所显现的搭便车行为,同时,所建立的可置信威胁的公共产品的特征将更加强化。因此,可置信威胁由国家1提供往往是低效率的。

可置信威胁由一个或少数国家承担时效率是比较低的,为什么美国在国际反恐事务中充当领导者、对其他国家说三道四甚至实施制裁而乐此不疲呢?很显然,反恐俨然已经成了美国实现全球战略意图的手段,巨大的反恐等国防开支是以未来可预期的国际经济、政治事务的更大的主导权为回报的。“9·11”事件使美国的战略思维发生了变化,主动利用反恐战争推行其战略,在反恐大旗下,美国的对内、对外政策都取得了进展。而美国借反恐名义在海外增派驻军,实际上已经超出了反恐的意义,就是其欲称霸全球战略的体现。布什政府提出的“先发制人”理论,标志着美国国家安全思维的变化,是立足于以压倒性优势进行先发制人的打击而取胜。美国战略理论的发展先后经过了以威胁为基础的威慑理论到以能力为基础的威慑理论,再到现在的以绝对优势为基础的先发制人理论。总体看来,美国战略目标没有太大的变化,但有所深入,现在更加侧重于用军事手段来达到目的。

上述分析表明,在囚犯困境博弈中,实施承诺行动建立可置信威胁,虽然有助于改变博弈结果,在实现个体理性与集体理性统一的过程中实现个体理性,但可置信威胁的公共产品特征产生的搭便车行为,易于导致单个国家实施承诺行动,建立可置信威胁的行为往往是低效率的,因为每个国家均存在强烈的搭便车行为动机,致使互相等待对方建立可置信威胁,这就可能使可置信威胁最终无法建立。同时,如果单个国家力量较弱,权威性不强,所建立的可置信威胁的程度不高,也使其经常难以发挥作用,引起博弈结果改变。如果一个国家拥有较强的政治、经济实力,反恐政策实行双重标准,博弈中的可置信威胁又很可能成为其实现其他战略企图的工具。所以非正式制度安排的可置信威胁手段，很有必要上升到法律、法规等规则即正式制度安排，以提高其可置信威胁的威胁程度和公平程度。这就需要充分发挥国际组织如联合国的主导作用，引导各国加强政治合作，在互信、互利平等的基础上共同应对恐怖主义，不能让单边主义和霸权主义损害国家反恐合作进程。此外在反恐法律上，各国之间应互相支持配合。当然，要建立一个公平互信的国际反恐合作机制需要相当长的时间，有待于国际政治经济新秩序的建立。

可置信威胁同样可以很好地应用在下面将要讲到的政府与恐怖分子之间的博弈，在下文中笔者将不再述及可置信威胁。

三、政府与恐怖分子之间的博弈论分析

首先根据恐怖主义活动的恶劣程度来确定政府的对策，这分为几种情况，然后以博弈树的形式表示政府与恐怖分子之间博弈的扩展形式的支付。

恐怖主义经常以胁持人质或是扬言要破坏国家重要的基础设施为筹码，从而向政府提出经济、政治上的要求。假设恐怖分子以人质为筹码，政府满足其经济的抑或是政治的要求为付赎金。

如果恐怖分子劫持了一国政府的公民，威胁政府如果不付赎金的话就杀死人质，该国政府会怎么办？如果能把人质赎回来，该国政府自然宁愿付赎金。可是同时也可能非常担心该恐怖分子另有其他目的或是避免留人质成为人证留下后患而杀死人质。从博弈的角度来看，此时政府有两种选择，付赎金或是不付，恐怖主义也有两种策略，即杀死人质或是释放人质。因为恐怖主义是依据你的行动来决定自己的行动，所以在这个博弈中政府先行，他后行动。

站在政府的立场，把四种可能的结局从好到坏排列起来，最好的得最高分，其中为了讨论的方便赋予最坏的情况为 1 分：第一，政府不付赎金，恐怖分子放人，得 4 分；第二，政府付赎金，恐怖分

子放人，得 3 分；第三，政府不付赎金，恐怖分子撕票，得 2 分；第四，政府付赎金，恐怖分子仍然撕票，得 1 分。政府很不清楚恐怖分子对这四种可能的结果排序如何，暂时假定如下：第一，得到赎金，于是放人，得 4 分；第二，得到赎金，照样撕票，得 3 分；第三，没得到赎金，同样放人，得 2 分；第四，没得到赎金，撕票，得 1 分。这样，就可以讨论这样一个案例的博弈。看起来，虽然该恐怖分子可恶之极，但是他还是把讹诈赎金放在第一位，因为对于政府的每一种做法，他都会把放人排在撕票的前面。在这个博弈中付赎金是政府的劣势策略，撕票是恐怖分子的劣势策略，所以政府不付赎金，歹徒放人，是唯一的纳什均衡，如图 8－5 所示。

		恐怖分子	
		撕票	放人
政府	付赎金	3 1	4 3
	不付	1 2	2 4

图 8－5　赎金博弈一

假定恐怖分子对四种可能的结果排序不是上述情况而是：①得到赎金，放人，得 3 分；②得到赎金，照样撕票，得 4 分；③没得到赎金，放人，得 1 分；④没得到赎金，杀人，得 2 分。这类恐怖分子属于性质特别恶劣的一类，因为对于政府的每一种做法，他都把杀人排在放人前面。政府可以想象这类恐怖分子非常老练，能够隐蔽自己，虽然挑战政府，但政府却知道对方的情况，抑或是恐怖分子就是借杀人来扩大恐怖氛围。因此，恐怖分子不论讹诈成功与否，最后总是将人质撕票。这时，付赎金仍是政府的劣势策略，但是撕票变成了歹徒的优势策略。所以，政府不付赎金、歹徒撕票，是唯一的纳什均衡，如图 8 - 6 所示。

		恐怖分子 撕票	恐怖分子 放人
政府	付赎金	1　4	3　3
	不付	2　2	4　1

图 8 - 6　赎金博弈二

再如果恐怖分子对四种可能的结果排序为：①得到赎金，放人，得 4 分；②得到赎金，照样撕票，得 3 分；③没得到赎金，放人，得 1 分 ；④没得到赎金，杀人，得 2 分。这样恐怖分子的压倒性目的就是获得赎金。如果政府付赎金，以免杀人把事态扩大，他就放人；如果政府不付赎金，他的目的达不到，就要撕票。这样，付赎金就成为政府的劣势策略，撕票成了恐怖分子的优势策略。所以，政府不付赎金、恐怖分子撕票还是唯一的纳什均衡，如图 8 - 7 所示。

		恐怖分子 撕票	恐怖分子 放人
政府	付赎金	1　3	3　4
	不付	2　2	4　1

图 8 - 7　赎金博士三

下面以博弈树的形式探讨政府与恐怖分子之间的博弈。如图 8 - 8 所示，括号内左边的为恐怖分子的支付，右边为政府的支付。

我们来阐述一下在基斯·哈特利和托德·桑德勒主编的《国防经济学手册(第1卷)》一书中的政府与恐怖分子之间的博弈论。根据博弈树,首先政府选择是否执行反恐措施及反恐的程度,反恐成本为 D(也可以为 0);其次,恐怖分子决定是否发起攻击;第三,当恐怖分子发动攻击成功比如成功地劫持了人质时,政府决定是否让步。双方的最优策略取决于每种状态下的支付以及他们的心理即对成功的信心。恐怖分子在理论上的胜利或失败的概率,取决于自然以及政府的用于威慑的反恐开支。恐怖分子的结果可能有四种:①没有攻击;②采取攻击但失败;③攻击成功,但是谈判失败;④攻击、谈判均失败。作者假设恐怖分子如果进行攻击但不成功时将付出净成本 $c>0$,恐怖分子攻击成功并且在后来的谈判中也成功的,达到目的时的支付为 $m>0$,恐怖分子攻击成功但是在后来的谈判中失败的支付为 m',m'既可能为正,也可能为负,不论如何,m'不会大于 m。恐怖分子期望从一次攻击中的支付 Z 还取决于他们逻辑上失败的可能性 Θ,以及政府让步的可能性 p。

攻击的可能性 Ω 随着恐怖分子感知到成功的可能性、感知到的让步的可能性以及一次成功的行动收益 m 的增加而增加。政府用于反恐的开支可以决定恐怖分子对于发动攻击所感知到的成功率,即 $\Theta = K(D)$ 或反函数 $D = K^{-1}(\Theta)$。

政府反恐开支的增加可以抑制攻击的可能,而政府让步可能性 p 的增加将起到激励恐怖行为的作用。在类似人质劫持事件发生后,政府决定是否让步。任何时候 $\beta<\varepsilon$ 即让步成本更小时,政府将让步。如果事先承诺的政策能消除所有的攻击,作者通过分析得出,事先承诺优于事后决定。但当不能消除所有的攻击时,$E(\varepsilon)>E[\min(\beta,\varepsilon)]$,则永不谈判的事先承诺将造成更多的事后成本,或者让步的成本更小。他们认为在并不知对未来局面控制的成本高低时,轻率作出事先承诺并不是最佳选择。此外,政府不应该轻易对恐怖分子让步,政府的每一次让步都会使得恐怖分子增加自己对于政府下一次可能让步的预期值，政府将因威信扫地而付出声誉成本。也就是说当 p 增加时，恐怖分子攻击的可能性和政府的预期成本将会上升。

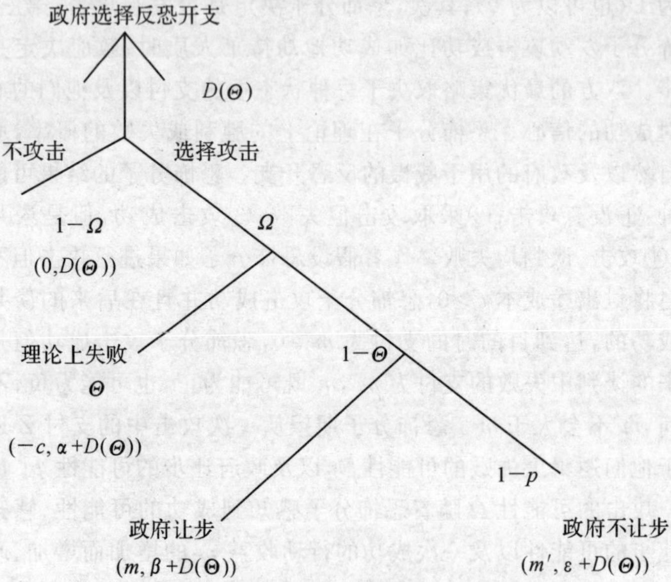

图 8-8 博弈树

第五节 恐怖主义的资金来源及美国的金融反恐

在《国防经济学手册(第 1 卷)》中，作者建立了恐怖主义的选择理论模型，以研究恐怖分子在既定的资源的约束下是否决定发起恐怖行动。由选择理论模型可以得出：政府通过采取各种反恐措施来增加恐怖行为的成本，可以有效地抑制恐怖分子发动攻击，同第四节中的“政府用于反恐的开支可以决定恐怖分子对于发动攻击所感知到的成功率，即 $\Theta=K(D)$”是相似的表述。资源的约束限制了恐怖分子在选择攻击时所预期的成本不能超过其拥有的经济资源，其中金钱是恐怖分子最重要的经济资源。

一、恐怖主义的资金来源

1. 合法的投资利润

恐怖组织为了使筹措资金的渠道更加隐秘更加通畅，往往借助于公开的企业投资领域。经过恐怖组织长期的发展与壮大，有些恐怖组织将初期的非法收入转变为名义上合法的收入，以非法所得注册公司、投资办厂。他们采用暗箱操作或投资参股的形式操纵着这些表面上合法的企业，从中敛取巨额资金。

以基地组织为例，本·拉登从沙特阿拉伯的圣城麦加麦迪那清真寺的扩建合同中获益2 500万美元。他在苏丹建立了两个投资公司——拉登国际和塔帕投资公司，这些公司为他带来了更雄厚的恐怖主义资金。当然，他拥有的控股公司远不只是这些，攫取资金所依仗的企业很可能是我们身边的一些产品的生产商。“哥伦比亚革命武装力量”的资金也主要来源于在经济领域里的投资。这个恐怖组织拥有收入多达 6.85 亿美元，它的雄厚的经济实力是哥伦比亚任何一家企业都无法比拟的。

2. 金融市场上的投机

恐怖组织中不乏有接受高等教育和专业培训的成员，他们精通金融业务，能够充分利用各种投机机会。“9·11”前夕，本·拉登的基地组织成员就涉嫌利用恐怖活动造成的市场波动卖空股票。几个投资者在证券市场上拿三家大保险公司 AXA，Swiss Re 和 Munich Re 的股票做非常可疑的大规模短期投资，借别人的股票来炒短线，这种手法当然唯有短期内高抛低接才能获利(也就是卖空)。而保险公司股价的狂跌则是“9·11”恐怖袭击的必然后果,所以,他们依靠这种手段赚取了巨额利润,可以说是没有任何风险,因为只有恐怖分子才会在事前知道内部消息。

3. 以慈善机构为幌子

这种筹资方式也很具有隐蔽性。尤其是伊斯兰教提倡慈善捐款,慈善人士或组织往往只是捐钱而很少在意也很难知道这些善款的用途。在技术上从人道主义组织接受捐赠和恐怖融资之间划出明确的界线是相当困难的,而你也很难找到那些沙特富翁等慈善人士和慈善机构直接支持恐怖分子的证据,因为几乎没有人能控制那些捐赠的最终受益者,这就为恐怖主义利用慈善机构敛取钱财创造了很大的空间。在沙特阿拉伯、科威特和阿拉伯联合酋长国等富裕的伊斯兰产油国,政府建立和控制了许多慈善团体,经常向他们提供很人的款项。这些慈善团体,拥有不同的名称和目标,但是他们大都资助清教运动,把很大一部分资金直接或者间接地转移给诸如基地、真主党、哈马斯、巴勒斯坦伊斯兰清教组织、车臣战士和东土耳其解放运动等恐怖组织。很多慈善团体都是跨国性的,在世界的许多国家设有办事处。

4. 通过非法活动集资

非法活动包括走私、贩卖毒品、勒索、绑架、组织偷渡、骗取保险、贩卖人口、人体器官交易、金融诈骗和组织国际卖淫活动等种种违法犯罪活动。而组织国际贩毒、卖淫、军火走私等是筹措资金的便捷而有效的手段,因此,恐怖主义正越来越与上述犯罪形式紧密结合,这也是恐怖组织实现原始积累的最为常见的手段之一。

二、美国金融反恐

一个成功的恐怖主义组织网络,必然有相对充裕的资金作保障,金钱是恐怖主义的生命线。可以说,没有充足的资金支持,恐怖组织将无法招募人员,无法使用先进的武器装备,没有经济能力对成员进行系统专业的培训,总之,恐怖分子很难开展任何工作。

切断恐怖主义的资金来源就是遏制其行动能力，这是打击恐怖主义的行动中最重要的环节之一。

金融反恐就是沿着恐怖组织资金的来源以及去向，发现和跟踪恐怖组织行踪，掐断恐怖组织资金链的活动。也可以称做反洗钱。洗钱就是指利用合法的渠道和方式，将犯罪活动的所得及其产生的利益进行掩饰和隐瞒，并使之成为合法的正当财产。在国际反洗钱活动领域具有相当权威的国际反洗钱金融行动特别工作组(FATF)把洗钱规定为：隐匿或掩饰因犯罪行为所取得的财物的真实性质、来源、地点、流向及转移，或协助任何非法活动有关系之人规避法律应付责任的行为。美国在金融反恐方面最具有代表，并取得了很大成效。

在“9·11”事件发生后，为掐断恐怖分子的经济来源，美国国会于2001年10月24日通过了一项名为《采取必要措施遏制恐怖主义、团结巩固美利坚》的法案。即《美国爱国者法案》(USA PATROIT ACT)，共10章、211项条款。法案要求：美国所有金融服务企业必须任命反洗钱的专门负责人，建立专项反洗钱规划与措施，对所有员工进行反洗钱教育与培训，建立内部稽查制度，严格评估和考核反洗钱工作的效果。此外，法案还把对违规行为的处罚金额从10万美元提高到了100万美元。该法案使美国可以在更大范围内对恐怖主义和洗钱活动采取控制和打击。该法案确立的洗钱标准更加宽泛，任何一个法律领域、任何一家境外的金融机构、任何在境外开立的银行账户、任何类型的金融交易，如果被怀疑与美国当局关注的恐怖活动等违法犯罪活动或者非法金融活动有关，就有可能被认定具有“初步洗钱牵连”，进而遭受反洗钱制裁。该法案规定，如果某一外国人或某一根据外国法律设立的金融机构参与了洗钱活动，只要洗钱涉及的金融交易部分发生在美国，或者有关的外国金融机构在美国境内的金融机构有银行账户，并对其依据美国或外国法律送达了诉讼文件，美国法院就可以对其行使长背司法管辖权。其所采取的具体措施是对域外问题进行域内处置。它授权美国财政部长可要求所有美国金融机构或外国金融机构在美国的代理人保存和报告具有“初步洗钱牵连”的金融机构或交易活动的有关记录、交易总量以及每笔交易的具体情况,详细记录交易参与人尤其是境外汇款人和资金受益人的身份、地址、法律资格等资料。针对外国金融机构或外国人在美国设有的代理账户或私人银行账户,不仅要求美国境内的金融机构记录和核查外国人的身份,还进一步要求检查转存资金的来源。如果有关的外国银行不遵守规定,美国主管机关可以通知其境内的所有金融机构在10日内立即中断与该外国机构的任何代理关系。显然,《美国爱国者法案》的实施将对世界各国金融体系的运行产生影响[33]。

现在美国有关反洗钱法律已形成了以《银行保密法》为核心,辅以一系列反洗钱法令在内的完备体系。其中,《银行保密法》要求所有的金融机构必须向政府提交如下报告:超过1万美元的现金交易应以IRS4787表的形式报告;任何人运送价值超过1万美元的现金或货币工具进、出美国的,应向美国海关报告;对于可能违反法律或法规的可疑交易活动,银行必须向美国财政部及货币监理署提交可疑交易报告。

在美国,反洗钱情报网络十分庞大和完善。美国财政部设立了金融犯罪情报中心(FinCen),它建有庞大的金融数据库,与全美各金融机构数据库、金融监管机构数据库联网。借助该网络,调查人能在几分钟之内查到某个人的金融记录、商业合同、雇主姓名、资产数额等数据信息。这些数据经过整理、分析,就可以勾画出被调查对象的所有经济交易的清晰脉络,从而为调查提供线索。

美国同时更积极地主导和干预国际金融反恐。在美国和欧洲国家的主导下,国际化的反洗钱法律体系已具雏形。在反洗钱机制建设上,各国一般根据参加的公约、条约要求以及参加国际组织应承担义务进行相应的国内立法，设置反洗钱的监管、调查机构，建立反洗钱网络。

现在不容否认的是，美国以及其他国家的金融反恐工作并不十分成功。恐怖主义分子融资具有规模小、网络分散、流动隐蔽性强等特点，再加上一些国家对于金融反恐的不务实合作和离岸金融中心的存在，金融反恐工作任重而道远。

参考文献

[1] 哈特利·基斯，桑德勒·托德. 国防经济学手册：第1卷[M]. 北京：经济科学出版社，2001.

[2] 胡联合. 当代世界恐怖主义与对策[M]. 北京：东方出版社，2001.

[3] 胡联合. 第三只眼看恐怖主义[M]. 北京：世界知识出版社，2002.

[4] 亨德森·哈里. 全球恐怖主义——完全参考指南[M]. 北京：中国社会科学出版社，2003.

[5] 王大伟. 对恐怖主义定义的困惑[J]. 公安大学学报，2002(3).

[6] 李智慧. 反恐学[M]. 北京：人民出版社，2003.

[7] 王逸舟. 恐怖主义溯源[M]. 北京：社会科学文献出版社，2002.

[8] Henderson，Harry. Global Terrorism：The Complete Reference Guide. New York：Checkmark Books An Imprint of Facts on File Inc.，2001.

[9] Christopher Dobson，Ronald Payne. The Terrorists. Rev. ed. New York：Facts on File Inc.，1982.

[10] Santa Monica. RAND's Research on Terrorism. California：RAND Corporation，1982.

[11] Benjamin Netanyahu. Fighting Terrorism. New York: Farrar Straus Giroux, 1995.
[12] John Lewis Gaddis. Grand Strategy in the Second Term [J]. Foreign Affairs, 2005(1/2).
[13] 叶美霞. 试论国际恐怖主义对世界经济的影响[J]. 世界经济与政治论坛,2002(6):69-72.
[14] 余爱水. 军事与经济互动论[M]. 北京:中国经济出版社,2005.
[15] 卢周来. 剑与犁——当代国防经济学的理论和实践[M]. 北京:石油工业出版社,2003.
[16] 张存禄,黄培清. "9·11"事件对全球供应链的影响[J]. 国际商务研究,2002(1).
[17] 刘秀林,穆争社. 可置信威胁与制度安排[J]. 统计与信息论坛,2005(3).
[18] 拉斯缪森·艾里克. 博弈与信息[M]. 北京:北京大学出版社,2003.
[19] 王则柯. 新编博弈论平话[M]. 北京:中信出版社,2003.
[20] 塞缪尔 亨廷顿. 文明的冲突与世界秩序的重建[M]. 周琪,等译. 北京:新华出版社,1998.
[21] Prajit K Dutta. Strategies and Game: Theory and Practice [M]. 上海:上海财经大学出版社,2005.
[22] 赫尔德·戴维,等. 全球大变革:全球化时代的政治、经济与文化[M]. 北京:社会科学文献出版社,2001.
[23] 阿瑟·奥肯. 平等与效率[M]. 北京:华夏出版社,1999.
[24] Robert H Wade. Richer the Rich , Poorer the Poor: Rising World Unequal Distribution. Finance and Development, 2001 .
[25] Blanca Heredia . Prosper or Perish ? Development in the

Age of Global Capital . Current History, 1997.

[26] Dutt, Amitava K. Globalization: South-North migration and uneven development, Development Economics and Structuralist Macroeconomics. Aldershot: Edward Elgar, 2001.

[27] Campbell Kurt M. "Globalization",First War? [J]. The Washington Quarterly, 2002(winter).

[28] 熊光楷."9·11"以来国际反恐形势及特点[J].国际战略研究,2004(3).

[29] Marcus Walker. In Financial Fight Against Terrorism, Leads Are Hard Won[J]. The Asian Wall Street Journal, 2001(10).

[30] Dayanath Jayasuriya . Money Laundering and Terrorism Financing: The Role of Capital Market Regulators[J]. Financial Crime,2002(10).

[31] 路爱国. 经济全球化研究综述[J]. 世界经济,2000(1).

[32] 詹武. 用造福全人类的经济全球化替代美国化的经济全球化[J]. 当代思潮,2000(2).

[33] 徐振东. 反洗钱——国际社会必须加强合作[J]. 世界知识,2003(3).